LEXIQUE

DE

PHILOSOPHIE

DU MÊME AUTEUR

L'Aperception du corps humain par la conscience, 1 vol. in-8 (Paris, Alcan, 1878).

De Immortalitate pantheistica, 1 vol. in-8.

Science et Psychologie, Nouvelles œuvres inédites de Maine de Biran, 1 vol. in-8 (Paris, Leroux, 1887).

François Rude, 1 vol. in-4 (Paris, Librairie de l'Art, 1886).

La Psychologie de l'Effort et les doctrines contemporaines, 1 vol. in-12 (Paris, Alcan, 1889).

Le Pessimisme, histoire et critique, traduit de l'anglais de James Sully, 1 vol. in-8 (Paris, Alcan, 1882).

L'Éducation intellectuelle, morale et physique, traduit de l'anglais de Herbert Spencer, 1 vol. in-12 (Paris, Belin, 1887).

Mémoires et Articles dans les *Annales de l'Institut* (Académie des sciences morales et politiques), dans la *Revue philosophique*, la *Revue internationale de l'Enseignement*, la *Revue scientifique*, la *Nouvelle Revue*, la *Revue pédagogique*, etc.

Éditions classiques de *Sénèque* et de *Leibniz*.

LEXIQUE

DE

PHILOSOPHIE

PAR

ALEXIS BERTRAND

PROFESSEUR DE PHILOSOPHIE A LA FACULTÉ DES LETTRES DE LYON

PARIS

LIBRAIRIE CLASSIQUE PAUL DELAPLANE

48, RUE MONSIEUR-LE-PRINCE, 48

—

1892

PRÉFACE

Cet ouvrage est destiné, dans la pensée de l'auteur, à combler une lacune regrettable de l'enseignement de la philosophie dans notre pays. Rédigé spécialement pour les élèves de la classe de philosophie proprement dite, il s'adresse cependant à un public beaucoup plus considérable. Il offre en effet la clef d'une partie importante de notre littérature nationale qu'il n'est permis à personne d'ignorer entièrement : nos écrivains philosophes ne sont pas une des moindres gloires de la prose française et nul ne peut se vanter de les comprendre parfaitement s'il ne possède une connaissance suffisante du langage traditionnel de la philosophie. Voici donc, à mon sens, les lecteurs auxquels il pourra être d'une grande utilité, en dépit même des imperfections qu'il peut offrir aux yeux des philosophes de profession : les *élèves des sections de mathématiques et de physique* des lycées, qui, n'ayant à étudier spécialement que la logique et la morale, seront nécessairement embarrassés par les expressions de psychologie et de métaphysique qu'ils rencontreront dans leurs lectures; les *élèves de l'enseignement secondaire moderne*, qui rencontreront les mêmes difficultés et, en outre, n'ayant pas la ressource de recourir aux étymologies grecques et latines qui, par elles seules, sont déjà une explication du sens technique des mots, trouveront dans la terminologie de la philosophie un grave obstacle à leurs études; les *maîtres* et les *élèves* de nos *écoles normales* de jeunes gens et de jeunes filles et ceux de l'*enseignement primaire supérieur;* enfin les *savants spéciaux* particulièrement les *médecins*, qui, tout entiers à des études fort différentes, ont quelquefois besoin de se remémorer les acceptions philosophiques des mots qu'ils rencontrent et même qu'ils emploient, et les *gens du monde* qui ne bornent pas leurs lectures au roman nouveau ou à la pièce en vogue et ont la prétention justifiée de pouvoir au besoin lire les *Méditations* de Descartes ou les *Dialogues* de Malebranche et, dans tous les cas, de se tenir au courant des controverses philosophiques contemporaines.

Je n'ai écrit ce livre, d'aspect bien modeste et de peu de prétention scientifique, qu'après avoir professé la philosophie plus de vingt ans dans quatre collèges, trois lycées et deux Facultés (je n'ose écrire encore Universités). Il y a néanmoins bien longtemps que, soit comme professeur de philosophie, soit comme examinateur aux baccalauréats, je m'étais rendu compte et fortement persuadé de son opportunité. Mais, je l'avoue, j'aurais mieux aimé qu'un autre se chargeât de définir des milliers de mots techniques dont il n'y a peut-être aucun qui n'exigerait de longues méditations et une profonde érudition : il y a vraiment quelque courage professionnel à s'exposer sans nécessité pressante à des critiques fondées et à des reproches justifiés. Si je me suis résigné à tenter l'entreprise, je ne dirai pas que ç'a été surtout pour suggérer à un autre de la reprendre et de la mener à bonne fin, mais parce que je suis sûr de mériter l'indulgence des professeurs et la reconnaissance des élèves : je suis convaincu que, tel qu'il est, cet ouvrage rendra de grands services, et cette conviction me suffit. Je demande toutefois à expliquer mes intentions aux professeurs, pour que, sachant exactement ce que j'ai voulu faire, leurs critiques et leurs avis que je sollicite ne s'égarent pas, et aux élèves, afin qu'ils fassent de ce livre un usage conforme à sa destination et n'y cherchent pas ce qu'ils ne sauraient y trouver, par exemple des lieux communs tout préparés pour leurs dissertations : je les avertis tout d'abord que j'ai fait tout mon possible pour que l'usage de ce lexique ne donne jamais lieu à cet abus! C'est vraiment un lexique et point du tout un répertoire ni même un dictionnaire : je définis les mots et je laisse à d'autres la tâche de discuter les idées.

*
* *

Je n'ai donc nullement la prétention de me substituer aux professeurs et de me glisser, pour ainsi dire, entre eux et leurs élèves : leur tâche reste entière et je ne joue que le rôle modeste de répétiteur. Voici comment je l'entends : quel professeur n'a été frappé de cette observation constamment, annuellement répétée que dans la classe de philosophie l'enseignement est presque toujours stérile pendant les trois premiers mois, même pour les meilleurs élèves et pour ceux qui, dans la suite, feront preuve d'un esprit vraiment philosophique et d'un réel talent. Pour les élèves de force moyenne, ce n'est pas pendant trois mois, c'est pendant six mois qu'ils paraissent s'initier péniblement à une science qui glisse sur eux et ne pénètre pas. J'ai beaucoup réfléchi à cette bizarrerie et je crois en avoir trouvé le secret, d'ailleurs fort naturel : ils sont déroutés par une langue nouvelle, par une terminologie (ils disent volontiers un jargon) plus ou moins hérissée de termes techniques qui les occupent et les préoccupent autant pour le moins que les idées mêmes. Leur attention se fatigue et ils se rebutent.

Je sais de reste qu'un bon professeur n'oublie jamais de définir le terme technique qu'il emploie pour la première fois ; mais si l'enseignement oral a d'immenses avantages sur l'enseignement écrit, il faut convenir que le livre possède de son côté un avantage appréciable qui n'est point à dédaigner : les définitions données par le maitre se présentent successivement, celles du livre s'offrent simultanément. Or, dès la première leçon ou plutôt dès la première lecture, l'élève peut rencontrer des termes qui l'embarrassent et le déroutent. Pourtant il faut lire les auteurs philosophiques ; il faut les lire de bonne heure, toute l'année ; ces auteurs n'ont pas pris soin de graduer les difficultés et ce n'est point ici un cours de thèmes qui suit parallèlement les règles de grammaire déjà connues. Je suis bien sûr qu'aucun professeur d'expérience ne me contredira si j'affirme que c'est là le principal obstacle aux progrès des élèves au début de leurs études philosophiques.

Je n'ignore pas qu'ils ont la ressource de consulter les dictionnaires de la langue française : mais que de temps perdu à chercher parmi tous les sens du mot l'acception purement philosophique et technique! Bien souvent elle n'est pas même spécifiée; parfois même le mot est omis, surtout s'il s'agit d'un de ces termes que les philosophes modernes ont pris l'habitude, bonne ou mauvaise, d'emprunter aux Anglais ou aux Allemands, ou encore à la langue des sciences. Au surplus, l'expérience a décidé : il n'y a peut-être plus que les Français qui manquent d'un dictionnaire de la langue philosophique. Les Anglais en ont un excellent, celui de William Fleming; les Allemands possèdent beaucoup d'ouvrages de ce genre et ne craignent pas d'écrire tout exprès un lexique pour la langue particulière d'un philosophe : ils ont un lexique de la langue de Kant. Autrefois, quand la philosophie parlait latin, il était de tradition que chaque siècle, chaque génération de philosophes aurait sa langue consignée dans un bel in-folio : un des derniers est celui d'Étienne Chauvin, qui donna droit de cité à la terminologie cartésienne. Il est temps de reprendre de bonnes traditions et d'imiter d'excellents exemples.

Je ne saurais trop le répéter à mes collègues : je n'ai pas la ridicule prétention d'enseigner les idées simplement en expliquant les mots ni surtout l'outrecuidante présomption de proposer des définitions impeccables. Je consens ou plutôt j'aspire à être critiqué, rectifié, complété : je ne suis qu'un auxiliaire; ils prononcent en dernier ressort et ils ont le dernier mot. Que ce travail rectificatif se fasse dans la classe aux dépens de ma petite autorité de lexicographe, je n'en ai cure, ou plutôt je m'en réjouis : c'est un excellent exercice et vraiment philosophique. Mes collègues savent bien que le philosophe qui aurait défini *définitivement* le mot âme ou le mot conscience nous aurait livré le dernier secret des choses. Ils comprendront aussi qu'un moyen excellent en apparence s'offrait à moi de décliner la lourde responsabilité du donneur de définitions : ce moyen consistait à faire de mon ouvrage une mosaïque de citations. A chaque page mes autorités, à chaque ligne des références exactes. J'avoue même que c'est sur ce plan que l'ouvrage a été commencé, mais je me suis vite aperçu qu'il s'enflait outre mesure et prenait les proportions d'une tour de Babel autant pour la longueur démesurée des colonnes qu'au point de vue de la confusion des langues. Ce plan laissait à l'élève la principale tâche, je veux dire le travail d'élimination et de sélection nécessaire pour dégager le sens le plus constant et le mieux autorisé du mot. J'ai mieux aimé être utile que de paraître savant.

On raconte qu'à l'École des cadets, où Monge était professeur avant la Révolution, ces jeunes nobles lui disaient : « Monsieur le professeur, donnez-nous votre parole d'honneur que ce théorème est vrai ; nous vous dispensons de la démonstration ! » Il n'y a pas de parole d'honneur qui puisse remplacer une démonstration, mais quand il ne s'agit que de l'acception des mots, il est peut-être permis à un professeur d'un peu d'expérience et de lecture de dire à ses élèves : « Je vous certifie que dans la langue ordinaire des philosophes j'ai trouvé que le mot qui vous embarrasse a généralement le sens que voici. »

* * *

J'ai donc constamment supposé que je répondais aux questions d'un élève d'intelligence moyenne arrêté par l'obscurité d'un mot technique ou d'une formule consacrée. Mais les mots ne sont que les étiquettes des choses et les formules l'écorce des doctrines : pour parler comme les logiciens, je donne des définitions plutôt *nominales* que *réelles*. « La paille des mots, comme dit Leibniz, n'est pas le grain des choses. » Il faut briser l'os, dit aussi notre Rabelais, pour se nourrir de la « substantifique moëlle ». Il importe donc que le lecteur soit averti une fois pour toutes que ce livre n'a nullement la prétention de le dispenser de recourir pour le fond des idées aux leçons du professeur et surtout à ce maître intérieur qui s'appelle la réflexion personnelle et qui seul peut donner aux esprits ces deux qualités vraiment philosophiques, la sagacité et la pénétration. Je n'offre qu'une carte du pays philosophique ou, si **vous** voulez, un Guide Joanne ou Baedecker : c'est un excellent secours pour bien diriger un voyage d'exploration ou d'agrément, mais il ne faut pas se contenter de voyager sur la carte, ni demander au guide ses impressions de voyage.

Je suppose, pour prendre un exemple, que l'élève dont nous parlons rencontre au coin d'un chapitre la formule allemande assez rébarbative de *l'identité de l'être et de la pensée*. De deux choses l'une, ou bien il s'acharnera à lui trouver un sens précis et perdra peut-être beaucoup de temps sans aucune garantie de succès ; ou bien il se contentera de comprendre *en gros*, déterminera par le contexte un sens approximatif et s'habituera ainsi au vague et à l'à peu près, doucement bercé par le ronron métaphysique des mots et des formules, si propre à endormir et à hypnotiser la pensée.

C'est alors que je me hâte d'intervenir ; je n'ai pas la prétention de lui livrer en quelques mots tous les secrets de la philosophie de Schelling et de Hégel, mais, procédant par définitions et substitutions de termes équivalents, je l'amène peu à peu à comprendre sans jamais m'exposer à expliquer l'obscur par le plus obscur, ce qui est l'écueil. Vous êtes Français, lui dirai-je, c'est-à-dire habitué à chercher dans les mots l'exacte expression des choses : cette formule doit vous faire tout d'abord l'effet d'une grosse absurdité. Est-ce donc ma pensée, direz-vous, qui fait la réalité des choses, qui leur donne l'être et cesseraient-elles d'exister si je cessais d'y penser, s'il n'y avait dans le monde aucun être pensant ? Nullement, mais procédons par ordre : vous m'accorderez bien que les choses n'existent pour vous que dans la mesure où vous les connaissez, puisque celles dont vous n'auriez pas la moindre idée, la plus obscure notion, seraient exactement pour vous comme si elles n'existaient pas. Maintenant, souvenez-vous que depuis Platon les philosophes sont habitués à identifier la connaissance avec l'idée : connaître, c'est former dans son esprit l'idée de l'objet connu. Or, une idée, c'est ce qui rend une chose intelligible à l'esprit : nous aboutissons donc à cette formule déjà moins obscure et plus satisfaisante, que les choses, les objets, les réalités, la nature n'existent pour nous qu'autant qu'ils sont intelligibles, que nous en formons l'idée, qu'ils tombent sous les prises de notre pensée. Faites un pas de plus et vous direz : cela seul *est vrai* pour nous, *est* véritablement pour le philosophe, qui correspond à quelque pensée de notre esprit, — plus énergiquement, qui *est une pensée*; en d'autres termes, l'être est identique à la pensée.

Vous n'avez pas, je le répète, le secret de la philosophie de l'identité, philosophie fort discutable, mais vous en avez la clef et cela suffit pour le moment : dans tout système il y a (comme dans toute œuvre artistique) quelque chose d'intraduisible et d'irréductible et ce « je ne sais quoi » échappera toujours à qui n'a pas l'esprit déjà philosophique. Je puis donner à un Français le mot à mot d'une ode d'Horace, à un Allemand le mot à mot d'une fable de La Fontaine, mais ce mot à mot nécessaire pour comprendre le poète laisse échapper le sentiment et le charme poétiques : cela n'est point dans le mot et j'aurai beau le définir et l'analyser dans l'espoir chimérique de l'en dégager, puisqu'il ne peut naître que dans une âme et éclore que par une pensée. Je puis donc vous définir l'*Idée* de Platon, l'*Acte* d'Aristote, la *Substance* de Spinoza, le *Noumène* de Kant, mais non pas avec la précision du géomètre qui définit le cercle ou la sphère : je vous laisserai toujours beaucoup à deviner. S'il est un philosophe qui tienne en réserve une définition rigoureuse et mathématique du mot *Dieu*, je me tais et je m'incline : c'est un dieu lui-même.

Que si le lecteur se plaint d'omissions, je l'avoue, assez nombreuses, je le prie de se demander si elles sont imputables à ma négligence, ce qui a dû arriver quelquefois, ou si elles résultent d'un parti pris bien arrêté et ont été faites de propos délibéré. S'il plaît à Stuart Mill d'appeler *réalisme cosmothétique* la théorie qui pose en fait la réalité du monde extérieur, je veux bien expliquer le mot réalisme qui est d'un emploi ordinaire, mais non le mot *cosmothétique* qui n'est guère employé que par cet auteur. Je me garderai de désigner le dilemme par le nom que lui donnait mon excellent maître, M. J. Tissot, le traducteur de Kant :

il l'appelait un syllogisme *hypothético-disjonctif*. De même encore je refuserai de donner droit de cité au mot *chosisme* dont l'auteur d'une thèse récente très remarquable a cru pouvoir se servir : mais on trouvera l'expression consacrée *chose en soi*. J'enregistre l'usage général, non le caprice individuel.

Vous connaissez les « portraits génériques » de Francis Galton : on fait passer rapidement devant l'objectif de l'appareil photographique une douzaine de photographies des membres d'une même famille et l'on obtient ainsi le type générique de cette famille, un « portrait composite », qui, accentuant les traits communs, atténuant les traits individuels, est plus vrai, si l'on peut parler ainsi, que la réalité même. Pour chaque mot de la langue philosophique j'ai essayé de faire des portraits génériques ou composites, et si je ne vous mets pas sous les yeux tous les clichés dont je me suis servi, c'est pour éviter l'encombrement.

Que diriez-vous d'un architecte qui, voulant donner à des profanes une idée exacte des ordres d'architecture, dessinerait minutieusement tous les détails d'un chapiteau, tous les ornements d'une frise ? N'est-il pas évident qu'il doit d'abord leur mettre sous les yeux une simple esquisse, très exacte, mais très simplifiée : plus tard il pourra se livrer à toutes sortes de considérations historiques et esthétiques, il discutera, s'il le juge à propos, les chiffres précis par lesquels Vitruve a la prétention de fixer hiératiquement les rapports des différentes parties de la colonne et, selon l'ordre, de la colonne avec l'édifice. Tout cela est intéressant, mais sujet à controverse : ce qui est nécessaire, c'est la connaissance par l'esquisse d'autant plus précise qu'à première vue elle paraîtra manquer de précision à force d'être simplifiée.

* *

Quelques mots maintenant sur les règles de l'emploi des termes techniques par les élèves de philosophie. D'une manière générale il faut les éviter, mais comme il est plus important encore de proscrire la phrase, la périphrase et la paraphrase, comme ils contribuent à la précision du langage et à l'exactitude de la pensée, comme toute science a sa terminologie propre et sa langue technique, il y aurait une sorte de pédantisme, un pédantisme à rebours, « à la cavalière », comme dit Malebranche, à affecter de s'en passer. Remarquez d'ailleurs que beaucoup de mots extrêmement techniques à l'origine et exclusivement réservés à la philosophie sont passés dans la langue vulgaire : si un jardinier ne craint pas de parler de ses *essences* d'arbres ou un boucher des *catégories* de viandes, il y aurait vraiment puérilité à s'interdire de parler en philosophie de l'essence et des catégories. Ronsard est ridicule quand il s'adresse en ces termes à une maîtresse imaginaire : « N'êtes-vous pas ma seule Entéléchie? » Mais un philosophe n'est pas ridicule et n'a point à rougir d'employer après Aristote et Leibniz le mot *entéléchie* lui-même, pourvu qu'il l'emploie à propos. On sent bien qu'un contresens serait ici déplorable et trahirait immédiatement l'intention pédante aggravée d'ignorance. J'ai connu des élèves qui écrivaient d'abord leur dissertation dans la langue de tout le monde, puis la saupoudraient pour ainsi dire de mots techniques introduits après coup et de vive force : insipide assaisonnement, déguisement carnavalesque d'idées banales affublées d'une loque grecque ou latine. Voilà l'abus : si ce livre devait l'encourager, je serais « bien marry », comme dit Descartes, qu'il fût publié.

Il n'est ni possible ni prudent de faire table rase du passé. Les termes consacrés, les formules traditionnelles sont un legs et un héritage de nos pères qu'il serait dangereux de répudier, quoiqu'il ne faille l'accepter que sous bénéfice d'inventaire : un grand nombre de mots techniques sont en effet tombés en désuétude, et s'il est nécessaire de les comprendre dans les livres où ils se rencontrent et dont il est impossible de les éliminer, il faut bien se garder de les employer soi-même. Mais c'est l'étoffe dont est fait le vêtement de cette philosophie éternelle, *perennis quædam philosophia*, comme dit Leibniz, que nous ont transmis nos devanciers. Ces mots qui nous paraissent bizarres, ces vocables démodés aujourd'hui ont eu leur raison d'être : ils correspondent à un moment déterminé de la pensée philosophique, car c'est toujours la pensée, rarement le hasard et le caprice, qui crée les termes, signalements particuliers et signes distinctifs des doctrines.

L'homme du monde a parfaitement raison de donner à une fleur son nom vulgaire, mais que diriez-vous d'un botaniste qui s'obstinerait à répudier les termes plus précis employés dans les classifications? Quand maître Bridaine demande à tout propos, et surtout hors de propos, à quel sexe, à quelle classe appartient une fleur, de quels éléments elle se forme, d'où lui viennent sa sève et sa couleur, Perdican se moque de lui : « Je n'en sais pas si long, mon révérend. Je trouve qu'elle sent bon, voilà tout. » L'emploi d'un terme technique n'est justifié que si ce terme est nécessaire pour éviter une périphrase et donner à l'idée son plus haut degré de précision. Hormis ces cas, qui toutefois sont assez fréquents, suivez le conseil de Leibniz : « Fuyez les mots techniques comme on fuit une vipère ou un chien enragé ! »

Des trois qualités que Leibniz reconnaît au style philosophique, la clarté, la vérité, l'élégance, il en est une pour le moins que les termes techniques favorisent rarement et excluent presque toujours, c'est l'élégance. Ils donnent au style je ne sais quel aspect de lourdeur et quelle apparence scolastique. Il ne faut pas croire non plus que les scolastiques, à qui nous devons presque entièrement notre terminologie, aient toujours visé, en les forgeant, à la clarté et à la vérité de l'idée. Leibniz remarque ingénieusement que beaucoup de ces mots abstraits cachent une simple métaphore plus ou moins habilement dissimulée : la langue scolastique, dit-il, fourmille de tropes, *tropis scatet*. Analysez les mots inhérence, émanation, influence, qu'y trouvez-vous ? une simple image empruntée au monde physique, celle d'un objet qui adhère à un autre comme la couleur aux surfaces colorées, celle d'une lumière qui perce l'obscurité ambiante, celle d'une eau qui pénètre dans un sable aride. Cela n'éclaircit rien et le philosophe a souvent l'occasion de répéter la prière de Paul-Louis Courier : « Seigneur, délivrez-nous de la métaphore ! » Pourtant Leibniz lui-même n'a-t-il pas cru pouvoir proposer le mot de fulguration pour exprimer la manière dont les monades créées se détachent de la monade créatrice, tant est forte et irrésistible cette loi psychologique d'après laquelle nous ne pouvons penser sans images ?

Descartes a fait la plus concise et la plus spirituelle critique des distinctions verbales où se perdaient les scolastiques dans un tout petit mot qui revient souvent dans ses écrits, c'est le mot *sive* qui signifie *ou bien*. En voici des exemples : les notions *ou* les idées ; l'idée *ou* la pensée ; la chose *ou* la substance ; la nature *ou* l'essence ; le corps *ou* la matière ; les choses corporelles *ou* physiques ; les choses immatérielles *ou* métaphysiques ; l'esprit *ou* l'âme ; l'intelligence *ou* la raison ; la réalité *ou* la perfection ; être *ou* exister, etc. Peut-on se débarrasser avec plus de désinvolture et de dédain de ces distinctions subtiles qui détournaient et absorbaient au profit des mots tout le nerf et tout le vif de la pensée ? Mais ce dédain n'est point ignorance, et Descartes se garde bien de se priver d'un utile secours en refusant de parti pris d'user de termes longuement et savamment élaborés ; il dit : « J'userai, s'il vous plaît, ici librement des mots de l'école. »

Tous les conseils que l'on peut donner à ce sujet se réduisent donc à un seul : n'employer que les termes consacrés et dans leur sens exact et traditionnel, en user même avec une grande réserve en ayant toujours soin de les préparer et surtout se bien pénétrer de cette idée que c'est un artifice grossier et qui crève les yeux que celui qui consiste à en couvrir son ignorance. Un mot n'est jamais une solution ; tous les problèmes ne se résolvent pas, par exemple, en distinguant le subjectif de l'objectif ou le phénomène du noumène.

J'ajoute, en terminant cette préface, que si cet ouvrage est favorablement accueilli et si mes collègues veulent bien m'aider à l'améliorer en me faisant part de leurs critiques, je prendrai grand soin, dans une seconde édition, d'en corriger les fautes inévitables, et je le ferai précéder d'une *Histoire de la terminologie philosophique*, que je n'ose offrir cette fois au public de peur de grossir ce volume que je voulais très court.

Alexis BERTRAND.

LEXIQUE
DE
PHILOSOPHIE

A

A. Les logiciens désignaient par les quatre lettres A, E, I, O les quatre sortes de propositions qui déterminent les figures et les modes; autrement dit : les genres et les espèces du syllogisme. A désigne les propositions universelles affirmatives (par exemple : tous les corps sont pesants); E, les propositions universelles négatives ; I, les propositions particulières affirmatives; O, les propositions particulières négatives. Ainsi un syllogisme est en BARBARA (ne tenez compte que des voyelles) quand ses trois propositions sont universelles affirmatives; en BAROCO quand il a pour majeure une proposition universelle affirmative, pour mineure et pour conclusion des propositions particulières négatives (V. *Oppositions*).

ABDUCTION. Dans la langue d'Aristote, ce mot désigne un syllogisme dans lequel la mineure est moins évidente que la conclusion, de telle sorte que l'attention se détourne (abducere) de celle-ci pour se reporter sur la mineure. Il en donne cet exemple : La science peut être enseignée; or la justice est une science : donc la justice peut être enseignée. C'est la mineure qui attire l'attention de l'esprit et qu'il importe de mettre en évidence pour justifier la conclusion.

ABNÉGATION. Oubli ou sacrifice de soi-même. L'abnégation est le contraire de l'égoïsme. Les positivistes ont donné le nom d'*altruisme* à cette forme supérieure de la sympathie ou du désintéressement : vivre pour autrui.

ABOULIE (α privatif; βουλή, volonté). Impuissance de vouloir, paralysie de la volonté, sorte de maladie mentale qui anéantit la puissance d'agir, et, si elle ne détruit pas la volonté, lui enlève du moins toute efficacité.

ABSOLU (*absolutus*, délivré et accompli). Pris adjectivement, ce mot désigne, en métaphysique, ce qui est indépendant et inconditionnel. L'être est absolu par rapport à ses manières d'être ou modes qui sont relatifs par rapport à lui ; la substance et l'essence sont absolues par rapport aux qualités qui les manifestent et les déterminent. On dira que Dieu possède la science absolue, c'est-à-dire sans limite, achevée, la science qui ne dépend d'aucune autre science et trouve en elle-même ses propres principes.

Entre les mots infini, parfait et absolu, il y a des nuances assez délicates à saisir : l'infini a rapport à la grandeur et s'oppose à fini : une ligne et un nombre sont des grandeurs et des quantités finies ; le parfait s'oppose à l'imparfait et se rapporte à la qualité : la justice humaine est imparfaite ; l'absolu se rapporte à l'existence et s'oppose au relatif.

Pris substantivement, ce mot désigne l'être *en soi* et *par soi* : il n'y a que Dieu qui soit l'absolu sans restriction et tous les autres êtres sont relatifs. C'est là le sens le plus précis du mot; son sens le plus vague se retrouve dans l'adverbe *absolument* qui signifie sans exception, sans restriction, sans condition. Il faut remarquer aussi que, dans la langue cartésienne, absolu est un mot plus rarement employé qu'infini et parfait, qui eux-mêmes se prennent assez souvent l'un pour l'autre.

Les philosophes allemands postérieurs à Kant font au contraire un grand abus de cette expression : c'est la *chose en soi* ou le *noumène* de Kant ; c'est le *moi* de Fichte qualifié d'absolu parce qu'il produit toutes les choses relatives, c'est-à-dire le monde phénoménal ; c'est l'*identité* fondamentale de la nature et de l'esprit de Schelling, identité absolue que nous atteignons par « l'intuition intellectuelle », c'est-à-dire par une pensée supérieure à toute expérience ; c'est même, chez Hégel, le *processus* ou le *devenir* universel, bien qu'un absolu qui devient successivement toutes choses ne mérite guère ce nom.

La notion d'absolu soulève un des plus **graves problèmes** de la métaphysique : L'absolu existe-t-il et pouvons-nous le penser? Hamilton a soutenu que « penser c'est conditionner », et qu'en conséquence l'absolu est par définition l'inconnaissable, puisque en tombant sous les prises de la pensée il en subirait les lois ou conditions et deviendrait ainsi conditionné ou relatif. Hamilton aurait gain de cause contre ceux qui soutiendraient que nous pouvons connaître l'absolu *absolument* pur de toute relation avec nous, perçu dans son essence même.

Mais l'idée de l'absolu peut être réelle et positive sans être adéquate à son objet. Dire que l'absolu devient relatif par cela seul que nous le pensons, c'est un paradoxe ou plutôt un paralogisme : notre pensée ne saurait altérer la nature de l'absolu et ce n'est pas déchoir que d'être connu ou plutôt affirmé. Bien plus, le terme *relatif* n'a de sens que si nous avons quelque idée de ce que désigne le terme opposé d'absolu : l'une des notions ne se conçoit pas sans l'autre et, même pour nier l'existence de l'absolu, il faut convenir que l'on a quelque conception et quelque connaissance de ce que l'on nie.

M. H. Spencer va plus loin : « Dire que nous ne pouvons connaître l'absolu, c'est dire implicitement qu'*il y a* un absolu. Quand nous nions que nous ayons le pouvoir de connaître l'*essence* de l'absolu, nous en admettons tacitement l'*existence*; et ce seul fait prouve que l'absolu a été présent à notre esprit, *non pas en tant que rien, mais en tant que quelque chose.* »

On définit quelquefois la raison : *la faculté de l'absolu*, c'est-à-dire l'entendement en tant qu'il nous révèle ce qui, « pour être conçu, comme dit Spinoza, n'a besoin d'aucune conception étrangère ».

ABSTINENCE (*abstinere*, se tenir éloigné). Privation volontaire et délibérée, dans un but moral ou religieux, de certaines choses dont la nature nous fait un besoin ou un plaisir. Elle implique dans la pratique la suprématie de la loi morale sur les inclinations et les passions. Les stoïciens surtout ont recommandé l'abstinence et l'on sait qu'ils résumaient toute leur morale en ces deux mots : *Supporte et abstiens-toi*. L'abstinence stoïcienne exalte le sentiment de notre valeur et de notre grandeur, puisqu'elle nous rend indépendants des biens extérieurs et nous soustrait à tout ce qui pourrait troubler notre calme et notre impassible sérénité. L'abstinence chrétienne, l'*ascétisme* se fonde au contraire sur une idée d'humilité et d'expiation : l'homme rachète ses fautes par l'austérité et la pénitence.

ABSTRACTION (*abstrahere*, tirer de). Ce mot désigne tantôt une opération de l'esprit, tantôt le résultat de cette opération. Dans le premier sens, l'abstraction est l'acte intellectuel par lequel nous considérons isolément une idée dont l'objet ne se présente jamais isolé. C'est donc une des formes de l'analyse ; mais si toute abstraction est une analyse, toute analyse n'est pas une abstraction : l'analyse chimique, par exemple, porte sur des éléments qui ont une existence séparée aussi réelle que l'existence même du tout.

Dans le second sens du mot, il désigne le résultat même de l'opération, c'est-à-dire l'*idée abstraite*. En métaphysique, les notions d'essence, de substance; en mathématiques, celles de nombres, de figures; en physique, celles de couleurs, de saveurs, sont des idées abstraites. Nos sens font naturellement des abstractions en percevant isolément les qualités des corps étendus, colorés, sonores, odorants, sapides. Une langue est un instrument d'analyse et d'abstraction parce que la plupart des mots représentent des idées générales et que, si toutes les idées abstraites ne sont pas générales, toutes les idées générales sont abstraites.

On nomme *abstractions réalisées* des notions abstraites auxquelles on prête par erreur une existence réelle ou objective : quand on disait au moyen âge que la *nature a horreur du vide*, on réalisait une abstraction, car la nature n'est, selon une expression quelquefois usitée, qu'un *être de raison*.

Abstrait n'est nullement synonyme d'*abstrus*, car l'idée *abstraite* étant simple est plus claire que l'idée *concrète* qui est complexe. Cependant les *sciences abstraites* passent pour abstruses parce qu'elles exigent un grand effort d'attention : l'esprit qui s'y livre *fait abstraction* de tout ce qui l'entoure, mais il ne peut empêcher que les objets réels et concrets n'agissent continuellement sur ses sens et ne distraient son attention.

M. H. Spencer s'est fondé sur le caractère plus ou moins abstrait des sciences pour en tirer une classification où il prétend rectifier et compléter celle qui avait été proposée par Aug. Comte : 1° *sciences abstraites* : logique et mathématiques ; 2° *sciences abstraites-concrètes* : mécanique, physique, chimie ; 3° *sciences concrètes* : astronomie, géologie, biologie, psychologie, sociologie.

ABSTRACTIVE (Connaissance abstractive). Dans la langue scolastique, on appelait *connaissance abstractive* la connaissance rationnelle d'une chose par l'intermédiaire d'une autre chose qui en est l'image, l'expression, le symbole : la cause est connue par l'effet, Dieu par la nature.

Quand l'objet est intelligible sans aucun intermédiaire, la connaissance est dite *intuitive;* et quand il est connu non seulement en lui-même, mais encore dans toutes ses qualités intelligibles, la connaissance devient *compréhensive*. La philosophie contemporaine n'emploie plus guère que l'expression de connaissance intuitive et les deux autres sont tombées en désuétude.

ABSTRAIT (V. *Abstraction*). L'abstrait s'oppose au concret. Il peut être particulier ou général :

l'idée de blancheur est une idée abstraite et générale ; dans cette phrase, *la blancheur de ce mur*, elle devient une idée abstraite particulière.

L'abstrait ne résulte pas de la dissociation de ce qui est uni, mais de la séparation de ce qui est inséparable : il y aurait extension abusive de l'emploi de ce mot si l'on disait que l'individu n'est connu qu'à titre d'abstrait, sous prétexte que l'individu n'existe jamais en dehors de la société dont il fait partie intégrante. Quand l'anatomie considère isolément tel ou tel organe, elle n'en fait pas pour cela un abstrait, puisque l'organe peut être séparé du corps : la dissection nous le montre comme parfaitement concret.

Remarquons que certains auteurs ne conviendraient pas de l'existence d'idées abstraites *particulières :* ce ne sont, diraient-ils, que des actes particuliers d'attention et la véritable abstraction, essentiellement logique et mentale, ne saurait nous donner que des idées générales. L'abstraction prépare la généralisation : l'abstrait est l'élément du général et, plus l'idée est générale, plus haut est son degré d'abstraction ; la plus générale des idées, l'idée d'être est à la fois la plus abstraite et la plus simple de toutes.

ABSTRUS (*abstrusus*, enfoncé, caché). Difficile à pénétrer, à comprendre et, dans un sens abusif, très abstrait. Si l'idée abstraite est, par définition, une idée plus simple, moins complexe que l'idée concrète, comme nous avons été enfants avant d'être hommes, comme nous ne cessons jamais d'être en communication avec le concret et que l'abstraction exige une sorte de rupture avec nos habitudes, il n'est pas étonnant que les sciences abstraites passent néanmoins pour les plus difficiles et les plus obscures. Pourtant il n'en est rien : ce sont celles qui sont à la base de la classification d'Aug. Comte, celles que toutes les autres impliquent et supposent, celles enfin qui se sont perfectionnées les premières.

ABSURDE. Ce qui est contradictoire, contraire à la raison : un cercle carré est une conception absurde parce qu'elle implique contradiction. Mais toute fausseté n'est pas une absurdité, et il n'est que trop fréquent d'entendre appeler absurde ce qui choque telles convictions et tels préjugés : l'absurdité dans les polémiques, c'est tout simplement l'opinion de l'adversaire. C'est donc un terme dont il ne faut se servir que très rarement.

En général, pour qu'il y ait absurdité, il faut que l'erreur saute aux yeux ; cependant, en mathématiques, la démonstration de l'absurdité d'une proposition peut exiger de longs raisonnements. La *ré-*

duction à l'absurde est une sorte de réfutation par les conséquences qui consiste à tirer d'une proposition ou d'un système des erreurs manifestes, des conséquences qui impliquent contradiction et se retournent contre les principes. De l'absurde, disaient les scolastiques, on peut tout déduire.

Remarquons que contradictoire et, par suite, absurde doivent s'entendre de la contradiction avec un principe ou une vérité démontrée, non avec une *loi de la nature* : les lois de la nature ne sont que des faits généralisés ; elles ne sauraient donc prévaloir contre les faits puisqu'elles n'en sont que l'expression abrégée, et dès lors un fait nouveau qui semble contredire des lois anciennes ne doit nullement être taxé pour cela d'absurdité.

ACADÉMIE. Le nom du jardin ou gymnase où Platon enseignait. Les philosophes de l'*Académie* sont donc les disciples de Platon comme ceux du *Lycée* sont les disciples d'Aristote. Les historiens distinguent l'ancienne, la moyenne et la nouvelle Académie.

L'ancienne Académie est proprement l'école de Platon et de ses successeurs immédiats, Speusippe son neveu et Xénocrate de Chalcédoine, qui eurent pour tendance de ramener le platonisme à ses origines pythagoriciennes.

La moyenne Académie, avec Arcésilas et Carnéade, introduit le probabilisme et le scepticisme dans la philosophie des successeurs de Platon.

La nouvelle Académie, avec Philon de Larisse et Antiochus d'Ascalon, à l'époque où le stoïcisme exerce une grande influence, réagit contre le scepticisme et revient au supra-sensible, c'est-à-dire aux idées platoniciennes. Philon et Antiochus furent les maîtres de Cicéron.

Il ne faut pas confondre la nouvelle Académie avec le *néo-platonisme* : cette dernière expression désigne l'école d'Alexandrie représentée par Ammonius Saccas, Plotin, Porphyre, etc.

ACATALEPSIE (α priv. ; κατάληψις, compréhension). Ce mot signifie étymologiquement incompréhensibilité et appartient à la langue de la moyenne Académie et des sceptiques, disciples de Pyrrhon, qui se disaient acataleptiques. L'acatalepsie se fonde sur les *époques* ou raisons de douter et de suspendre son jugement; elle se réduit donc à cette thèse sceptique que la raison humaine est impuissante à atteindre la vérité ou à cette thèse probabiliste que nous ne pouvons connaître que des vraisemblances.

ACCIDENT (*accidere*, arriver, s'ajouter). Les scolastiques appellent ainsi, après Aristote, ce qui s'ajoute à la substance ou à l'essence pour les modifier; plus simplement, ce qui n'arrive, ni toujours, ni nécessairement, ni même ordinairement. Les vices sont pour l'âme des accidents, puisqu'elle n'est ni naturellement ni constamment vicieuse; le mouvement est un accident des corps, puisqu'ils sont de leur nature inertes et ont besoin qu'une cause étrangère les meuve pour changer de place.

On dit que l'accident est *inhérent* à la substance, mais il est si loin de la constituer qu'on distingue des accidents *inséparables* et des accidents *séparables* : que Socrate soit Athénien, c'est un accident inséparable; que les cygnes soient blancs, c'est un accident séparable, puisqu'il y a des cygnes noirs.

L'accident n'est pas l'attribut, puisqu'il ne peut pas se déduire de la nature de la substance; il n'est pas le phénomène, puisque le phénomène peut être constant; il n'est pas la propriété ou la faculté, puisque certains textes cartésiens parlent de propriétés *essentielles*, comme la pensée pour l'âme et l'étendue pour les corps.

L'expression *par accident* s'oppose à *par soi* et signifie par un concours de circonstances : la douceur du lait et la dureté de l'or ne sont sensibles à la vue que *par accident*, c'est-à-dire que grâce à une induction que nous pouvons ne pas faire ou à une association d'idées qui peut n'avoir pas lieu; la nourriture est *de soi* une cause de santé, *par accident* une cause de maladie. L'*accident* est un des cinq *universaux* (V. ce mot).

ACHILLE. L'antiquité a appelé de ce nom un argument fameux par lequel Zénon d'Élée prétendait démontrer l'impossibilité du mouvement. Il soutenait qu'Achille « aux pieds légers » lancé à la poursuite d'une tortue ne pourrait jamais l'atteindre. En effet, pendant qu'il parcourt la distance qui les sépare au moment initial, elle aura parcouru une petite longueur de chemin qu'Achille devra parcourir à son tour et le même raisonnement ne cessant jamais d'être valable, Achille sera toujours séparé de la tortue par une certaine longueur de chemin, si petite que l'on voudra, et ne l'atteindra jamais. Le mouvement n'est donc qu'une apparence des sens que contredit la raison ou, pour mieux dire, le raisonnement.

ACOSMISME (α priv. ; κόσμος, monde). L'athéisme nie Dieu au profit du monde, l'acosmisme nie le monde au profit de Dieu. On a fait alternativement de Spinoza un « abominable athée » et « un sage enivré de Dieu »; son panthéisme se traduirait mieux par la formule « Dieu est tout » que par la formule « tout est Dieu », et, conséquemment, c'est l'*acosmisme* et non l'*athéisme*.

ACROAMATIQUE (ἀκροάομαι, j'entends). L'enseignement que les anciens appelaient *acroamatique* était un enseignement oral et non écrit, secret et non public, où le maître ne livrait qu'aux seuls initiés des doctrines qu'il jugeait inaccessibles au vulgaire, dangereuses pour la foule, ou bien compromettantes pour lui-même.

On dirait dans le même sens leçons *ésotériques*, c'est-à-dire du dedans, réservées, et leçons *exotériques*, c'est-à-dire du dehors, publiques : c'est surtout dans l'école pythagoricienne que cette distinction fut bien tranchée.

Simplicius caractérise les ouvrages *acroamatiques* d'Aristote en les séparant des autres, non pour le sujet ou le fond des idées, mais pour la forme et le mode d'exposition : ils ont plus de concision, de brièveté et de rigueur scientifique.

ACTE. Dans la langue ordinaire, on appelle *acte* l'exercice même de nos diverses facultés ou, plus simplement, l'exercice de notre volonté et le résultat de notre détermination : *l'homme est maître de ses actes*, cela veut dire : *il est libre.*

Dans son acception métaphysique, *acte* s'oppose à *puissance* comme *actuel* s'oppose à *potentiel*. Pouvoir, ce n'est pas agir ; être en puissance, savant ou vertueux, ce n'est pas posséder la science et la vertu réellement et *en acte*.

Aristote, qui fait jouer dans toute sa philosophie un grand rôle à cette distinction, appelle *acte pur* celui qui n'est plus mélangé d'aucune puissance, la réalité pleine et complète où toute possibilité est *actualisée* : l'*acte pur* est Dieu, réalisation ultime de toute puissance et fin dernière de toute puissance qui se réalise.

ACTION. L'exercice d'une fonction, l'opération d'une faculté, l'œuvre de la volonté efficace sont des *actions*, puisque tous ces faits ont le caractère commun d'être les produits de notre activité. Toutefois le mot est surtout employé par les moralistes dans un sens qui ne s'écarte pas sensiblement de l'acception vulgaire : nous sommes responsables de nos actions. Dans l'analyse du fait volontaire, l'*action* représente la troisième phase : les deux premières sont la *délibération* et la *détermination* ; l'action est donc la détermination en acte ou en voie de réalisation.

Les métaphysiciens distinguent l'*action immanente* et l'*action transitive* : la première est celle dont le terme est dans le sujet qui agit, par exemple la pensée, la vie; la seconde est celle dont le terme est en dehors du sujet qui agit, par exemple le travail de l'ouvrier ou l'œuvre de l'artiste.

On appelle *principe de la moindre action* l'axiome qu'on peut formuler ainsi : Tout se fait dans la nature par les voies les plus courtes et avec la moindre dépense de force ; ou bien : La nature obtient le maximum d'effet avec le minimum d'effort. Il revient au fond à l'axiome scolastique : *La nature ne fait rien en vain.*

Dans le langage scientifique, on emploie les expressions d'*actions* physiques, chimiques, physiologiques, pour désigner les effets des agents ou causes sur les objets extérieurs. On dit en mécanique que *la réaction est égale à l'action.*

ACTIONS RÉFLEXES. On nomme actions, actes, mouvements ou phénomènes réflexes, la transformation dans un centre nerveux des excitations afférentes en mouvements efférents; en d'autres termes, la transformation de la sensibilité en motricité. Le phénomène réflexe comprend donc trois moments :

1º Une excitation a lieu à la périphérie et se propage jusqu'à la moelle épinière, où sont spécialement les centres des actions réflexes ;

2º Là elle est transformée et subit une sorte de réflexion analogue à celle du rayon lumineux frappant un miroir;

3º Il en résulte un mouvement provoqué par le retour à la périphérie de l'excitation qui, de *sensible* (employé improprement, car elle est le plus souvent non sentie),

devient *motrice.* Les nerfs afférents et efférents constituent avec la cellule nerveuse centrale ce qu'on appelle l'*arc réflexe.*

Les actions réflexes de la moelle épinière sont inconscientes : ce sont des réactions qui ne sont pas purement mécaniques, mais physiologiques. On peut citer comme exemples d'actions réflexes l'éternuement, le clignement des yeux quand un coup les menace, etc. On a prétendu quelquefois que la volonté elle-même n'est qu'un *réflexe cérébral.* On voit que le réflexe exclut précisément la *réflexion,* sinon la conscience.

ACTIVITÉ. Pouvoir de produire des actes. L'activité est spontanéité ou volonté réfléchie. On dit que l'activité est l'essence de l'âme, pour exprimer que son action est continuelle et permanente et que les facultés qu'on lui attribue ne sont que les formes multiples de cette activité essentielle.

Activité offre donc un sens plus large que *volonté :* dans l'instinct, dans les inclinations, dans les passions (malgré l'étymologie de ce dernier mot qui vient de *pati,* souffrir, être passif), il y a de l'activité, mais une activité spontanée, et non volontaire. Dans les faits purement passifs, l'âme qui semble ne pas agir réagit; sans quelque action, il n'y aurait ni sentiment ni connaissance. L'esprit est actif, les corps sont *inertes,* mais il se peut que l'inertie elle-même soit une activité immanente.

Aristote distinguait un *entendement passif* qui ne fait que refléter l'extérieur et un *entendement actif* ou créateur qui transforme les données de sens en idées générales et en connaissances universelles.

C'est Leibniz qui a le mieux mis en évidence l'importance de la notion d'activité : sa monade est une *activité essentielle*, une énergie ou une *appétition*, en un mot une *force*; mais c'est une *activité immanente* qui n'a aucune action sur le dehors et même sur le corps propre. Biran attribue à l'âme une causalité effective, une *activité transitive* qui se révèle dans l'effort musculaire. Activité, qui était synonyme de *force*, devient synonyme d'*effort* et de volonté.

ACTUEL. Actuel se dit de ce qui est *en acte*, par opposition à ce qui est *potentiel* ou en puissance : la statue *actuelle* n'était que *potentielle* ou en puissance dans le bloc de marbre.

Actuel, dans un sens un peu différent, s'oppose à *habituel* : actuel dit plus que *réel* et moins qu'*habituel*, puisque l'actuel est le réel lui-même en tant que manifesté et présent à l'esprit, et que l'habituel c'est l'actuel en tant que durable, permanent, d'un mot, tourné en habitude.

On sait que, dans le langage ordinaire, actuel signifie simplement *ce qui est présent*, sens qui se rattache aisément au précédent et en dérive, car rien n'est présent pour nous que ce qui nous est révélé par un acte ou par un fait.

ACTUER. Traduction littérale et rarement usitée du terme scolastique *actuare* qui signifie : faire passer à l'acte, donner la forme à la matière. *Actuation* signifie donc passage de la puissance à l'acte et un philosophe scolastique dirait que la forme *actue* la matière.

ADAPTATION. Se dit de la propriété que possède l'œil d'apercevoir les objets situés aux distances les plus variables, depuis la distance moyenne de 8 ou 10 centimètres jusqu'aux limites extrêmes de l'horizon. Cette *adaptation* résulte de l'*accommodation* de l'organe visuel, c'est-à-dire de la facilité qu'a notre œil, véritable chambre obscure, de déplacer l'écran rétinien et de modifier l'appareil réfringent.

D'une manière plus générale, on entend par *loi d'adaptation* la loi en vertu de laquelle les organismes se mettent peu à peu en harmonie avec le *milieu* et, selon la théorie transformiste, peuvent même, grâce à ces modifications successives et incessantes, changer de nature par une sorte de lente métamorphose.

ADÉQUAT (*adæquare*, égaler). Une idée est adéquate à son objet quand elle correspond complètement à sa nature et à toutes ses propriétés. Ce mot est surtout employé par Spinoza : transformer nos idées *inadéquates* (ce sont nos passions, selon Spinoza) en idées *adéquates*, c'est tout l'objet de notre développement intellectuel et de notre perfectionnement moral.

L'idée adéquate s'oppose chez Spinoza à l'idée confuse et enveloppe la certitude de son objet ou, comme il dit encore, de son *idéat*. Nos idées adéquates sont éternelles : par elles, selon l'auteur de l'*Éthique*, nous devenons immortels ou plutôt éternels comme leurs objets.

Les scolastiques définissaient quelquefois la certitude : *l'adéquation de l'objet et de l'intelligence*.

ADMIRATION (*admirari*, s'étonner). Outre le sens ordinaire de ce mot, on lui donne en philosophie ou du moins Descartes lui donnait un sens plus précis. Il désignait la passion fondamentale dont il prétendait que toutes les autres dérivent et qu'il définissait ainsi : « L'admiration est une subite surprise de l'âme qui fait qu'elle se porte à considérer avec attention les objets qui lui semblent rares et extraordinaires. »

ÆSTHÉSIE (αἰσθάνομαι, je sens). Ce mot est quelquefois employé par les physiologistes comme synonyme de sensibilité.

AFFECTION (*afficere*, agir sur). Les psychologues emploient ce mot pour désigner les impressions subies par nos sens. Il est donc à peu près synonyme de *modification*. Les Écossais désignent aussi par le mot *affections* les sentiments divers dont nous sommes affectés en présence de nos semblables ; « la langue française, dit A. Garnier (leur disciple), distingue quatre classes d'affections : celles du corps, celles de l'amour-propre, celles de l'esprit et celles du cœur. » Le mot *affection* devient à peu près synonyme d'*inclination*. Le verbe *affecter* revêt naturellement les mêmes significations.

AFFÉRENT (*afferre*, apporter, porter vers). Les nerfs *afférents*, en opposition avec les nerfs efférents, sont ceux qui apportent les impressions de la périphérie au centre, c'est-à-dire à la moelle épinière ou au cerveau. Ce sont les nerfs de la *sensibilité* en opposition avec les nerfs de la *motricité*.

Par extension, on dit : *des impressions afférentes*. On discute, par exemple, cette question : Les sensations musculaires sont-elles *efférentes* ou *afférentes*, c'est-à-dire produites par un courant nerveux d'origine *périphérique* ou d'origine *centrale* ? (V. *Actions réflexes*.)

AFFIRMATION. Acte de l'esprit qui unit deux idées par un jugement. La *négation* est encore une sorte d'affirmation, car nier qu'une chose soit, c'est affirmer qu'elle n'est pas. La négation d'une négation équivaut à une affirmation.

A FORTIORI. Cette locution signifie *à plus forte raison*. C'est donc une conclusion du plus ou moins que l'on indique par l'expression *à fortiori*. On dira par exemple : Si je dois aimer ceux qui me haïssent, à plus forte raison (ou *à fortiori*) dois-je aimer ceux qui me veulent du bien.

AGENT (*agens*, qui agit). Celui qui produit un acte est appelé *agent* et ce terme s'emploie surtout dans cette locution, l'*agent moral*, c'est-à-dire l'homme responsable de ses actions. Il s'emploie encore dans cette locution péripatéticienne, l'*intellect agent*, qui désigne l'intelligence active, c'est-à-dire l'intelligence en tant qu'elle organise les matériaux fournis par l'*intellect patient* ou l'expérience.

Les scolastiques distinguaient l'agent *univoque*, *équivoque* ou *analogue* selon qu'il produit un effet de même nature que lui (le père par rapport à son fils), ou de nature différente (l'artiste par rapport à son œuvre), ou de nature analogue (Dieu par rapport à l'homme).

AGNOSTICISME (*a* priv.; *noscere*, connaître). L'agnosticisme est une théorie fondée sur la relativité de la connaissance et dont le dogme essentiel est que l'absolu, l'inconditionné est inaccessible et inconnaissable : « La puissance que l'univers manifeste est, dit M. H. Spencer, complètement *inscrutable*. »

C'est donc un scepticisme *raisonné* en matière métaphysique, dont la conclusion est que les premières causes et les dernières fins sont impénétrables, hors de la portée de l'intelligence humaine : c'est la théorie de l'*inconnaissable*. Mais ceux qui se contentent d'opposer une fin de non-recevoir aux spéculations métaphysiques ne méritent pas le nom d'agnostiques : ce sont purement et simplement des sceptiques ou des athées. Au fond, les agnostiques professent cette opinion que la cause première est objet, non de *science*, mais de *croyance* ; c'est un *fidéisme*.

AGORAPHOBIE (ἀγορά, place publique ; φόβος, crainte). Les médecins aliénistes désignent par ce mot une sorte de folie qui consiste dans un effroi de se trouver devant un espace vide, la terreur de traverser une place publique.

AGRAPHIE (α priv.; γράφειν, écrire). Impossibilité d'écrire, soit par suite d'amnésie ou perte ou souvenir des mots, soit par suite d'une impuissance de coordonner les mouvements. L'agraphie peut être partielle ou totale. La *paragraphie* est une maladie qui fait écrire un mot pour un autre.

AGRÉGAT. Juxtaposition de parties qui ne constituent pas un tout *essentiel* (unum per se), mais qui forment néanmoins un tout par *accident* (unum per accidens). Un tas de pierres est un agrégat ; un organisme est davantage, parce que son unité est réelle et non simplement nominale. Les atomistes expliquaient les corps comme de simples *agrégats* d'atomes.

AÏDÉIQUE. Absence totale d'idées dans l'esprit. Ce mot s'oppose à *polyidéique*, état où le sujet produit un nombre plus ou moins grand d'idées, et à *monoidéique*, état où il n'a qu'une seule idée, ou une idée fixe. On a décrit l'attention comme un état de *monoidéisme*.

ALALIE (α priv.; λαλιά, parole, babil). Synonyme d'*aphasie*, maladie qui produit les troubles du langage.

ALIÉNATION (*alienus*, étranger). Aliénation mentale se dit de toute espèce de folie, par exemple, des quatre espèces reconnues par Pinel : manie, mélancolie, démence, idiotisme. Le fou est appelé *aliéné* : la perte de la raison le rend *étranger* à l'humanité dont le caractère distinctif est la raison, et à la société dont, avec la parole (*ratio, oratio*), elle est le lien et l'âme. Mais étranger ne signifie pas indifférent ou abandonné : l'aliéné est un malade qui a droit non seulement à des soins médicaux, mais aussi à une protection spéciale. C'est encore un homme ou tout au moins une ruine humaine, une ruine sacrée : puisque les aliénistes reconnaissent des degrés dans la folie, c'est que l'éclipse ou la mort de la raison n'est jamais totale ; d'ailleurs fût-elle entière et définitive, nous n'en serions pas moins tenus envers l'aliéné à la pitié et à la compassion, car se survivre à soi-même est le plus grand des malheurs qui puissent frapper un homme.

ALTÉRATION. Mouvement ou changement dans l'ordre de la qualité ; transformation qui atteint les accidents ou les manières d'être sans atteindre la substance même.

Les scolastiques définissaient l'altération : une transformation dans les qualités extrêmes ou moyennes, le sujet sensible restant d'ailleurs le même.

ALTRUISME (*alter*, l'autre, autrui). Ce mot a été créé par Auguste Comte et signifie l'amour d'autrui, comme *égoïsme* signifie l'amour de soi. Comte résumait toute sa morale par cette belle maxime : « Vivre pour autrui ».

Altruisme et égoïsme prennent quelquefois un sens légèrement différent, on dirait volontiers emphatique : comme égoïsme signifie dans le langage ordinaire amour *excessif* de soi, il était naturel que le mot altruisme prît aussi le sens d'amour *dominant* de ses semblables. Mais l'altruisme est un fait avant d'être une vertu et, pour bien comprendre Auguste Comte, il faut donner aux deux expressions leur sens étymologique et primitif. Ainsi l'animal lui-même est capable d'altruisme : c'est l'altruisme qui limite ou suspend la lutte pour l'existence et rend possibles les sociétés animales.

Dans le langage ordinaire, on dit plutôt sympathie qu'altruisme, et Leibniz a défini la sympathie « être heureux du bonheur d'autrui, malheureux de son malheur ».

AMBIGUÏTÉ. Le sophisme dit *de l'ambiguïté des termes* consiste à prendre un même mot en deux sens différents : le rat ronge, rat est une syllabe ; donc une syllabe ronge.

AME (*anima*, le souffle). La définition de ce mot exigerait, pour être justifiée, tout un traité de psychologie : disons simplement qu'à notre époque l'âme se dit tantôt du principe réel et substantiel qui pense et s'oppose à la matière, tantôt de l'ensemble et de la succession régulière ; en un mot, de la synthèse des faits de conscience. Dans le premier sens, la conception de l'âme est métaphysique, dans le second elle est phénoméniste.

Aussi emploie-t-on souvent pour remplacer le mot âme des expressions non pas plus claires ou plus précises, mais qui semblent n'impliquer aucune solution métaphysique de la nature de l'âme ; on dit *esprit, psychique, psychologique*. C'est un scrupule vain et une précaution superflue : si ceux qui ont fait la langue croyaient à la *spiritualité* de l'âme, vous n'avez pas à vous en enquérir et surtout vous n'en êtes pas responsables. Quand Vauvenargues écrit « qu'il faut avoir de l'*âme* pour avoir du goût », il ne fait nullement, par le seul emploi du mot *âme*, une profession de foi spiritualiste.

L'*âme* n'est pas le *moi* : ce dernier mot a moins d'extension et ne se dit de l'âme qu'en tant qu'elle est consciente et maîtresse d'elle-même. Outre les phénomènes que le moi s'attribue, il se peut que l'âme produise une foule de phénomènes inconscients et qu'elle soit, comme le soutiennent les animistes, le principe de la vie dans l'homme et dans l'animal.

L'*âme du monde* des anciens et particulièrement des stoïciens est un principe universel de vie et d'intelligence, un dieu immanent qui est au monde ce que notre âme est à notre corps.

Le problème de l'*âme des bêtes*, agité surtout dans l'école cartésienne, consiste à se demander si l'animal sent et connaît par un principe analogue à notre âme, principe que les scolastiques appelaient l'*âme vile* : Descartes faisait des animaux de pures machines ou automates. Aristote, au contraire, dans son *Traité de l'âme*, professait qu'il fallait étudier l'âme dans la plante, dans l'animal et dans l'homme, l'âme *nutritive*, *sensitive*, *motrice*, *appétitive* et *rationnelle*. Cette opinion est celle des psychologues de nos jours : toute manifestation psychique relève de la science de l'âme.

L'âme, chez les premiers philosophes, se confond avec la vie, le sang, le souffle : Socrate se contente encore d'opposer les sens à la raison, et Platon décrit une âme triple ou douée de trois facultés : l'âme raisonnable, dans la tête ; l'âme irascible, dans la poitrine ; l'âme appétitive, dans le bas-ventre.

Le problème du *siège de l'âme* consiste non pas à déterminer le lieu qu'elle occupe (si elle est spirituelle, elle n'en occupe aucun), mais à chercher quel est son premier organe. On sait que Descartes, pour de faibles raisons, la logeait dans la glande pinéale.

La science de l'âme s'appelle la psychologie, et le grand problème psychologique est celui-ci : Les phénomènes psychiques doivent-ils être simplement observés, classés, ramenés à des lois, ou bien faut-il en outre les rapporter à une force spéciale, à l'âme connue directement dans l'acte de réflexion « comme substance quand elle est passive, comme cause quand elle est active » ? Si l'âme est immatérielle, sa *spiritualité* se perçoit et ne se démontre pas : l'unité, l'identité, la simplicité sont les attributs et non pas les preuves de la spiritualité.

Enfin, le problème de l'*immortalité de l'âme* est intimement lié au problème de la *spiritualité de l'âme* : c'est même pour cela que Descartes refusait l'âme à l'animal, ne voulant pas concéder l'immortalité « aux mouches et aux fourmis » (V. *Conscience*, *Psychologie*, etc.).

AMNÉSIE (α priv.; μνῆσις, mémoire). Diminution notable ou perte totale de la mémoire. L'amnésie est partielle ou totale, subite ou progressive, constante ou périodique. Dans la ctaalepsie, le somnambulisme, l'oubli de tous les faits qui ont eu lieu pendant la période de crise produit un apparent dédoublement de la personnalité : les souvenirs se réveillent pendant la crise suivante, tandis que l'état normal est une période d'*amnésie* de ces mêmes souvenirs et que, réciproquement, les souvenirs de l'état normal semblent disparaître pendant la crise. Le contraire de l'amnésie est l'*hypermnésie* ou exaltation de la mémoire.

AMOUR. Dans un sens général, l'amour est, selon certains philosophes, la passion fondamentale et génératrice de toutes les autres passions : « Otez l'amour, dit Bossuet, il n'y a plus de passions ; et posez l'amour, vous les faites naître toutes. » Il définit l'amour « la passion de s'unir à quelque chose ». Pour Descartes, la passion fondamentale est non l'amour, mais l'*admiration;* pour Spinoza, c'est le *désir* (V. ces mots).

Dans un sens moins général et qui se rapproche plus de l'acception ordinaire, Leibniz dit que l'amour consiste à se réjouir du bonheur d'autrui ou à faire de la félicité d'autrui sa propre félicité. « Le véritable amour, dit Maine de Biran, consiste dans le sacrifice entier de soi-même à l'objet aimé. »

L'*amour-propre*, où toutes les vertus vont se perdre, prétend La Rochefoucauld, comme les fleuves dans la mer, est l'amour de soi, l'égoïsme.

Spinoza appelle *amour intellectuel* la connaissance intuitive de Dieu accompagnée de « la plus parfaite joie que l'âme puisse ressentir », c'est-à-dire de la *béatitude* et de la conscience de notre immortalité.

AMPHIBOLIE (ἀμφιϐολία, ambiguïté). Kant donne ce nom à une sorte d'amphibologie naturelle et fondée sur les lois mêmes de la pensée, qui consiste à confondre avec les objets de l'expérience les notions de l'entendement pur. L'identité, par exemple, est une notion *à priori* : il y a *amphibolie* quand on prétend que c'est en outre une qualité réelle des objets.

AMPHIBOLOGIE (même étymologie). Proposition qui présente un sens douteux, un double sens. L'amphibologie est donc une sorte de sophisme ; Aristote la distingue de l'*équivoque* en ce que celle-ci porte sur les termes isolés, tandis que l'amphibologie est l'équivoque ou l'ambiguïté dans les propositions.

ANALOGIE (ἀνά, par; λόγος, rapport). Analogie peut signifier simplement similitude ou ressemblance, mais une similitude qui n'implique pas identité et une ressemblance qui laisse subsister des différences. L'analogie résulte donc d'une comparaison : deux ailes d'oiseau sont semblables, la nageoire d'un poisson est analogue à l'aile d'un oiseau.

Le *raisonnement par analogie* consiste à conclure de la ressemblance de certains objets à quelques égards de leur ressemblance à d'autres égards. De l'analogie de l'étincelle électrique avec le phénomène de la foudre, on conclut que l'éclair est une étincelle électrique ; de la ressemblance des planètes avec la terre on induit cette supposition que les planètes peuvent être habitées. La conclusion du raisonnement par analogie est souvent hypothétique; elle est fondée sur l'*uniformité* des lois de la nature.

Kant appelle « analogies de l'expérience » les règles de *permanence*, de *succession* et de *simultanéité* qui relient les perceptions aux perceptions, de manière à rendre possible l'unité de l'expérience totale : « L'expérience n'est possible, dit-il, que par la représentation d'une liaison nécessaire des perceptions. »

ANALYSE (ἀναλύειν, délier, décomposer). L'analyse est la décomposition d'un tout en ses divers éléments. L'opération contraire consiste à reconstituer le tout au moyen de ses éléments et se nomme *synthèse*. L'analyse est dite expérimentale ou empirique quand elle porte sur un tout matériel (l'analyse de l'eau en chimie), et rationnelle ou logique quand elle porte sur les idées. Le mot se trouve d'ailleurs souvent précisé par l'épithète qu'on lui joint : analyse mathématique, analyse psychologique.

L'analyse peut être une *division*, une *partition*, une *abstraction*, mais ces termes ne sont pas entièrement synonymes : la *division* est la distribution d'un genre déterminé par la définition en ses espèces et se prend aussi dans un sens vague comme dans cette expression, *division du travail*; la *partition* se distingue de la division en ce qu'elle porte sur un tout composé de parties matériellement distinctes : par exemple, quand on brise un morceau de marbre, c'est une simple partition; quand on répartit une maison en appartements, une ville en quartiers, c'est une division; mais il faut avouer que ces distinctions n'ont pas une grande importance. L'*abstraction* sépare mentalement les idées réellement inséparables.

L'analyse allant du composé au simple, va par là même du particulier au général : elle répond à l'induction; la synthèse, au contraire, va du simple au composé, du général au particulier et répond à la déduction. Il n'est pas toujours aussi aisé qu'on pourrait le croire, de dire si telle démonstration est analytique ou synthétique.

Descartes préconise l'analyse dans cette règle : diviser chacune des difficultés qu'on examine en autant de parcelles qu'il se peut et qu'il est requis pour les mieux résoudre.

ANALYTIQUE. Kant appelle *jugements analytiques* ceux dans lesquels l'attribut fait partie essentielle du sujet, et *jugements synthétiques* ceux dans lesquels l'attribut est surajouté au sujet par le secours de l'expérience. Les rayons d'un cercle sont égaux, voilà un jugement analytique; les gaz sont compressibles, voilà un jugement synthétique.

On sait qu'un des ouvrages d'Aristote sur la logique est désigné sous ce nom, *les Analytiques*, et qu'on appelle géométrie *analytique* celle qui est fondée sur l'application de l'algèbre et du calcul infinitésimal à la géométrie.

ANESTHÉSIE (α priv.; αἴσθησις, sensibilité). Privation de sensibilité, abolition totale ou partielle de la faculté de sentir. Les physiologistes distinguent l'anesthésie centrale et l'anesthésie périphérique : dans la première, les impressions n'arrivent plus au *sensorium* et il n'y a plus perception; dans la seconde, les impressions ne produisent plus d'effet parce que les extrémités nerveuses sont altérées ou détruites. L'anesthésie peut être provoquée par suggestion.

L'*analgésie* est une anesthésie qui porte sur les sensations douloureuses, lesquelles sont ordinairement provoquées à la surface de la peau ou des muqueuses par les agents extérieurs.

ANIMISME. Doctrine de ceux qui regardent l'âme comme la cause première des phénomènes vitaux.

L'*organicisme* consiste à soutenir que la vie est un effet ou une résultante de l'organisation, mais il ne réussit pas à expliquer l'unité des phénomènes vitaux, le concert et l'harmonie des fonctions vitales.

Le *vitalisme*, qui admet l'existence d'une *force vitale* distincte de l'âme, y réussit mieux, mais ce *duodynamisme* est une hypothèse compliquée ; la force vitale est inconnaissable et se réduit à l'x algébrique.

Les *animistes* font surtout valoir en faveur de leur doctrine ce double fait que la vie du corps n'est pas absolument étrangère à la conscience et que, d'ailleurs, la théorie des faits inconscients semble indiquer que l'âme agit tantôt avec conscience (dans les phénomènes de la pensée), tantôt sans conscience ou avec une conscience très affaiblie (par suite de l'habitude et de l'extrême complexité des impressions vitales) dans la production des phénomènes vitaux. Cl. Perrault, en France, Stahl en Allemagne, ont été les représentants de l'animisme : cette hypothèse a beaucoup de partisans parmi les philosophes spiritualistes.

Animisme se dit quelquefois de la tendance qu'ont les peuples sauvages à voir en toutes choses un principe analogue à l'âme, à tout *animer*.

ANSELME. On nomme *argument de saint Anselme* la preuve de l'existence de Dieu fondée sur ce que l'être le plus grand que nous puissions concevoir existe nécessairement et dans la pensée et dans la réalité ; car s'il n'existait que dans la pensée, il y aurait contradiction à dire qu'il est l'être le plus grand que nous puissions concevoir. C'est l'*argument ontologique* retrouvé par Descartes, perfectionné par Leibniz, discuté et rejeté par Kant.

ANTÉCÉDENT (*ante*, avant, et *cedo*, je marche). L'*antécédent* est le premier terme d'un rapport, soit logique, soit métaphysique ; le second terme est le *conséquent*. La cause est l'antécédent, l'effet est le conséquent.

Pour exprimer cette idée que la plus grande somme de bien peut entraîner quelque mal partiel ou passager, Leibniz dit que Dieu veut *antécédemment* le bien et *conséquemment* le mal.

Les phénoménistes de nos jours, qui n'admettent pas de *causalité* véritable, disent que la cause n'est que l'*antécédent invariable* de l'effet prétendu, confondant ainsi la cause efficace avec de simples conditions.

ANTHROPOCENTRIQUE (ἄνθρωπος, homme ; κέντρον, centre). On dit qu'un philosophe se place à un point de vue anthropocentrique quand il rapporte tout à l'homme et à l'utilité de notre espèce : les animaux seraient créés pour l'usage de l'homme, les astres destinés à lui servir de flambeaux ou de spectacle, etc. C'est une interprétation étroite et visiblement erronée de la théorie des causes finales. Longtemps l'homme a cru également que la terre était le centre du monde.

ANTHROPOLOGIE (ἀνθρώπου λόγος, science de l'homme). Dans la langue des naturalistes, histoire naturelle de l'espèce humaine. Kant appelle *anthropologie* la science de l'homme considérée comme plus vaste que la psychologie et comprenant l'étude de l'âme, du corps et de leurs rapports, ainsi que la psychologie des races et des peuples. Parmi nous, Biran, voulant également élargir le cadre de la psychologie, a donné le titre d'*Anthropologie* à son dernier ouvrage.

ANTHROPOMORPHISME (ἄνθρωπος, homme, et μορφή, forme). Primitivement, tendance à attribuer aux dieux la forme corporelle de l'homme. Puis, tendance à donner aux dieux ou à Dieu les pensées et les passions des hommes, à le faire en quelque sorte à notre image et à notre ressemblance. Quand on dit avec Bossuet que la connaissance de nous-mêmes nous élève à la connaissance de Dieu, avec Leibniz que Dieu est « un océan dont nous n'avons reçu que quelques gouttes », en un mot, l'homme avec l'infini en plus, cette métaphysique ne doit pas être qualifiée d'anthropomorphisme; autrement, tous les philosophes mériteraient la même critique, sauf peut-être Spinoza qui ne voit pas plus de ressemblance entre la justice divine et la justice humaine qu'entre « le Chien, constellation céleste, et le chien, animal aboyant ».

ANTICIPATION (*ante*, avant; *capere*, prendre). Chez les épicuriens, ce mot désigne les notions générales qui nous permettent d'*anticiper* sur l'expérience et de la prévoir. Les anticipations ne sont pas des connaissances *à priori* ou idées innées, mais les résultats organisés des expériences antérieures.

Kant désigne par l'expression *anticipations de la perception* les jugements *à priori* que nous portons sur les objets de toute expérience future, par exemple celui-ci : « Dans tous les phénomènes, le réel, qui est un objet de sensation, a une quantité intensive, c'est-à-dire un degré. »

ANTINOMIE (ἀντί, contre; νόμος, loi). Conflit ou contradiction d'une loi avec une autre loi, d'une affirmation avec une autre affirmation. Kant désigne par ce mot les conflits de la raison avec elle-même, les contradictions où elle tombe inévitablement chaque fois que, voulant dépasser les limites de l'expérience, elle spécule sur l'absolu. Chaque antinomie se compose d'une *thèse* qui affirme et d'une *antithèse* qui contredit.

Voici le tableau de quatre antinomies : chacune d'elles marque un effort inutile de l'*entendement* pour résoudre les problèmes de la *raison pure* et construire à l'aide de ses formes ou *catégories* des objets adéquats aux *idées* ou à l'*idéal* de la *raison* :

THÈSE.	ANTITHÈSE.
I	
Le monde a un commencement dans le temps et dans l'espace.	Le monde n'a ni commencement dans la durée ni limites dans l'espace.
II	
Toute substance composée l'est de parties simples et il n'existe rien dans le monde que le simple ou le composé du simple.	Aucune chose composée ne l'est de parties simples et il n'existe absolument rien de simple dans le monde.
III	
La causalité déterminée par les lois de la nature n'est pas la seule d'où puissent être dérivés tous les phénomènes du monde, mais il est nécessaire d'admettre aussi pour les expliquer une cause libre.	Il n'y a pas de liberté, mais tout dans le monde arrive suivant des lois naturelles.

IV

Il y a dans le monde quelque chose qui, soit comme en faisant partie, soit comme sa cause, est un être absolument nécessaire.	Il n'existe nulle part aucun être absolument nécessaire, ni dans le monde, ni hors du monde, comme en étant la cause.

Kant signale une cinquième antinomie morale : l'harmonie de la vertu et du bonheur nous paraît nécessaire (*thèse*) et impossible dans notre monde (*antithèse*). Les antinomies se résolvent, soit en rejetant à la fois la thèse et l'antithèse comme incompréhensibles (1re et 2e antinomie), soit en déclarant que la thèse est vraie dans le monde des *phénomènes* et l'antithèse vraie dans le monde des *noumènes* (3e et 4e antinomie), soit en ayant recours aux *postulats de la loi morale* et particulièrement à celui de la nécessité d'une autre vie (antinomie du bonheur et de la vertu).

ANTIPATHIE (ἀντί, contre ; πάθος, passion). Aversion instinctive ou acquise qui nous éloigne des personnes ou des choses. L'antipathie est la disposition opposée à la sympathie et, comme elle, peut naître naturellement ou dériver de nos idées acquises et de notre volonté consciente. Locke explique la plupart de nos sympathies et de nos antipathies par l'association des idées.

ANTITHÈSE (V. *Antinomie*). Thèse ou proposition contraire. Dans le système de Hégel, ce mot désigne le second moment de la pensée qui se *pose*, s'*oppose* et s'*absorbe*. Le mouvement de l'esprit se fait toujours, selon Hégel, sur un rythme à trois temps : il pose ou affirme une thèse ; il lui oppose une antithèse qui la contredit ; puis il concilie la thèse et l'antithèse dans une affirmation synthétique qui les comprend l'une et l'autre et devient une nouvelle thèse immédiatement suivie de son antithèse et d'une nouvelle synthèse. Le néant est une thèse, l'être son antithèse, leur synthèse est le *devenir*.

ANTITYPIE (ἀντί, contre ; τύπος, empreinte). Impossibilité que deux corps occupent à la fois la même portion de l'espace. Cette impossibilité résulte de la résistance et ne diffère pas beaucoup de l'impénétrabilité et de l'inertie. C'est surtout Leibniz qui a employé ce mot.

A PARI. Cette locution signifie *semblablement, par la même raison*. Le raisonnement *à pari* conclut d'un cas donné à un cas semblable. C'est un raisonnement par analogie qui peut n'être pas concluant (V. *A fortiori*).

A PARTE ANTE, A PARTE POST. Ces locutions d'origine scolastique pourraient se traduire *par avant* et *par après* et se rapportent à la définition de l'*éternité* qui n'a de limites ni dans le passé (a parte ante), ni dans l'avenir (a parte post).

APATHIE (α priv. ; πάθος, passion). Absence de passions. Chez les stoïciens, imperturbabilité du sage et indifférence complète à l'égard des choses sensibles et des biens extérieurs. La douleur, disent-ils, n'est pas un mal. La doctrine des sceptiques avait aussi pour but de conduire l'homme à l'*apathie* et à l'*ataraxie* (proprement : imperturbabilité).

L'*indolence* épicurienne (*in* négatif, et *dolere*, souffrir) est également une des formes de l'apathie.

Kant désigne par ce mot l'inertie morale, le manque d'énergie et l'indifférence à l'égard des motifs qui dirigent notre vie.

APERCEPTION (*a* n'est pas négatif, mais renforce au contraire le sens du mot *perception*). Leibniz entend par ce mot la perception consciente, réfléchie. Dans le système de la *monadologie*, les monades sont douées de *perception*, c'est-à-dire qu'elles éprouvent des modifications internes et, comme dit Leibniz, sont des miroirs de l'univers, des microcosmes. Parmi ces perceptions, quelques-unes seulement s'élèvent jusqu'à la pleine conscience, tandis que les autres restent latentes, inconscientes : les premières deviennent des *aperceptions*.

Kant distingue une *aperception empirique* et une *aperception pure* ou *originaire* : la première est l'union effectuée dans la conscience empirique de toutes nos impressions, représentations ou intuitions ; la seconde, l'acte par lequel nous relions au « je pense » tous ces éléments de la conscience empirique pour leur imprimer le caractère de l'unité, mais sans qu'elle puisse nous faire dépasser le « je pense » pour nous faire affirmer le « je suis » ou notre être *en soi*.

L'*aperception pure* de V. Cousin n'est que la vue immédiate et spontanée des choses et s'oppose plutôt à la connaissance réfléchie qu'elle ne se confond avec elle : celle-ci est analytique, la première est synthétique. Biran se rapproche par le langage de Kant et de Leibniz quand il emploie l'expression d'*aperception immédiate interne* pour désigner le *fait primitif de conscience* ou l'acte par lequel l'âme se perçoit comme cause dans l'effort musculaire. — Notons que l'on écrit quelquefois *apperception*.

APHASIE (α priv. ; φάσις, parole). Trouble de la parole ou maladie du langage articulé avec conservation des idées et malgré l'intégrité de l'appareil de la phonation.

L'*aphonie* n'est pas l'aphasie : ce n'est que l'abolition de la voix. L'aphonie est encore appelée *aphémie, alalie, dislalie*. Elle peut être caractérisée par les accidents qu'on appelle *surdité verbale, cécité verbale* et se complique naturellement d'*agraphie* dans la plupart des cas.

L'*amimie* est un trouble de la mimique ou faculté d'expression par les gestes et les attitudes. Tous ces mots appartiennent principalement à la langue médicale, mais ils sont empruntés aux médecins par les psychologues.

APHORISME (ἀφ' pour ἀπό, marquant séparation, et ὁρίζω, je borne). Sentence renfermant un grand sens en peu de mots. On dit les *Aphorismes d'Hippocrate*, par exemple : « L'art est long, la vie est courte. » Le mot d'Héraclite « On ne passe pas deux fois le même fleuve » est un aphorisme. Bacon aime à formuler sa pensée par aphorismes : « L'antiquité des temps est la jeunesse du monde », etc.

APODICTIQUE (ἀπόδειξις, démonstration). Chez Aristote, proposition démontrée ou évidente ; le contraire est une proposition discutable ou controversée. Pour Kant, c'est la troisième subdivision des jugements considérés au point de vue de la *modalité* (jugements *problématiques, assertoriques, apodictiques*) ; les jugements apodictiques sont les jugements *nécessaires* et par conséquent rigoureusement démontrés comme tels ; par exemple : les trois angles d'un triangle sont égaux à deux droits.

Le raisonnement *apodictique* est le raisonnement rigoureusement démonstratif.

APOLOGIE (ἀπολογία, défense). L'*Apologie de Socrate*, tel est le titre de l'ouvrage où Platon prend la défense de son maître. Les *Mémorables* de Xénophon sont aussi une apologie de Socrate accusé de corrompre la jeunesse et d'introduire des « nouveautés » sur les dieux.

APOLOGUE (ἀπόλογος, fable). Récit mythique ou fabuleux destiné à mettre en relief une vérité métaphysique ou morale. Les apologues ou mythes des *Dialogues* de Platon sont célèbres : on peut citer celui du jugement des âmes dans le *Gorgias*, celui de Her l'Arménien dans *la République*, etc.

APOPHTHEGME (ἀποφθέγγομαι, je prononce). Maxime ou sentence notable de quelque personnage illustre comme le précepte « Hâte-toi lentement » de l'empereur Auguste, ou la réponse de Démosthène sur les préceptes de l'art oratoire : « Le premier est l'action, le deuxième l'action et le troisième l'action. »

APPARENCE. Ce mot s'emploie quelquefois comme synonyme de *phénomène*, qui signifie étymologiquement *ce qui apparaît*. Si *l'être en soi* nous échappe, nous ne connaissons que ses apparences, que la surface ou superficie des choses dont le fond reste caché, voilé qu'il est par ces apparences mêmes : Kant en conclut que nous n'atteignons jamais que les *phénomènes* et que les *noumènes* sont inaccessibles.

Platon enseigne dans l'allégorie de la caverne que la connaissance sensible n'est qu'une apparence : la réalité appartient non aux objets perçus par les sens, mais aux *idées* conçues par l'esprit.

APPÉTIT (*appetere*, rechercher). Appétit se disait, chez les anciens et chez les scolastiques, de la volonté et de la passion : l'appétit était donc le désir tantôt guidé par la raison, tantôt aveugle. L'appétit sensible, en opposition à l'appétit *raisonnable* ou *supérieur*, se subdivisait en *irascible* (impliquant difficulté d'acquérir l'objet du désir et comprenant, selon Bossuet, l'audace, la crainte, l'espérance, le désespoir et la colère), et en *concupiscible* (comprenant nos désirs et nos inclinations : l'amour, la haine, le désir, l'aversion, la joie et la tristesse). Voilà les onze *passions*, selon Bossuet disciple des scolastiques.

Dans la langue psychologique des Écossais, les *appétits* sont les inclinations naturelles relatives au corps et ils ont pour caractère d'être *périodiques*, c'est-à-dire de renaître plus ou moins promptement après qu'ils ont été satisfaits.

APPÉTITION. Dans la langue de Leibniz, l'appétition est la tendance de la monade à passer d'une perception à une autre selon la loi interne de son développement. C'est une sorte d'action et de désir, le germe de la volonté.

APPRÉHENSION (*apprehendere*, saisir). Acte premier de la pensée qui saisit son objet et en prend connaissance. Concevoir ou appréhender, c'est, selon les logiciens, la première opération de l'esprit : les trois autres sont juger, raisonner, ordonner (Port-Royal).

Chez Kant, le mot appréhension enveloppe tout ce que nous désignons ordinairement par les mots perception et sensation.

A PRIORI, A POSTERIORI. *A priori* signifie antérieur à l'expérience ; *à posteriori*, postérieur à l'expérience. La première expression signifie donc que l'on raisonne indépendamment de l'expérience, en s'appuyant seulement sur les principes de la raison ; la seconde, que l'on s'appuie sur l'expérience, que l'on remonte des effets aux causes et des faits aux lois.

Quand on emploie ces mots : avant l'expérience, après l'expérience, il faut les entendre d'une antériorité et d'une postériorité logiques bien plus que chronologiques : une vérité *à priori* peut fort bien n'être connue qu'après l'expérience, mais elle n'est pas connue d'après l'expérience ; si l'expérience la suggère, elle ne la produit ni ne la justifie. Le grand problème métaphysique peut, selon Kant, être formulé ainsi : Y a-t-il des jugements synthétiques *à priori* ?

De la locution adverbiale *à priori* dérive l'adjectif *apriorique* qui se dit quelquefois par opposition à empirique ou expérimental.

ARBITRE (Libre). Le *libre arbitre* ou liberté morale est le pouvoir de se déterminer sans contrainte extérieure, sans autre cause que la volonté même. On disait aussi *franc arbitre* et, dans le sens opposé de déterminisme, prédestination, fatalisme, *serf arbitre*. « Un homme qui n'a pas l'esprit gâté, a dit Bossuet, n'a pas besoin qu'on lui prouve son franc arbitre, car il le sent. »

ARBRE DE PORPHYRE. On appelle ainsi un tableau dressé par Porphyre pour expliquer la coordination des genres et des espèces et que l'on ne manquait guère de faire figurer dans les anciennes logiques. Le tronc et la tige représentent la substance qui se divise en corporelle et spirituelle ; la branche qui représente la substance corporelle se subdivise pour représenter l'organique et l'inorganique ; le corps organique est lui-même sensible ou insensible ; le corps sensible est raisonnable ou non raisonnable ; l'animal raisonnable comprend les individus, etc. Voici ce tableau :

1. SUBSTANCE.

Corporelle.   Incorporelle.

2. CORPS.

Organique.   Inorganique.

3. CORPS ORGANIQUE.

Sensible.   Insensible.

4. CORPS SENSIBLE OU ANIMAL.

Raisonnable.   Nom doué de raison.

5. CORPS RAISONNABLE OU HOMME.

Pierre, Paul, Socrate, etc.

(V. *Genre, Espèce*.)

ARCHÉE (ἀρχεῖος, qui commande). Principe vital, dans la langue de Paracelse. C'est, selon ce médecin, non un esprit, mais un *corps astral* ayant pour siège l'estomac d'où il préside à la nutrition, et pour fonction de conserver l'être vivant. Van Helmont appelle aussi archée le « principe recteur », la

« raison séminale » qui fait qu'une chose « devient spécifiquement ce qu'elle doit être ». Il y a, selon ce médecin, autant d'archées que de corps organisés et même autant que d'organes principaux.

ARCHÉTYPE (ἀρχή, premier; τύπος, forme). Modèle ou forme première, dans la langue de Platon. Les idées sont les *archétypes* des choses, c'est-à-dire leur « cause exemplaire », leur « paradigme », le modèle dont elles « participent », d'après lequel elles ont été formées et dont elles ne sont que des copies.

Locke, qui emploie aussi ce mot, le dénature en lui donnant un sens tout subjectif; il ne désigne plus les idées éternelles existant hors des choses et hors de l'esprit, mais la réunion arbitraire des notions simples que l'esprit associe à sa fantaisie.

ARCHITECTONIQUE. Chez Leibniz, ce mot signifie organisateur, inventeur, créateur : « Notre âme est *architectonique* dans les actions volontaires. » Chez Kant, il est ainsi défini : « J'entends par *architectonique* l'art des systèmes ou la théorie de ce qu'il y a de scientifique dans notre connaissance générale. »

C'est donc l'unité systématique de la vraie science opposée au caractère morcelé et dispersif de la connaissance vulgaire et fragmentaire.

ARGUMENT ; **ARGUMENTATION** (*arguere*, prouver). L'argument est un raisonnement distinct. Ce mot s'emploie aussi pour désigner l'exposition abrégée d'un ouvrage. L'argumentation est l'usage et le développement des arguments.

Le mot argument entre dans un grand nombre d'expressions philosophiques :

Argument *ad hominem* (qui tire sa force des circonstances relatives à la personne à qui on l'oppose);

Ex concesso (qui fait appel à une vérité reconnue par l'adversaire);

A fortiori (qui conclut du plus au moins);

Ad judicium (qui se réfère au sens commun);

Ad verecundiam (qui se fonde sur une autorité reconnue);

Ad populum (qui invoque les passions et les préjugés de la foule);

Ad ignorantiam (qui profite pour s'imposer de l'ignorance de l'adversaire);

Per impossibile (qui le réduit à l'absurde en faisant éclater ses contradictions).

On dit encore l'*argument ontologique* (qui démontre que l'idée même de Dieu en implique l'existence) ; l'*argument téléologique* (qui prouve Dieu par le moyen des causes finales), etc.

On appelle *arguments syllogistiques* les différentes formes de raisonnement qui se rattachent au syllogisme : l'enthymème, l'épichérème, le dilemme, le sorite.

On désigne quelquefois sous le nom d'*argumentum baculinum* (argument du bâton), non pas le procédé qui consiste à battre les gens pour les convaincre, comme certain personnage de Molière, mais à toucher la terre avec son bâton pour prouver qu'elle existe et démontrer par le fait la réalité du monde extérieur, comme Diogène prouvait le mouvement en marchant.

ART (ἄρω, je dispose, j'arrange). L'art, dans l'acception générale du mot, consiste en un ensemble de moyens choisis tout exprès pour arriver à une fin déterminée : c'est la *pratique*, par opposition à la science qui est la *théorie*. Dans son sens le plus restreint, l'*art* désigne non plus les arts mécaniques, mais les arts libéraux et consiste, dit-on souvent, à représenter sous des formes sensibles l'*idéal* qui ne tombe pas sous les sens.

Aussi Hégel distingue-t-il trois formes générales de l'art : l'*art symbolique* (l'idée encore abstraite et indéterminée cherche sans la trouver sa véritable expression); l'*art classique* (caractérisé par l'adéquation ou l'harmonie parfaite de l'idée et de la forme) ; l'*art romantique* (qui effectue de nouveau la séparation, la dissociation de l'idée et de la forme ; l'idée, dit-il, « par sa spiritualité infinie qui l'élève au-dessus du monde visible », dépasse les moyens expressifs qui deviennent indifférents ou demeurent secondaires et subordonnés).

On a dit souvent que l'art est l'*imitation de la nature* : cette définition est inacceptable parce que l'art ne se contente jamais d'imiter la nature et de la copier servilement ; il s'en inspire, il l'interprète. C'est, comme dit Bacon, *l'homme ajouté à la nature*.

Il n'est pas aisé de donner une classification systématique des arts. Les classer d'après la puissance de leurs moyens d'*expression*, c'est s'exposer au vague et à l'arbitraire : comment, par exemple, prouver que la peinture est plus expressive que la musique ou la musique que la peinture ? En se référant à la distinction de l'espace et du temps, ou du repos et du mouvement qui domine toutes nos manières de penser et d'exprimer, on obtient la classification suivante :

REPOS.	MOUVEMENT.
(*Arts plastiques.*)	(*Arts rythmiques.*)
1. Architecture.	1. Poésie.
2. Peinture.	2. Musique.
3. Sculpture.	3. Danse.

On a prétendu que les arts, dans ce tableau, s'engendrent dans leur ordre vertical et se correspondent dans leur ordre horizontal : par exemple, la poésie comprenait primitivement la musique et la danse qui se sont affranchies peu à peu; elle était chantée et dansée. Par exemple encore, on distingue dans la peinture le dessin et la couleur, et dans la musique la mélodie (qui répond au dessin) et l'harmonie (qui répond au coloris). La danse, c'est le groupe sculptural passant de l'immobilité au mouvement selon les lois du rythme et de la mesure. Il ne faudrait pourtant pas pousser trop loin cette théorie ingénieuse de la genèse et du parallélisme des arts.

ASCÉTISME (ἄσκησις, exercice). La morale des stoïciens qui prescrivait l'abstinence et la résignation était une morale ascétique. Étymologiquement, ascétisme désigne l'exercice par excellence, c'est-à-dire le plus difficile et le plus utile aux mœurs dans la pensée des *ascètes*, le renoncement. L'ascétisme est recommandé par Bouddha comme par Zénon.

Il y a un ascétisme religieux fondé sur l'idée de la chute et du péché et qui consiste à mortifier la chair dans un motif d'expiation et pour apaiser la colère divine. Les prescriptions ascétiques semblent impliquer une conception pessimiste de l'univers.

ASÉITÉ. Expression de la langue scolastique qui désigne l'existence par soi-même (*a se*), c'est-à-dire l'existence qui dérive immédiatement de l'essence, l'existence nécessaire, celle de Dieu qui est *cause de lui-même*.

ASSENTIMENT (*assentire*, approuver). L'assentiment est l'acte de l'esprit qui adhère à une proposition. Le consentement est l'acte de la volonté qui se porte à l'action. L'assentiment fait partie du jugement et peut être spontané ou réfléchi.

Ce sont principalement les stoïciens qui ont donné à ce mot un sens précis et une portée philosophique : pour eux, c'est la spontanéité, c'est l'activité volontaire de l'âme qui seule fait de la sensation une connaissance et le consentement que nous donnons à la représentation en la rapportant à un objet, c'est l'assentiment.

ASSERTOIRE ; ASSERTORIQUE (*assero*, je soutiens). Au point de vue de la *modalité*, Kant distingue des jugements *problématiques*, *assertoriques* et *apodictiques*. Les jugements *assertoriques* n'impliquent pas l'idée de nécessité et sont de simples affirmations ou assertions (V. *Jugement*).

ASSIMILATION. Ce mot désigne une théorie scolastique de la connaissance d'après laquelle le sujet connaissant s'assimile (devient semblable) à l'objet connu qui agit sur lui.

ASSOCIATION. L'association ou

liaison des idées est la propriété qu'ont les idées de se suggérer les unes les autres ; en d'autres termes, c'est une loi de la mémoire en vertu de laquelle chacune de nos idées en éveille spontanément une ou plusieurs autres.

Les rapports qui unissent les idées et provoquent une sorte d'attraction de l'une sur l'autre sont de deux sortes, disent les Écossais : ils sont essentiels ou rationnels, ou bien accidentels ou empiriques.

Les philosophes anglais ramènent généralement à trois lois fondamentales les associations d'idées : loi de contiguïté (dans le temps et dans l'espace); loi de ressemblance ou de similarité; loi de contraste.

ASSOCIATIONISME. L'école de l'association ou associationiste explique tout le mécanisme intellectuel de l'homme par l'association des idées : c'est une sorte d'atomisme psychologique ou d'attraction universelle appliquée à l'esprit. Les principes premiers sont regardés comme des associations inséparables, nées de l'habitude et transmises par l'hérédité. Ce mode d'explication date de David Hume et a surtout été employé par les philosophes anglais contemporains.

ATARAXIE (ἀταραξία, tranquillité d'âme). Expression de la langue stoïcienne qui désigne la tranquillité, l'imperturbabilité du sage qui est arrivé à la vertu parfaite et pour qui la douleur et la mort ne sont pas des maux.

ATAVISME (*atavus*, grand-père). Ce mot désigne proprement l'hérédité *médiate*, c'est-à-dire la propriété qu'ont les êtres vivants de transmettre à leur descendance, sans les avoir communiquées directement à leurs enfants, certaines dispositions ou particularités. C'est donc une hérédité qui saute par-dessus une ou plusieurs générations.

On emploie quelquefois ce mot, mais à tort, comme synonyme pur et simple d'hérédité.

ATAXIE (α priv. ; τάξις, ordre). Trouble des mouvements : *l'ataxie locomotrice* est une maladie caractérisée par l'impuissance de coordonner les mouvements de la marche.

ATHÉISME (α priv. ; Θεός, Dieu). Négation de Dieu. On comprend que l'accusation d'athéisme soit souvent très vague et plutôt une injure qu'une conviction : Descartes, qui avait donné de nouvelles preuves de l'existence de Dieu, fut accusé d'athéisme. On a souvent qualifié d'athéisme le panthéisme de Spinoza qui fut « un sage enivré de Dieu ».

Certains philosophes nient la personnalité divine et remplacent même le nom de Dieu par ces expressions, l'*idéal*, le *divin* : sont-ils des athées?

Il ne faut pas prodiguer cette accusation comme le père Mersenne qui comptait cinquante mille athées à Paris, c'est-à-dire sans doute cinquante mille personnes qui n'avaient pas absolument les mêmes opinions que lui sur la divinité.

ATOME (ἄτομος, indivisible). L'atome est l'élément primitif immuable dans sa constitution, sa figure et sa grandeur, parfaitement solide et indivisible qui entre dans la composition des corps selon la doctrine de Démocrite et d'Épicure.

Il ne faudrait pas confondre l'*atome* d'Épicure avec la *monade* de Leibniz : l'atome est un *corps* indivisible et immuable, la monade est une *force* simple qui se développe.

ATOMISME. Système de Démocrite et d'Épicure qui expliquaient toutes choses par le concours des atomes. Selon ce dernier, les atomes tombent éternellement dans le vide infini et peuvent *décliner*, c'est-à-dire dévier de la ligne verticale pour se rencontrer et former des agrégats qui sont les mondes et les corps : cette faculté de déclinaison est le *clinamen*.

On disait quelquefois, au XVIIe siècle, *philosophie corpusculaire* pour désigner l'atomisme. Il avait été remis en faveur par Gassendi, contemporain et adversaire de Descartes.

ATTENTION (*ad*, vers; *tendere*, tendre). L'attention est l'acte spontané ou volontaire par lequel nous dirigeons et fixons notre pensée sur un objet pour le mieux connaître. L'attention appliquée aux choses extérieures est l'*observation*; appliquée aux faits de conscience, la *réflexion*.

L'attention n'est pas seulement, comme on l'a soutenu, une sensation prédominante : la sensation la plus intense n'est pas toujours celle qui occupe notre attention. Elle n'est pas non plus un simple état de *monoïdéisme* : c'est l'attention même qui, le plus souvent, crée cet état en éliminant tout ce qui pourrait causer la *distraction* de l'esprit. On ne donnera pas le nom d'attention à l'idée fixe du monomane.

On a nommé *attention expectante* l'état d'attente qui nous fait quelquefois anticiper sur la perception d'un fait et, par cela même, en modifie la perception d'après l'idée préconçue. On croit voir ce qu'on s'attend fortement à voir.

Il faut regarder l'attention comme l'activité même de l'esprit, l'effort cérébral. Il y a des *maladies de l'attention* : elle peut être réduite à l'impuissance par une distraction invincible (dans la folie), par une préoccupation d'esprit incessante (la monomanie), par une absorption complète de toutes nos facultés et la cessation momentanée de toute pensée (l'extase).

ATTRIBUT (*attribuere*, assigner). Le sens grammatical et logique de ce mot est : qualité que l'on affirme du sujet dans la proposition. La proposition comprend le sujet, le verbe et l'attribut correspondant aux trois parties du jugement, l'idée de substance, l'idée d'affirmation et l'idée de qualité.

En métaphysique, on distingue deux sortes d'*attributs* de Dieu : les attributs métaphysiques (infinité, immensité, éternité, unité, simplicité, immutabilité), et les attributs moraux (intelligence ou omniscience, liberté, justice, bonté, béatitude). Par extension, on dit que l'unité et l'identité sont les *attributs* ou caractères de l'âme.

Dans le panthéisme spinoziste, les *attributs* se placent entre la substance et les modes : Dieu possède une infinité d'attributs infinis dont deux seulement nous sont connus, la pensée et l'étendue.

AUDITION COLORÉE. L'audition colorée consiste dans ce fait que certaines personnes associent des couleurs aux lettres et aux mots qu'elles entendent prononcer. Par exemple, l'*u* éveillera chez l'un l'idée du blanc, chez l'autre l'idée du noir.

AUTOMATISME (αὐτόματος, spontané). Automate signifie proprement qui se meut soi-même : « L'homme est un automate spirituel. » L'idée de machine ou de mécanisme, inerte par soi-même, prédomine quelquefois sur l'idée de spontanéité.

L'*automatisme* des bêtes désigne une théorie cartésienne d'après laquelle les bêtes ne sont que des automates ou des machines incapables non seulement de penser, mais encore d'éprouver du plaisir ou de la douleur.

On a nommé *automatisme psychologique* une activité qui semble purement machinale, bien qu'un rudiment de conscience puisse s'y joindre : le somnambulisme nous montre une sorte d'automatisme psychologique dans les actes quelquefois fort compliqués et parfaitement coordonnés accomplis par le somnambule.

L'acte automatique s'oppose donc à l'acte délibéré : ce n'est pourtant pas le simple acte réflexe, car il suppose une association de réflexes qui semblent impliquer intelligence sans qu'il y ait toutefois conscience et délibération.

AUTONOMIE (αὐτὸς νόμος, soi-même une loi). La volonté est *autonome* quand elle se donne à elle-même sa loi ; quand elle la reçoit d'une volonté étrangère, elle est *hétéronome*. L'autonomie est donc, dans la langue de Kant, le caractère de la volonté en tant que législatrice et « principe unique de toutes les lois morales et des devoirs qui y sont conformes ».

Toute hétéronomie détruirait, selon Kant, la véritable obligation et la vraie moralité : « La loi morale n'exprime donc pas autre chose que l'*autonomie* de la raison pure pratique, c'est-à-dire de la liberté, et cette autonomie est elle-même la condition formelle de toutes les maximes, la seule par laquelle elles puissent s'accorder avec la loi pratique suprême. »

AUTORITÉ. La croyance fondée sur le témoignage d'autrui et acceptée passivement, l'état d'esprit qui consiste à jurer sur la parole du maître. Pascal oppose la *raison* à l'autorité : dans « les sujets qui tombent sous le sens ou le raisonnement, dit-il, l'autorité est inutile ; la raison seule a lieu d'en connaître ». L'antithèse est bien marquée dans cette phrase qui est de de Bonald : « La raison ne peut céder qu'à l'autorité de l'évidence ou à l'évidence de l'autorité. »

L'*autorité* de la loi morale consiste en ce qu'elle ordonne sans contraindre et oblige sans nécessiter.

AXIOME (ἀξιόω, juger vrai). Vérité évidente par elle-même et avant toute démonstration. Les axiomes ne sont pas des vérités vraiment *premières* dans ce sens qu'elles ne supposeraient rien au-dessus d'elles et tireraient entièrement d'elles-mêmes l'évidence qui les caractérise : Leibniz veut que l'on s'efforce de démontrer les axiomes et fournit des exemples de ces sortes de démonstrations.

Les axiomes sont à la base de toutes les sciences et servent à déduire des définitions, qui contiennent virtuellement la science, les propositions qui les développent. Par eux-mêmes les axiomes sont stériles.

Kant appelle *axiomes de l'intuition* les jugements indépendants de l'expérience, évidents immédiatement, qui ont pour origine commune l'intuition pure du temps et de l'espace et servent à fonder les mathématiques. Toutes les intuitions sont des qualités extensives ; en d'autres termes, toutes nos représentations, « tous les phénomènes doivent être considérés comme des grandeurs étendues » : voilà un axiome de l'intuition.

B

BARBARA ; BAROCO. Pour ce mot et les autres termes non moins *barbares* et *baroques* forgés par les scolastiques (*Baralipton, Baroco, Bocardo* sont ceux qui commencent par la lettre B) pour expliquer la théorie du syllogisme, voyez : *A, Figures, Syllogisme*.

BATHYBIUS (βαθύς, profond ; βίος, vie). Huxley a donné ce nom à de petites masses de protoplasma amorphe, de grandeur variable, englobant de petits corpuscules calcaires qui ont reçu le nom de *coccosphères* et de *coccolithes*.

Hœckel voit dans les bathybius des masses sarcodiques animées constituant le point de départ de la vie sur le globe.

Selon d'autres, cette substance, qui ne se trouve qu'à des profondeurs de 1500 à 8000 mètres dans la mer, ne serait qu'un précipité gélatineux de sulfate de chaux.

BÉATITUDE. Bonheur suprême. Les scolastiques distinguent la béatitude formelle ou subjective et la béatitude objective : celle-ci est le bien lui-même, ce qui rend heureux ; celle-là consiste dans la jouissance de la première, l'état de perfection de celui qui est heureux.

Spinoza faisait consister la béatitude du sage dans l'amour intellectuel de Dieu. « La béatitude, avait dit Descartes, n'est pas le souverain bien, mais elle le présuppose. » Spinoza déclare que « la béatitude n'est pas la récompense de la vertu, mais la vertu même ».

BEAU. On a donné bien des définitions du Beau, notamment celle-ci qu'on attribue à Platon : c'est la *splendeur du Vrai ou du Bien*. Beaucoup d'esthéticiens le définissent *l'unité dans la variété*. Kant dit que « le beau est ce qui satisfait le libre jeu de l'imagination sans être en désaccord avec les lois de l'entendement ». Il lui assigne quatre caractères essentiels :

1° Il est absolument désintéressé, c'est-à-dire que nous le déclarons beau sans aucune considération d'utilité ou d'intérêt personnel ;

2° Il plaît universellement sans concept, c'est-à-dire sans avoir besoin d'être défini ou connu scientifiquement ;

3° Il est une finalité sans fin, c'est-à-dire qu'il réalise la finalité interne de l'accord des parties avec le tout sans qu'il soit besoin de lui assigner une finalité externe ou un but autre que lui-même ;

4° Il est l'objet d'une satisfaction non seulement universelle, mais encore nécessaire, c'est-à-dire que quiconque n'a pas l'esprit gâté, non seulement le trouve beau, mais *doit* le trouver beau, en vertu même de la constitution intellectuelle et sensible de l'esprit humain dont les lois générales sont constantes et les mêmes pour tous les hommes. On n'en apprendra pas davantage si l'on dit, après Jouffroy, que le beau « est l'invisible manifesté par le visible » ou, après Hégel, que le beau est « la manifestation sensible de l'idée ».

Les esthéticiens distinguent quelquefois le beau *absolu* (Dieu), et le beau *idéal* (parfait et toujours incomplètement réalisé dans les objets et dans les êtres que nous trouvons les plus beaux). Ils discutent cette question : Le beau est-il dans les objets (objectif) ou simplement dans l'esprit de l'homme (subjectif et relatif) ? Voltaire exprime la théorie de la relativité du beau dans cette formule énergique : « Le beau idéal, pour le crapaud, c'est sa crapaude. » Enfin les esthéticiens s'attachent à distinguer le beau de l'*agréable*, de l'*utile*, du *joli*, du *sublime*.

Le beau n'est pas simplement ce qui plaît aux sens ou qui répond à un besoin, car un objet peut satisfaire par exemple le sens du goût et de l'odorat, ou bien être pour nous d'une très grande utilité, comme un ustensile, une arme, sans que nous songions à le déclarer beau. Le joli, l'élégant sont encore le beau, mais dans la petitesse ou le détail. Quant au *sublime* dont Kant distingue deux espèces, le sublime de *grandeur* et le sublime de *puissance*, il nous effraye et nous écrase autant qu'il nous attire : au contraire, le beau rassérène l'âme, comme la *grâce*, encore plus belle que la beauté.

BESOINS. On désigne quelquefois par ce mot les *appétits*, c'est-à-dire les inclinations relatives au corps et communes à l'homme et à l'animal.

BIEN. Dans son sens le plus général, le bien est la satisfaction d'une tendance ou d'un désir. Il peut donc être défini l'objet, la fin de la volonté et des inclinations. Toute forme d'activité qui atteint sa fin produit un *bien naturel ;* le *bien moral* est celui de la volonté agissant conformément à sa loi. « Le bien naturel, dit Leibniz, devient le bien moral quand il est réalisé par la volonté. »

Les anciens distinguaient encore les *biens extérieurs*, la santé, les honneurs, la richesse; mais les stoïciens niaient qu'ils fussent des *biens* et les rangeaient parmi les choses préférables. Kant soutient qu'il n'y a de bien ou de bon que la *bonne volonté* et que l'*intention* fait tout le mérite de l'action : il faut, dit-il, obéir à la loi uniquement par respect pour la loi et d'une manière absolument désintéressée, c'est-à-dire dégagée de tout motif sensible.

Le *souverain bien*, chez les anciens moralistes, est le bien suprême que tous les autres supposent et qui n'a besoin d'aucun autre bien, le terme où aboutit tout progrès moral, c'est-à-dire à la fois le bonheur et la perfection. « Le *souverain bien*, dit Descartes, consiste en la possession de toutes les perfections dont l'acquisition dépend de notre libre arbitre. La félicité est la satisfaction d'esprit qui suit cette acquisition. »

Le mot bien, outre sa signification morale, en a une autre plus spécialement métaphysique : l'*idée du bien*, chez Platon, est l'idée suprême où aboutit la dialectique, l'idée des idées : elle brille, dit-il, d'un éclat incomparable; c'est Dieu même. Dans ce sens platonicien, le bien se confond donc avec l'ordre, la perfection et la plénitude de l'être.

Quand on résume l'optimisme de Leibniz par la formule connue *tout est bien*, il faut s'entendre : Leibniz admet parfaitement l'existence du mal sous ses trois formes, le mal métaphysique (l'imperfection des créatures), le mal physique (la douleur) et le mal moral (le péché); mais il soutient que le mal n'a rien de réel en lui-même, qu'il n'est que la négation d'un bien et n'a pas une cause efficiente, mais *déficiente*, selon l'expression qu'il emprunte aux scolastiques. Il est la condition d'un plus grand bien : « Dieu veut antécédemment le bien et conséquemment le mal. » Il faudrait donc traduire : *le tout est bien*, c'est-à-dire contient le maximum de bien mélangé du minimum de mal. Dans ce sens, le *bien* se confond avec la *réalité* ou la *perfection*.

BIOLOGIE (βίος, vie; λόγος, science). Science des phénomènes de la vie. L'emploi de ce mot ne remonte pas au delà de 1803 : il se trouve à cette date chez Lamarck. La biologie, dans la classification d'Auguste Comte, est l'avant-dernière des sciences et vient immédiatement avant la *sociologie*.

Le mot *physiologie* exprime un sens analogue, sinon identique à celui du mot *biologie*, et il semble bien que les trois parties de la physiologie (générale, particulière, comparée) comprennent tout ce que l'on entend par le premier mot. Celui-ci toutefois est plus général (la vie est dans les plantes et peut être, selon l'hylozoïsme, dans les derniers éléments de la matière) et offre un sens *moins* technique et plus philosophique.

BIRANISME. On désigne quelquefois par ce mot la philosophie de Maine de Biran, spiritualisme fondé, non sur le raisonnement, mais sur un fait positif, celui que Maine de Biran appelle *le fait primitif de conscience*, c'est-à-dire l'effort musculaire. L'âme se connaît comme force, énergie, vouloir, chaque fois que pour penser ou pour mouvoir elle agit sur le corps propre. C'est une force *hyperorganique* qui prend conscience d'elle-même par son conflit avec d'autres forces qui constituent l'organisme et lui fournissent un « terme de déploiement ».

BONHEUR. Le mot bonheur dit moins que béatitude, et plus que plaisir : la béatitude est un bonheur sans mélange et immuable ; le plaisir est un bonheur partiel, relatif et passager.

De même que l'on peut définir le plaisir, avec Aristote, le « complément de l'acte », puisqu'il résulte toujours de quelque activité déployée, de même on peut dire que le bonheur est la perfection sentie et goûtée, c'est-à-dire la jouissance qui résulte d'un état où toutes nos tendances se développent librement, sans effort, harmonieusement.

Socrate considérait le bonheur comme le souverain bien de l'homme, mais il le faisait consister dans le *bien agir* et le distinguait de la *bonne fortune*, bonheur de hasard et qui dépend des circonstances extérieures.

Spinoza voyait dans le bonheur, non pas la récompense de la vertu, mais la vertu même, retrouvant ainsi une maxime stoïcienne d'après laquelle la vertu est à elle-même sa propre récompense.

Sénèque, dans son traité *De la Vie heureuse* que Descartes a commenté, développe cette idée que celui qui veut vivre heureux doit commencer par se détacher des biens extérieurs. Mais le stoïcisme nous détache outre mesure de nos semblables : Leibniz exprime une pensée plus haute et plus vraie quand il dit que l'amour consiste à *faire son bonheur du bonheur d'autrui*. « Vivre pour autrui » est aussi le grand précepte d'Auguste Comte.

BOUDDHISME. Religion et philosophie de Bouddha ou Çâkya-Mouni, sage indien qui vivait cinq ou six siècles avant notre ère. Sa morale est ascétique et promet aux hommes la béatitude du nirvana ou anéantissement de la personnalité et retour à la nature universelle. Les bouddhistes admettent la métempsycose et prétendent que le nirvana nous en délivre. Leur panthéisme, aux yeux de certains commentateurs, n'est qu'une forme de l'athéisme ; quant au nirvana, il est délicat de décider si c'est l'anéantissement pur et simple ou une forme de l'immortalité analogue à celle qu'admet Spinoza, l'éternité des grandes idées dont le sage nourrit son âme.

BRAIDISME. L'hypnotisme s'appelle quelquefois *braidisme*, du nom du médecin anglais Braid qui endormait ses sujets en leur faisant contempler fixement un objet brillant et décrivit des phénomènes (hyperesthésies ou anesthésies, hallucinations avec conservation ou même exaltation des facultés intellectuelles, suggestions, etc.) qui marquent une date importante dans la science de l'hypnotisme. Son livre intitulé *Neurypnologie* fut publié en 1843.

C

CANON (κανών, règle). Mot de la langue de Kant : « J'entends par *canon*, dit-il, l'ensemble des principes *à priori* du légitime usage de certaines facultés de connaître en général. » Il donne pour exemple la logique, qui est un *canon* pour l'entendement et la raison, mais pourtant ne leur fournit qu'une règle purement formelle, puisqu'elle fait abstraction du contenu ou de la matière de la pensée. Comme la raison pure n'a qu'une utilité toute négative dans sa doctrine, il n'y a lieu de chercher un canon ou une règle que pour la raison pratique.

Stuart Mill appelle *canons* les quatre méthodes d'induction, concordances, différence, résidus, variations concomitantes (V. ces mots).

CANONIQUE (κανών, règle). Les épicuriens appelaient ainsi leur logique. Épicure avait imaginé de substituer à l'*organon* d'Aristote un petit nombre de règles destinées à guider l'esprit dans toutes ses recherches. La meilleure des dix règles qu'il donnait consistait à recommander la clarté dans l'expression.

La *canonique* reconnaissait trois sources de vérités : les *sensations* ou perceptions sensorielles ; les *anticipations* ou idées générales, empreintes des sensations passées, et les *passions* ou impressions passives que les choses font sur nous.

CAPACITE. Les philosophes écossais distinguaient les *capacités* des facultés proprement dites et des opérations intellectuelles. Reid appelait donc capacité une faculté passive, une simple réceptivité. La sensation n'implique qu'une capacité de recevoir les impressions ; quand l'attention s'y joint, elle devient perception et implique une véritable faculté de connaître.

CARDINALES (*cardinalis*, principal ; de *cardo*, gond, pivot). Les *vertus cardinales* sont les quatre vertus essentielles qui constituent la morale : la prudence ou sagesse, la justice, la force ou grandeur d'âme et la tempérance. Les scolastiques, qui les ont empruntées à Platon ou plutôt à toute l'antiquité par l'intermédiaire du *Traité des Devoirs* de Cicéron, y ajoutaient les vertus *théologales* : la foi, l'espérance et la charité.

CARTÉSIANISME. Ce mot désigne la philosophie et l'école de Descartes (en latin, *Cartesius*.) Il désigne ainsi d'une manière générale le mouvement philosophique qui s'est accompli au xviie siècle sous l'influence de ce philosophe. L'esprit cartésien est encore vivant et les principes essentiels du *Discours de la méthode* resteront toujours vrais.

Quand Auguste Comte met les mathématiques à la base des sciences, il se montre pénétré de l'esprit cartésien, dont la tendance générale consiste à tout expliquer mathématiquement et à ramener le problème de l'univers à un problème de mécanique.

Cependant Leibniz a pu dire que « le cartésianisme est l'antichambre de la vérité », car il surajoutait son *dynamisme* au *mécanisme* de Descartes. C'est vers le milieu du xviiie siècle, à l'époque où les doctrines de Locke et un peu plus tard, dans la préface de l'*Encyclopédie*, celles de Bacon firent échec aux doctrines de Descartes qu'il faut placer la fin de l'école cartésienne proprement dite.

Leibniz a dit encore que le spinozisme est un « cartésianisme immodéré », et, par Spinoza, Descartes a exercé une grande influence sur la philosophie allemande du xixe siècle.

CATALEPSIE (de καταλαμβάνειν, surprendre, saisir). Maladie caractérisée par la suppression de la volonté et par l'aptitude qu'ont les muscles de la vie de relation à garder longtemps les attitudes qu'on leur imprime (plasticité cataleptique). C'est un des trois états où peuvent se trouver les personnes hypnotisées : les deux autres sont la *léthargie* et le *somnambulisme*.

CATÉGORÉMATIQUE. Les termes *catégorématiques* sont ceux qui ont une signification par eux-mêmes, comme les susbtantifs, les adjectifs. Les termes qui n'ont de sens que joints à d'autres, comme *quelque*, *nul*, sont *syncatégorématiques*.

Le premier mot se disait encore de l'infini actuel ou en acte, et le second, de l'infini en puissance ou de l'indéfini. Ils sont rarement employés aujourd'hui.

CATÉGORÈME (κατηγορέω, j'affirme). Les catégorèmes ou prédicables sont les cinq universaux : le genre, l'espèce, la différence, le propre et l'accident. Ils indiquent les diverses manières dont les catégories ou prédicaments sont attribués au choses.

CATÉGORIE (κατηγορία, *accusation* et, chez Aristote, *attribution*). Catégorie signifie proprement attribution. Dans la philosophie péripatéticienne, il désigne les modes spéciaux de l'être; en d'autres termes, l'être en tout ce qu'on peut en affirmer. Les catégories sont donc les genres dans lesquels viennent se ranger toutes les choses qui tombent sous la pensée et toutes les qualités qui leur appartiennent et que l'esprit leur attribue. Elles sont à la fois logiques et métaphysiques, exprimant les conditions de la pensée et les lois des êtres. Aristote a quelque peu varié sur leur nombre et leur ordre, mais la substance est toujours pour lui la catégorie fondamentale et, dans le traité spécial des catégories, il en compte dix qu'il range dans l'ordre suivant :

1° La *substance* (les individus qui sont les vraies substances, et les espèces, substances secondaires);

2° La *quantité* (discrète quand les parties ne sont point liées : le nombre ; continu quand elles sont liées : le mouvement);

3° La *qualité* (habitudes, les puissances physiques, les qualités sensibles, les affections de l'âme);

4° La *relation* (rapport d'une chose à une autre, d'un être à un autre : père et fils, maître et valet, égal semblable) ;

5° L'*action* (marcher, courir, connaître, aimer, etc.);

6° La *passion* (être battu, être éclairé, être échauffé, etc.) ;

7° Le *lieu* (à Athènes, à Rome, être dans son cabinet, dans son lit);

8° Le *temps* (hier, demain, il y a un siècle) ;

9° La *situation* (être debout, couché, à droite, à gauche, devant, derrière, etc.);

10° L'*avoir* (avoir un vêtement, une armure, etc.).

« Voilà, dit Port-Royal, les dix catégories d'Aristote, dont on fait tant de mystère, quoique, à dire vrai, ce soit une chose de soi très peu utile. »

Il va sans dire que cette table fut souvent discutée et quelquefois remaniée pendant la scolastique.

Kant déclare « qu'il donne aux concepts, suivant le langage d'Aristote, le nom de catégories, puisque son dessein est identique, bien qu'il s'en éloigne beaucoup dans l'exécution »; cependant on voit aisément qu'il poursuit un but assez différent, puisqu'il s'efforce, après avoir parlé des *formes de la sensibilité*, le temps et l'espace, de classer tous les *jugements* possibles, tous les *concepts purs* de l'entendement.

Voici la table des catégories kantiennes, au nombre de douze, rangées en quatre groupes :

I. Quantité.	II. Qualité.
Unité.	Réalité.
Pluralité.	Négation.
Totalité.	Limitation.

III. Relation.
Substance et accident.
Causalité et dépendance.
Communauté ou réciprocité d'action.

IV. Modalité.
Possibilité. — Impossibilité.
Existence. — Nonexistence.
Contingence.

CATÉGORIQUE. On appelle *proposition catégorique* celle dont les termes sont simples, par opposition à la proposition *hypothétique*. Le *syllogisme catégorique* est composé de ces sortes de propositions.

L'*impératif catégorique* de Kant désigne le commandement absolument obligatoire de la loi morale (V. *Impératif*).

CAUSALITÉ. La causalité est l'acte de la cause en tant que cause, le lien réel qui unit la cause à son effet. Ce mot s'emploie surtout dans l'expression *principe de causalité*. Le principe de causalité ne doit pas être formulé « Tout effet a une cause », ce qui n'est qu'une tautologie, mais « Tout ce qui commence d'exister, tout ce qui arrive a une cause ». La conscience nous fournit l'idée de cause, et la raison nous fait concevoir le principe de causalité.

CAUSE. L'idée de cause ou d'agent producteur d'un être ou d'un phénomène a son origine dans la conscience que nous avons de vouloir et d'agir, dans l'*effort musculaire*, disait Biran, c'est-à-dire dans l'action réelle de l'esprit sur le cerveau et sur les muscles. C'est le seul fait où nous percevions simultanément la cause et l'effet dans leur corrélation réciproque. Dans le monde physique nous ne saisissons, comme Hume l'a si bien montré, que des *successions* régulières qui, grâce à l'habitude que nous avons de les constater, nous semblent des *connexions* nécessaires de cause à effet. Nous sommes donc souvent exposés à confondre la cause avec la *condition* ordinaire du phénomène.

Aristote a distingué quatre sortes de causes dont les noms sont restés dans la langue philosophique :

1° La *cause matérielle* ou la *matière* (ce dont une chose est faite : par exemple, dans une statue, le bois, le marbre ou le bronze);

2° La *cause formelle* ou la *forme* (ce qui s'ajoute à la matière pour la déterminer : par exemple, dans la statue, la forme de l'homme ou du dieu);

3° La *cause efficiente* (ce qui imprime une forme à la matière : ainsi l'artiste qui a sculpté la statue);

4° La *cause finale* (le but que poursuit la cause efficiente : ainsi, pour l'artiste, la gloire ou le gain).

On parle aussi quelquefois, d'après Platon, de la *cause exemplaire* (l'idée ou l'idéal, appelé encore archétype, que l'artiste conçoit et qui ne se trouve jamais réalisé complètement, soit par la nature, soit par l'art).

Galien appelait *cause instrumentale* l'organe, l'instrument qui n'agit que par l'impulsion d'une autre cause, et qui est plutôt une condition nécessaire à la cause.

Les scolastiques donnaient le nom de *causes secondes* aux créatures, et réservaient à Dieu le nom de *cause première*. Ils distinguaient encore des *causes extrinsèques* (efficiente et finale) et des *causes intrinsèques* (matière et forme); des causes *prochaines* et *éloignées*, *immédiates* et *médiates*.

Spinoza dit de Dieu qu'il est « cause de lui-même », pour exprimer cette idée qu'il est parfaitement indépendant et n'a besoin de rien d'autre pour exister.

CAUSES FINALES. La doctrine des causes finales consiste à chercher dans la nature les *fins* poursuivies par son auteur, les *intentions* qu'elles semblent révéler. On a fait un grand abus des causes finales, surtout au moyen âge, parce qu'on a nommé de ce nom de simples harmonies naturelles ou même des appropriations d'origine purement humaine au lieu de les chercher exclusivement dans le rapport de l'organe à sa fonction. Cependant Voltaire a pu dire que si l'œil n'est pas fait pour voir, il consent à être appelé « cause-finalier, c'est-à-dire imbécile ».

Depuis Kant, on distingue la *finalité interne* et la *finalité externe*. Celle-ci consiste simplement dans l'utilité d'un être pour un autre et surtout pour l'homme. Celle-là consiste en ce que, dans un organisme, l'idée du *tout* détermine l'idée des *parties;* chaque organe est fin et moyen pour le tout.

On appelle *preuve des causes finales* ou *preuve physico-téléologique* la démonstration de l'existence de Dieu qui est fondée sur l'ordre qui règne dans le monde.

Spinoza disait des causes finales qu'elles sont « l'asile de l'ignorance », et Bacon les avait comparées aux vierges consacrées à Dieu : elles sont, comme elles, stériles. C'était une réaction contre l'abus qu'on en avait fait.

CAUSES OCCASIONNELLES. La théorie des *causes occasionnelles*, ou *occasionnalisme* de Malebranche, consiste à soutenir que Dieu seul agit; qu'il n'y a nulle action véritable de l'âme sur le corps, mais que : c'est Dieu lui-même qui meut mes membres *à l'occasion* du désir que je forme de les mouvoir : « Je n'agis pas, je suis agi. »

CAVERNE. L'*allégorie de la caverne* de Platon consiste à nous représenter des prisonniers enchaînés au fond d'une caverne sur les parois de laquelle ils ne peuvent voir que les ombres des objets, hommes, animaux, plantes, meubles, outils : ils prennent ces ombres pour les réalités même dont ils ne soupçonnent pas l'existence. Ces ombres représentent les objets perçus par les sens et qui n'ont pas de réalité, puisque toute réalité est dans les idées ; ces esclaves représentent le vulgaire, l'ignorant, celui qui n'est pas initié à la philosophie des idées ; les objets dont les ombres passent sur le mur de la caverne représentent les réalités du monde intelligible, les idées.

Bacon a nommé *erreurs de la caverne* (*idola specûs*) celles qui proviennent de cette atmosphère de préjugés que créent autour de nous les influences de l'hérédité et de l'éducation.

CERCLE VICIEUX. Sophisme, *pétition de principe*, qui consiste à s'appuyer, pour démontrer une proposition, sur la proposition même qu'il s'agit de démontrer : l'opium fait dormir parce qu'il a une vertu dormitive.

CÉRÉBRAL (*cerebrum*, cerveau). Qui appartient au cerveau. On appelle *localisations cérébrales* la localisation dans le cerveau des facultés de l'esprit ou la recherche du siège local des différentes opérations intellectuelles. Par exemple, on a localisé depuis Broca la faculté du langage dans la troisième circonvolution gauche frontale. Les *circonvolutions cérébrales* sont les sillons et les replis des hémisphères.

CÉRÉBRATION (*cerebrum*, cerveau). On emploie quelquefois l'expression de *cérébration inconsciente* pour désigner l'activité spontanée du cerveau. Par exemple, on peut supposer que les idées qui surgissent en dehors de toute liaison apparente ou logique, les *coq-à-l'âne* résultent d'une cérébration inconsciente.

CERTITUDE (*certus*, assuré, avéré). La certitude est l'adhésion ferme et immuable de l'esprit à ce qu'il connaît. Elle exclut le *doute*; elle est le contraire de l'*ignorance*; elle n'admet ni *degrés* ni *différences*.

Elle n'admet pas de degrés : on est certain ou on ne l'est pas, il n'y a pas de milieu et une presque certitude n'est qu'une grande *probabilité*.

Elle n'admet pas de différences, c'est-à-dire que les diverses espèces de certitude, certitude métaphysique, mathématique, physique, morale, s'équivalent.

Par *certitude morale* on entend à la fois celle qui résulte du témoignage des hommes et celle qui se fonde sur le témoignage de la conscience psychologique et de la conscience morale.

Le *criterium* ou signe infaillible de la certitude est l'*évidence*. Comme l'évidence, la certitude peut donc être *immédiate* ou *intuitive*, ou bien *médiate* ou *discursive*, c'est-à-dire obtenue par la démonstration.

On distingue encore, surtout depuis Kant, la *certitude objective* et la *certitude subjective* : celle-ci n'est qu'une conviction bien arrêtée et résulte de l'accord de l'esprit avec lui-même ; celle-là porterait sur l'objet même de la pensée (inaccessible *en soi*, selon Kant) et résulterait de l'accord de la pensée avec la réalité. C'est, par exemple, une question fondamentale de la métaphysique de savoir si nous pouvons passer de l'*idée* de Dieu à l'affirmation de son *existence*.

CERVEAU. On appelle proprement cerveau toute la partie antérieure et supérieure de l'encéphale, c'est-à-dire tout l'encéphale moins le cervelet, le bulbe rachidien et la protubérance annulaire. Le cerveau est formé de *substance grise* et de *substance blanche*, celle-ci simplement conductrice. On dit que le cerveau est l'*organe* ou le *substratum* de la pensée. Il serait plus exact de dire que la *base physique* de l'esprit n'est pas simplement le cerveau, mais l'ensemble de tous les centres nerveux, le système *cérébro-spinal* et même celui du *grand sympathique*.

CHARITÉ. Amour du prochain, bienfaisance, philanthropie. Les moralistes distinguent les *devoirs de justice* des *devoirs de charité* en ce que les premiers sont parfaitement déterminés et rigoureusement exigibles (celui qui a reçu une somme d'argent en dépôt doit la rendre exactement et l'auteur du dépôt peut exiger cette restitution), tandis que les seconds, quoique obligatoires, ne sont point déterminés strictement, ni surtout exigibles. Je dois secourir mon prochain et faire l'aumône, mais dans quelle mesure ? Le pauvre n'a pas le droit d'exiger l'aumône comme une dette. Cependant une justice éclairée devient charité et c'est le sens de la définition de Leibniz : « La justice est la charité du sage. »

CHOSE (de *causa*, mais, en réalité, équivalent de *res*). En morale, on oppose la *chose* à la personne comme l'inertie à l'activité, la fatalité à la liberté. En métaphysique, la *chose en soi* s'oppose au phénomène ou à l'apparence : c'est la réalité même, le *noumène* de Kant.

D'une manière générale, la chose est l'objet de la pensée, c'est-à-dire l'essence et la substance. Par exemple, Descartes définit l'âme une chose (*res*) pensante, la matière une chose étendue.

CLASSIFICATION. Classer, c'est distribuer ou répartir les individus en groupes distincts d'après leurs caractères communs. Il y a des classifications dans toutes les sciences, mais ce sont surtout les sciences naturelles qui en offrent des exemples.

On distingue deux sortes de classifications : les classifications *naturelles* et les classifications *artificielles*. Les premières sont fondées sur les caractères essentiels des êtres et servent à faire ressortir leurs ressemblances et leurs différences, en un mot, leurs rapports ; les secondes sont fondées sur des caractères qui peuvent être naturels et même importants, mais qui sont choisis arbitrairement en vue de faciliter l'étude ou d'aider la mémoire.

Les classifications déterminent les idées suivantes : règnes, embranchements, classes, ordres, familles, tribus, genres, espèces, races, variétés. On peut citer comme exemple de classification naturelle celle de Jussieu en histoire naturelle, fondée sur les principes de l'affinité générale, de la subordination des caractères, de la série naturelle. Celle de Linné, fondée uniquement sur le caractère sexuel des plantes, est une classification artificielle.

Les classifications des sciences de Bacon, d'Ampère, de Comte (V. *Sciences*) fournissent de bons exemples des différents points de vue auxquels on peut se placer pour *classer* les connaissances humaines.

Toute classification suppose comme conditions préalables l'abstraction, la généralisation et la définition.

COGITATIVE (*cogitare*, penser). La faculté cogitative ou raison particulière est, dans la langue scolastique, celle qui perçoit dans les objets sensibles leurs propriétés utiles ou nuisibles, une sorte d'instinct de l'homme analogue à celui qui dirige les animaux. Elle faisait partie des *sens intérieurs*, et s'appelait encore *estimative*.

COGNITION (*cognoscere*, connaître). Synonyme de connaissance, mais plus spécialement de perception, interprétation des données des sens ou représentations sensibles.

Dans la langue de Kant, les intuitions deviennent des cognitions quand elles sont rapportées à un objet par le moyen d'un concept qui ramène la multiplicité à l'unité. L'animal a des intuitions, mais il n'a pas de *cognition* parce qu'il ne pense point par catégories.

COLLECTIF (*colligere*, rassembler). Collectif signifie pris ensemble. Ce mot s'oppose à *distributif*, qui signifie pris en détail, en particulier.

Le collectif s'oppose aussi à l'universel : l'idée collective d'humanité dans le sens d'ensemble de tous les hommes n'est pas l'idée universelle d'humanité dans le sens de nature humaine ou commune à tous les hommes.

Le *collectivisme* est un système

qui n'admet que la propriété collective, c'est-à-dire celle de l'État, et supprime la propriété individuelle. *collectivisme : mise en commun des moyens de production (Barth)*

COMMUN. On appelle quelquefois *notions communes* les vérités universelles essentielles à toute intelligence humaine, principes premiers, jugements intuitifs, vérités du sens commun ou, comme disaient les anciens dans un sens un peu moins précis, anticipations et prénotions.

Le *sens commun* doit s'entendre de l'intelligence en tant qu'elle nous fournit ces notions communes à tous les hommes ; mais, comme cette expression désigne aussi l'usage qu'on en fait dans la science et dans la vie, on a pu dire avec justesse que « le sens commun n'est pas si commun que l'on pense ».

L'expression *sens commun* traduit quelquefois l'expression latine *sensorium commune* (et non plus *sensus communis*) et prend dès lors un sens particulier (V. *Sens*).

COMMUNISME. Système de ceux qui réclament la communauté des biens, c'est-à-dire qui suppriment la propriété individuelle et n'admettent que la propriété *collective* ; s'ils admettent que l'État doit en donner la jouissance égale à tous les citoyens, c'est un communisme égalitaire ; s'ils veulent que l'État accorde à chacun selon ses œuvres et tiennent compte des capacités (les saint-simoniens), l'égalité qui semble détruite est rétablie en réalité. *communionisme = mise en commun des moyens de consommation (Bars)*

COMPARAISON. La comparaison consiste à établir un rapport de ressemblance ou de dissemblance entre deux idées. Elle suppose une double *attention* et se distingue de l'*appréhension* qui la précède et du *jugement* qui la suit.

On appelle quelquefois *jugements comparatifs* ceux qui supposent la perception distincte et préalable des deux idées qu'ils unissent par une affirmation et on les distingue des *jugements intuitifs* où les idées comparées seraient perçues simultanément comme dans le principe « Je pense, donc je suis », qui ne suppose pas d'affirmation préalable sur l'être et sur la pensée.

COMPLEXE. Ce qui n'est pas simple : complexe se dit à la fois des idées qui en comprennent plusieurs autres et des propositions à plusieurs membres, c'est-à-dire qui ne sont pas *simples*. Port-Royal en donne cet exemple : « Tout homme *qui ne craint rien* est roi ».

COMPOSÉ. Se dit d'un *tout* physique, métaphysique ou logique : l'homme est *composé* d'un corps et d'une âme formant un tout naturel ; il est encore composé de puissance et d'acte, d'essence et d'existence ; il est enfin composé de genre et de différence, d'animalité et de raison.

L'union des parties destinées à ne former qu'un tout constitue sa *composition*, et celle-ci implique en conséquence l'imperfection des parties constituantes.

COMPRÉHENSIF. Ce mot s'employait dans le sens de complet, adéquat : la *connaissance compréhensive* était la connaissance complète et adéquate de l'objet.

COMPRÉHENSION. Dans son sens le plus général, compréhension se dit de l'acte de comprendre. Dans un sens plus spécial, le mot compréhension désigne le plus ou moins grand nombre d'éléments que renferme une idée.

La compréhension s'oppose à l'*extension* et elles sont en raison inverse l'une de l'autre ; l'extension d'une idée est le plus ou moins grand nombre d'objets auxquels s'applique cette idée. L'idée d'homme a plus de compréhension, celle d'animal plus d'extension, puisqu'il y a plus d'animaux que d'hommes et que l'homme c'est l'animal avec la raison en plus.

COMTISME. Le positivisme, la philosophie d'Auguste Comte (V. *Positivisme*).

CONCEPT (*concipere*, concevoir). Le concept est l'idée, la notion, l'appréhension ; bref, l'acte de concevoir. « Je dis *concept*, remarque Spinoza, plutôt que *perception*, parce que le nom de perception semble indiquer que l'âme reçoit de l'objet une impression passive et que concept, au contraire, paraît exprimer l'action de l'âme. »

Les traducteurs de Kant rendent ainsi le mot *Begriff* et le concept kantien est une notion générale sans être absolue. Kant distingue les *concepts purs* qui n'empruntent rien à l'expérience (ceux de temps, d'espace), les *concepts empiriques* qui doivent tout à l'expérience (par exemple le plaisir, la couleur), et les *concepts mixtes*, composés en partie des données de l'expérience et des données de l'entendement pur.

CONCEPTION (*concipere*, concevoir). On oppose quelquefois le mot *concevoir* au mot *percevoir* : les principes premiers sont *conçus* par la raison, les objets extérieurs sont *perçus* par les sens (V. *Concept*).

CONCEPTUALISME. On appelle ainsi le système d'Abailard, qui essaya de trouver un moyen terme entre le nominalisme et le réalisme : nos idées générales ou *universaux* sont, selon Abailard, plus que de simples noms (nominalisme), sans avoir pourtant de réalité correspondante hors de l'esprit (réalisme) ; leur réalité, qui est indéniable, est toute subjective, car ce sont des conceptions très réelles de notre esprit. Sous les mots, il y a un sens, un concept. Le conceptualisme n'est qu'un nominalisme déguisé.

CONCLUSION (*concludere*, fermer). La conclusion est la proposition qui ferme ou termine le raisonnement, principalement le syllogisme. Ce n'est pas la même chose que la *conséquence* : celle-ci est le lien logique qui unit la conclusion aux prémisses. La conclusion peut être juste alors que la conséquence est fausse (si l'on a mal raisonné), ou fausse alors que la conséquence est légitime (si l'on est parti de prémisses fausses).

CONCOMITANCE. Concordance ou accompagnement. Ce mot est employé surtout par les traducteurs des philosophes anglais. Stuart Mill distingue quatre règles ou *canons* de l'induction : ce sont les règles de concordance, de différence, des résidus et des *variations concomitantes*. Supposons un fait A dont on observe les variations; si parmi les antécédents A, B, C, il s'en trouve un qui *varie en même temps que lui, tous les autres restant invariables*, on en conclut que A est la cause cherchée (V. *Variations*).

CONCRET (*cum*, avec; *cernere*, apercevoir). Concret est l'opposé et le corrélatif d'abstrait (V. ce mot). Il désigne le réel, le particulier, ce qui se perçoit par les sens. Il se dit des termes et des idées : un terme concret exprime l'objet tout entier, un terme abstrait une qualité séparée de l'objet. Trois hommes, dix chevaux sont des nombres concrets, trois et dix des nombres abstraits.

Ampère emploie l'expression de *concrétion d'images* pour désigner cette loi en vertu de laquelle, quand deux objets ont été perçus ensemble, la perception isolée de l'un d'eux éveille l'image de l'autre.

CONDILLACISME. Système de Condillac, appelé encore système de la *sensation transformée* et *sensualisme* (V. *Sensualisme*).

CONDITION. La condition n'est pas la cause, mais ce sans quoi la cause n'agirait pas : le cerveau est la condition de la pensée. La formule *condition sine quâ non* désigne une condition essentielle, absolument nécessaire.

Hamilton emploie l'expression *conditionner* dans le sens de *rendre relatif* : penser l'absolu, ce serait le conditionner, c'est-à-dire le rendre relatif et lui enlever son caractère d'absolu (V. *Absolu*).

CONNAISSANCE (*cognoscere*, connaître). La connaissance est l'acte propre de l'intelligence. Elle peut donc se diviser comme les notions et les idées : connaissance abstractive, intuitive, discursive.

Plus généralement on distingue la connaissance sensible et la connaissance rationnelle, c'est-à-dire la connaissance par les sens et par la raison.

Quand on joint au mot connaissance l'épithète *intuitive*, on veut désigner la connaissance immédiate, sans intermédiaires, par vue directe de l'esprit; quand on emploie l'épithète *discursive*, on veut indiquer la connaissance indirecte et démontrée; enfin l'épithète *compréhensive* ou *adéquate* s'applique à la connaissance complète de l'objet connu. Comme « nous ne savons le tout de rien », il y a peu de connaissances adéquates.

On appelle *théorie de la connaissance* les recherches qui ont pour but d'expliquer l'origine de nos idées, la source première des principes directeurs de la faculté de connaître. Elle énumère nos idées premières et formule les principes de la raison; elle donne aussi le criterium de la vérité et les règles essentielles de la démonstration, sans se confondre avec la logique proprement dite. Elle a un caractère spécialement métaphysique et psychologique : la psychologie seule peut nous renseigner sur l'origine de nos idées.

CONNOTATIF (de *cum*, avec, et *notare*, marquer). Ce mot désigne les caractères, qualités, épithètes qui servent à spécifier un objet et à le distinguer de tout autre objet.

CONSCIENCE (de *cum*, avec, et *scire*, connaître). La conscience, étymologiquement, est la connaissance que nous prenons d'un fait en même temps qu'il se produit. A. Bain a distingué jusqu'à treize sens du mot conscience. Son acception varie en effet du sens vague de savoir, se rendre compte (j'ai conscience de mes forces), jusqu'au sens précis d'observation intérieure, d'instrument propre de la psychologie ou réflexion. On peut néanmoins rattacher à deux principales toutes les acceptions de ce mot et distinguer la *conscience psychologique* de la *conscience morale*.

1° CONSCIENCE PSYCHOLOGIQUE. — C'est la faculté que nous avons de nous observer nous-mêmes, selon les uns; selon les autres, ce n'est pas une faculté distincte, mais le mode fondamental de toutes nos facultés : non seulement je sens, je sais, je veux, mais je sais que je sens, que je sais et que je veux. Je suis un témoin de ma propre vie ou plutôt ma vie psychique est consciente d'elle-même. On a supposé qu'un cerveau serait encore une excellente machine intellectuelle, si la conscience était absente, pourvu qu'un instrument enregistreur notât ses vibrations; mais il faudrait toujours une conscience pour interpréter ces vibrations enregistrées. Qu'on doive dire « il pense dans mon cerveau » et non « je pense », c'est là un paradoxe inintelligible.

La conscience n'est pas, comme on l'a prétendu, un simple *épiphénomène* ou *phénomène surnuméraire* de la pensée : c'est la pensée même, en tant qu'elle se connaît. Peut-être l'*inconscient* n'est-il lui-même qu'une *moindre conscience*.

Les psychologues distinguent la *conscience spontanée*, celle de l'enfant qui n'a pas encore réfléchi et de l'homme qui ne fait point effort pour s'étudier, et la *conscience réfléchie* ou *réflexion* proprement dite, *dédoublement* des faits internes, *retour* de l'esprit sur lui-même. On désigne encore la conscience réfléchie par l'expression plus moderne d'*introspection* qui se prend souvent en mauvaise part : Maudsley dit de l'introspection que « c'est moudre du vent ».

Herzen croit pouvoir démontrer que la condition physiologique de la conscience est la *désintégration* des éléments nerveux : elle s'affaiblit en effet pendant la période de réintégration, par exemple celle du sommeil. La syncope est la disparition momentanée de toute conscience ; le retour à la conscience passe par trois phases successives, selon Herzen : vague sentiment d'existence en général, sans distinction du monde extérieur et des impressions individuelles ; connaissance toute passive d'impressions isolées flottant sans lien, senties sans être connues et pour ainsi dire stupides ; enfin réapparition de l'unité du moi qui fusionne les impressions sensorielles et révèle l'individu à lui-même.

La conscience psychologique, quoique simple, nous paraît dédoublée dans certaines maladies, mais simplement parce que la connaissance totale du moi individuel varie dans un de ses éléments, à savoir l'*aperception du corps propre*, profondément modifiée dans l'état pathologique : l'aperception du *je pense* et du *je suis* est restée au fond identique à elle-même.

Les psychologues varient sur la portée et les limites de la conscience : les uns lui assignent simplement la connaissance des phénomènes internes ; les autres lui attribuent en outre la connaissance de l'âme comme substance quand elle est passive et comme cause quand elle est active. La conscience est la source des idées d'unité, d'identité, de liberté, de personnalité.

Dugald Stewart fait remarquer avec justesse que les circonlocutions de *sens intime*, *sens interne* ou *intérieur* par lesquels on la désigne quelquefois, n'offrent rien de plus clair et de plus précis que le mot conscience. Il est certain que l'équivoque des mots conscience et réflexion a causé bien des discussions et prolongé bien des polémiques : ainsi, pour Locke, la réflexion n'est que la connaissance que l'âme prend de ses propres opérations, tandis que pour

Leibniz c'est la conscience que l'âme, *vis sui conscia*, prend d'elle-même et des changements de ses états internes.

2° CONSCIENCE MORALE. — C'est le discernement naturel du bien et du mal, « l'instinct divin » dont parle Jean-Jacques Rousseau, la « raison pratique » de Kant. De là différentes expressions où entre le mot conscience : un *examen de conscience* est une méditation pratique sur nos actes et leurs intentions; la *liberté de conscience* est la liberté de se faire une opinion personnelle sur le bien et le mal, sur Dieu, sur un dogme ou une religion ; on oppose quelquefois la *science* et la *conscience* pour marquer le conflit des lois fatales de la nature avec la liberté de la volonté.

Enfin la conscience, comme connaissance des actes et prévision de leurs conséquences, est, pour les aliénistes, un criterium de la responsabilité.

CONSÉCUTION (*cum*, avec; *sequi*, suivre). Simple succession ou rapport dans le temps par opposition au rapport logique et au rapport de causalité. Leibniz dit que les animaux ne raisonnent pas, mais que les *consécutions d'images* des animaux imitent le raisonnement : ils vont du particulier au particulier sans jamais passer du général au particulier, comme nous faisons dans la déduction, ou du particulier au général, comme nous faisons dans l'induction.

CONSENTEMENT. Le consentement est l'assentiment de la volonté : c'est un acte libre qui clôt la délibération et se confond à peu près avec la résolution qui précède l'acte (V. *Universel*).

CONSÉQUEMMENT. Conséquemment signifie *par suite, en conséquence de* : Leibniz dit que Dieu veut *antécédemment* le bien et *conséquemment* le mal, c'est-à-dire comme conséquence inévitable du plus grand bien.

CONSÉQUENCE. La conséquence est le lien logique qui unit la conclusion d'un raisonnement aux prémisses : ce n'est donc pas la conclusion, car celle-ci est la proposition finale où aboutit le raisonnement bon ou mauvais.

Cependant conséquence s'emploie souvent, par extension, dans le sens de conclusion et les scolastiques disaient même : je nie le *conséquent* et la *conséquence*, pour caractériser un raisonnement mauvais dans la matière et dans la forme.

CONTEMPLATION (*contemplare*, regarder attentivement). Attention fixée sur un objet du monde idéal.

Ce mot s'oppose souvent à *action* : Aristote distingue des *vertus contemplatives* par opposition aux *vertus actives*.

CONTIGUÏTÉ. La contiguïté dans le temps et dans l'espace, c'est-à-dire la succession immédiate et le contact, est une loi de l'association des idées (V. *Association*).

CONTINGENT (*quod contingit*, ce qui arrive). Ce qui est, mais pourrait ne pas être. Le contingent s'oppose au *nécessaire* qui ne peut pas ne pas être.

On prouve l'existence de Dieu par la *contingence du monde* qui n'a en lui-même ni sa raison d'être, ni la nécessité éternelle de son existence actuelle.

On appelle *futurs contingents* les faits ou les actes qui ne sont pas prédéterminés par des lois nécessaires : la liberté de l'homme implique qu'il y ait des futurs contingents.

CONTINU. Se dit d'une quantité dont les parties ne sont pas divisées, séparées, *discrètes*. Un nombre est une quantité *discrète*, une ligne mathématique est un *continu* parce que les points ne sont pas les parties réelles et séparées de la ligne.

On distingue quelquefois le continu *permanent*, dont toutes les parties sont données simultanément comme dans la ligne, et le continu *successif*, dont les parties sont données successivement, comme le temps, le mouvement.

Continu et contigu offrent donc un sens tout différent, puisque les extrémités (si l'on peut employer ce mot) des continus se confondent, tandis que celles des choses contiguës se touchent.

CONTINUÉE (Création). La création continuée, admise par Descartes, consiste dans cette opinion que Dieu, pour conserver son œuvre, exerce la même action qu'il a dû produire pour la créer. C'est donc l'action providentielle de Dieu, analogue ou plutôt identique à l'acte créateur : Dieu crée continuellement le monde. Pour soutenir un poids que vous avez soulevé, vous continuez l'effort que vous avez fait pour le soulever, autrement il retomberait : ainsi retomberait le monde dans le néant si Dieu ne continuait l'acte créateur.

CONTINUITÉ. Le principe ou loi de continuité porte que la nature *ne va pas par sauts* ou qu'elle ne laisse subsister aucun *hiatus* dans la hiérarchie des êtres, procédant toujours par degrés insensibles et passant d'un être à un être différent par une infinité d'intermédiaires.

CONTRADICTION (*contra dicere*, dire le contraire). Ce mot offre un sens général et un sens particulier : dans sa première acception, il signifie simplement qu'on oppose une affirmation à une négation ou réciproquement. Dans son sens logique et précis, il désigne l'opposition qui existe entre deux propositions *contradictoires*, c'est-à-dire différentes à la fois de qualité (l'une affirmative, l'autre négative) et de quantité (l'une particulière, l'autre universelle). Par exemple : *Tous les hommes sont justes* et *Quelques hommes sont justes* sont des propositions contradictoires. Si l'on opposait à la première celle-ci : *Aucun homme n'est juste*, les deux propositions seraient contraires. Le contradictoire n'est donc pas le contraire et signifie qu'il y a incompatibilité, répugnance.

On appelle principe de contradiction celui qui s'énonce ainsi : *La même chose ne peut pas à la fois être et n'être pas sous le même rapport.* Il assure l'accord de la pensée avec elle-même, sans pouvoir nous assurer de l'accord de la pensée avec les choses.

CONTRAIRE. Se dit des propositions universelles opposées en qualité (l'une affirmative, l'autre négative). Exemple : — Tous les hommes sont justes. Tous les hommes sont injustes. Si les deux propositions opposées en qualité étaient particulières, on les appellerait *subcontraires*. Exemple : — Quelques hommes sont justes. Quelques hommes sont injustes.

Chez les anciens philosophes, les *contraires* désignaient les éléments opposés des choses : le chaud et le froid ; le pair et l'impair ; l'amour et la haine, etc.

CONTREPOSITION. Cette expression, *par contreposition*, s'emploie dans la théorie du syllogisme pour désigner la *conversion* des propositions que l'on obtient en affectant d'une négation chacun de leurs termes, ce qui les rend indéterminés.

CONVERSION. La *conversion des propositions* est le changement qu'on leur fait subir en mettant le sujet à la place de l'attribut, mais de telle sorte que la vérité de la proposition soit maintenue. Les logiciens en distinguent de plusieurs sortes : conversion simple, conversion par limitation, conversion par négation ou contreposition.

COPULE (*copula*, lien, attache). La *copule* est le lien de la proposition, le verbe qui affirme l'attribut du sujet, plus spécialement le verbe *être* impliqué dans tous les autres verbes. Dieu existe équivaut à Dieu *est* existant.

COROLLAIRE. Proposition qui n'a pas besoin de s'appuyer sur une preuve particulière, mais qui résulte d'une autre proposition déjà avancée ou démontrée. Ce terme de la langue des mathématiques est employé régulièrement par Spinoza, qui raisonne « à la manière des géomètres ».

CORPS. Ce mot s'emploie souvent comme synonyme de matière, mais il désigne proprement la matière unie à la forme qui la détermine.

CORRÉLATION. Relation réciproque, constante, entre deux choses ou deux mots. On appelle *loi de corrélation des forces* la loi physique en vertu de laquelle rien ne se perd et rien ne se crée, bien que tout se transforme. La même quantité de chaleur produit toujours la même quantité de mouvement et réciproquement.

CORRUPTION. Génération et corruption s'emploient quelquefois comme synonymes de naissance et de mort quand on expose les idées des anciens.

COSMOGONIE (κόσμος, monde ; γενεά, naissance). On désigne par ce mot les plus anciennes théories sur la manière dont le monde s'est formé, par l'eau chez Thalès, par le feu chez Héraclite, etc. Les cosmogonies sont des rêveries de poètes et de philosophes ; elles ont précédé les cosmologies et l'astronomie moderne comme l'alchimie a précédé la chimie, comme l'astrologie a précédé l'astronomie. Platon a sa cosmogonie (dans le *Timée*) aussi bien qu'Hésiode (dans *les Travaux et les Jours*), et il n'y a pas moins d'arbitraire et de fantaisie personnelle chez le philosophe que chez le poète.

COSMOLOGIE (κόσμος, monde ; λόγος, science). Partie de la philosophie naturelle qui traite du monde et de l'ordre qui règne dans le monde.

La *preuve cosmologique* de l'existence de Dieu est fondée sur l'existence et la contingence du monde.

COSMOPOLITE (κόσμος, monde ; πολίτης, citoyen). Citoyen du monde. Le cosmopolitisme désigne l'opinion de ceux qui opposent à l'amour de la cité, au patriotisme, l'amour de l'humanité en général. Les stoïciens se disaient cosmopolites, citoyens du monde.

COURAGE. Le courage ou la force est une des quatre vertus reconnues par les anciens (sagesse ou prudence, justice, courage, tempérance). Les stoïciens le définissaient : la vertu luttant pour l'équité. Il faut l'entendre le plus souvent dans le sens de *grandeur d'âme*.

CRÉATION. A proprement parler, la création est l'acte par lequel, disent certains philosophes et théologiens, Dieu a fait le monde *de rien*, l'a *tiré du néant*.

La doctrine contraire est le *dualisme*, qui admet une matière éternelle que Dieu a seulement organisée ou ordonnée.

Ce mot s'oppose également à *émanation*, qui signifie que toutes choses dérivent ou découlent de la substance même de Dieu (V. *Continuée*).

CRITERIUM (χριτήριον, qui sert à juger). Le *criterium* ou le *critère* est le signe, la marque distinctive de la vérité. On dit que l'évidence est le *criterium* de la vérité ou de la certitude.

Les scolastiques appellent *critériologie* la partie de la logique qui traite des criteriums et en particulier de l'évidence.

CRITICISME. Le criticisme est la philosophie de Kant et de ses disciples. Kant, dans ses trois *Critiques* (de la Raison pure, de la Raison pratique et du Jugement), se propose pour but principal de déterminer la nature et les limites de nos facultés de connaître. La conclusion de la critique de la raison pure est que la raison ne peut pénétrer dans le monde des êtres véritables, des noumènes et qu'elle tombe dans des contradictions inévitables (antinomies) toutes les fois qu'elle veut spéculer sur l'absolu. Elle ne peut donc affirmer sur les objets transcendantaux ni le pour, ni le contre. Par conséquent, ce scepticisme provisoire laisse le champ libre à la raison pratique qui, par le moyen des *postulats* (c'est-à-dire des conséquences qu'implique la loi morale ou l'impératif catégorique), rétablit notre croyance à la liberté, à la vie future, à Dieu. Il n'y a donc pas, comme on l'a répété trop souvent, de contradiction entre les deux principales critiques : la seconde complète la première et vient au secours de la raison convaincue d'impuissance. La critique du jugement est une étude d'esthétique (jugement du goût) et une théorie des causes finales (jugement téléologique).

Au criticisme de Kant (dont l'idée fondamentale se trouve dans David Hume qui eut la gloire, selon un mot bien connu, de réveiller Kant de son sommeil dogmatique) se rattache le mouvement philosophique de l'Allemagne et de tout notre siècle : l'idéalisme subjectif de Fichte, l'idéalisme objectif de Hégel et le pessimisme de Schopenhauer.

Le *néocriticisme* est l'école française de M. Renouvier, qui a repris, en les corrigeant et en les complétant, toutes les thèses fondamentales de Kant et exerce une grande influence sur le mouvement philosophique en France et à l'étranger. « Quelque chose manque chez Hume, dit M. Pillon : l'idée de *loi*. Quelque chose est de trop chez Kant : l'idée de *sub-*

stance conservée sous le nom de *noumène*... Il fallait tenir au phénoménisme de Hume, l'apriorisme de Kant : ç'a été l'œuvre accomplie, au commencement de la seconde moitié du XIXe siècle, par M. Renouvier. » M. Pillon ajoute qu'il suffit de joindre l'apriorisme au phénoménisme pour rendre ce dernier compatible avec les croyances morales et avec les croyances postulées par la morale.

CRITIQUE. On désignait ainsi la partie de la logique qui traite de la méthode et particulièrement du criterium de la vérité.

Depuis Kant, l'expression *philosophie critique* ou simplement *la critique* désigne le criticisme (V. ce mot).

CROYANCE (*credere*, se fier). On oppose quelquefois la *croyance* à la *science*. Connaître ou savoir, c'est donner son adhésion à une vérité évidente ou démontrée ; croire, c'est donner son adhésion à une proposition dont on affirme la certitude tout en reconnaissant l'impossibilité d'en donner une démonstration rigoureuse. La certitude morale implique toujours un élément de croyance. D'une manière générale, on peut dire que toute connaissance implique la croyance, mais si on n'emploie pas ce mot quand il s'agit de vérités rigoureusement démontrées, c'est qu'il semble que la croyance suppose toujours une certaine liberté d'adhésion.

CRUCIAL (*crux*, croix). Bacon désigne par l'expression d'*expérience cruciale* l'expérience qui, à elle seule, suffit pour entraîner l'adhésion et décider l'esprit qui hésite entre deux hypothèses.

CUMBERLANDISME. On emploie quelquefois ce mot pour désigner le phénomène de la *lecture des pensées* mis en évidence par Cumberland. D'imperceptibles mouvements de la main que l'on touche peuvent révéler à l'observateur exercé les mouvements du cerveau et la pensée.

CYNISME (κύων, chien). Philosophie des cyniques : Antisthène, Diogène, Cratès. Antisthène enseignait dans le *Cynosarge*, gymnase d'Athènes situé près du temple d'Hercule : de là probablement ce nom de cyniques et non de l'impudence des doctrines de l'école.

Les cyniques professaient que la vertu est le seul bien et qu'en conséquence les richesses, les arts ne sont que des superfluités condamnables qui nous éloignent de la nature. Ils prenaient pour patron Hercule, dieu de la force : par cette idée de la force identifiée avec la nature ils eurent une réelle influence sur la philosophie stoïcienne qu'ils préparèrent. Antisthène avait été disciple de Socrate.

CYRÉNAÏSME. L'école de Cyrène fut fondée par Aristippe, disciple de Socrate, mais disciple peu fidèle à la doctrine du maître. Il enseignait que le plaisir est le seul bien ; qu'il faut passer, selon les circonstances, d'un plaisir à un autre plaisir, puisque ceux des sens valent ceux de l'esprit.

Le cyrénaïsme prépara l'épicurisme, mais Épicure distingua les plaisirs *en repos* et les plaisirs *en mouvement*, c'est-à-dire, au fond, ceux de l'esprit et ceux des sens, en recommandant de chercher les premiers et de fuir les autres : l'épicurisme transforma donc le cyrénaïsme en une morale presque austère. Ce sont néanmoins deux formes de la *morale du plaisir*.

D

DALTONISME (*Dalton*, physicien anglais, affecté de cette maladie). Le daltonisme est un défaut ou une infirmité de la vue qui fait qu'on ne peut distinguer les couleurs ou du moins certaines couleurs et qu'on voit, par exemple, toutes choses sous une nuance uniformément grise.

DARAPTI; DARII. Termes mnémoniques désignant, le premier, un mode de la troisième, le second, un mode de la première figure du syllogisme (V. *Syllogisme* et *Figures*).
Dabitis, Disami, Datisi sont les autres mots de cette espèce commençant par un D (V. *Syllogisme, Figures, Modes*).

DARWINISME. Philosophie de Darwin, naturaliste anglais de notre siècle : ce mot est synonyme d'évolutionnisme et désigne principalement les deux grandes lois auxquelles Darwin a attaché son nom, la *sélection naturelle* et la *lutte pour la vie* (V. *Évolutionnisme*).

DATUM. Par ce mot latin employé souvent au pluriel (*data*) on désigne ce qui est donné ou fixe, ce qui sert de point de départ au raisonnement.
Les faits sont les *data* de l'expérience ; les axiomes, ceux des mathématiques.

DÉDUCTION (*deducere*, tirer de, faire sortir de). La déduction est un raisonnement qui consiste à faire sortir une proposition moins générale ou une proposition particulière d'une proposition plus générale qui la contient.
La forme logique de la déduction est le syllogisme. La marche inverse est l'induction, qui remonte du particulier au général.

DÉFINITION (*definire*, tracer des limites). La définition consiste à faire connaître une idée par l'énumération des éléments qui entrent dans cette idée. Pour abréger cette énumération, les logiciens disent qu'il faut définir par le *genre* prochain et la *différence* spécifique.

La définition est donc une proposition dont l'attribut développe toute la compréhension du sujet.

On distingue les définitions *de mots* ou nominales (simple explication du sens des mots) et les définitions *de choses* ou réelles (détermination de leur nature, de la circonscription des idées qui leur correspondent).

On distingue aussi les définitions *mathématiques*, qui servent de principes à la déduction, et les définitions *empiriques*, qui résument les caractères des êtres, par exemple dans les sciences naturelles.

Quand on dit qu'une bonne définition doit être *réciproque*, cela signifie qu'on peut toujours mettre la définition à la place du défini et réciproquement ; par exemple : l'homme est un animal raisonnable et, réciproquement, tout animal raisonnable est un homme.

La règle du genre et de la différence indique assez en quoi la définition diffère de la *description*.

DÉISME (*Deus*, Dieu). Le déisme consiste à admettre l'existence de Dieu sans reconnaître aucune révélation et, dans un sens plus restreint, sans croire à aucune intervention de Dieu dans le monde comme providence.

Théisme se dit plutôt du système qui admet un Dieu providence : le théisme se concilie donc avec un culte privé ou public. Les deux mots s'emploient d'ailleurs quelquefois l'un pour l'autre.

DÉMÉRITE (V. *Mérite*). Le démérite est la diminution de valeur morale qui est la conséquence de la violation de la loi morale. Il s'oppose à *mérite* et les deux mots ne doivent pas être confondus avec *récompense* et *punition*, quoiqu'ils leur soient intimement liés.

DÉMIURGE (δημιουργός, ouvrier, architecte). Dans la philosophie de Platon, ce mot désigne Dieu comme ordonnateur des choses et organisateur de l'ordre qui règne dans le monde. C'est l'*âme du monde* dans la philosophie alexandrine.

DÉMON (δαίμων, divinité, génie). On désigne sous le nom de *démon de Socrate* la divinité intérieure qui, disait-il, l'avertissait de ce qu'il fallait éviter, soit qu'il faille voir dans cette expression le signe d'une sorte d'hallucination psychologique, soit qu'il faille comprendre tout simplement la *voix de la conscience*, plus nette et plus impérieuse chez ce philosophe, et, pour ainsi dire, personnifiée.

DÉMONSTRATION (*demonstrare*, faire voir). Raisonnement qui aboutit à une conclusion certaine en s'appuyant sur des principes certains.

Dans la philosophie d'Aristote, la démonstration diffère du *raisonnement dialectique* en ce que celui-ci n'aboutit qu'à une conclusion probable.

La démonstration *par l'absurde* est une démonstration indirecte qui prouve la chose en forçant l'esprit à reconnaître l'impossibilité du contraire.

On appelle quelquefois le cercle vicieux une *démonstration circulaire*.

DÉNOMBREMENT IMPARFAIT. Sophisme qui résulte d'une généralisation hâtive, d'une énumération insuffisante des cas particuliers dont on infère une loi générale.

Quand Descartes recommande de faire des *dénombrements exacts*, il entend parler d'une énumération complète des données d'un problème.

DÉONTOLOGIE (τὸ δέον, le devoir; λόγος, science). Bentham donnait ce nom à sa théorie du devoir qui est un *utilitarisme* perfectionné et qui, par conséquent, exclut le *devoir* comme obligatoire : c'est un calcul, une arithmétique morale dont les préceptes sont d'ailleurs très élevés.

DESCRIPTION. On oppose quelquefois, à la définition rigoureuse par le genre et la différence spécifique, la simple description qui porte sur les propriétés particulières, les caractères accidentels, plus que sur la vraie nature et l'essence même des choses.

DÉSINTÉGRATION (*integer*, complet). Étymologiquement, l'action qui détruit l'intégrité du tout. Ce mot est employé par Herbert Spencer comme l'opposé d'*intégration*. L'intégration et la désintégration sont les conditions du progrès ou de l'évolution qui fait passer les êtres de l'homogène à l'hétérogène.

DÉSIR. Le désir est la tendance ou l'inclination qui nous porte vers les objets. Il suppose donc une connaissance obscure ou claire de l'objet désiré.

Mais ce mot prend un sens plus profond et plus précis dans la théorie de Spinoza : c'est la tendance fondamentale de tout être à persévérer dans l'être et à accroître son être. A ce titre, Spinoza en fait le principe de toutes les passions : le désir satisfait ou l'accroissement de l'être produit la joie, le désir contrarié ou la diminution de l'être produit la tristesse. Il faut entendre ici le mot « être » dans le sens de perfection et de réalité. Selon cette théorie, nous ne désirons pas une chose parce que nous l'aimons, mais nous l'aimons parce que nous la désirons.

On a quelquefois confondu le

désir avec la volonté, mais nous désirons quelquefois ce que nous ne voulons nullement, et quand on admet la liberté, elle fournit un criterium suffisant pour distinguer le sens très différent de ces deux mots, désirer et vouloir : la volonté lutte contre les désirs et lors même qu'elle les domine, elle ne les détruit pas toujours, donc elle en diffère. Ce n'est pas un désir plus grand qui fait taire les autres désirs, car il n'y aurait alors aucune moralité et nous serions simplement le théâtre de la lutte : nous sommes acteurs et les désirs cèdent devant la volonté autonome.

DESTIN. Le destin est la fatalité absolue, supérieure aux dieux chez les plus anciens poètes et philosophes. C'est, chez les stoïciens, l'enchaînement nécessaire des causes.

Le destin s'appelle *fatum* en latin, et Leibniz en distingue trois sortes : le *fatum* des stoïciens ou la nécessité absolue des lois naturelles, le *fatum* des chrétiens ou la prédestination, et le *fatum* « à la turque » qui consiste à dire : *c'était écrit*.

DESTINÉE. La destinée d'un être, c'est sa fin ou le but auquel il tend.

On appelle *problème de la destinée humaine* la question de la vie future et des récompenses et punitions que la vie future nous réserve.

DÉTERMINATION. Ce mot désigne tantôt l'acte qui clôt la délibération et prépare le fait volontaire, tantôt la qualité ou les qualités qui font qu'un être est *déterminé*, c'est-à-dire distingué de tout autre. Dans ce dernier cas, il a pour synonymes *mode* et *modalité*; dans le premier, il ne se distingue guère du mot *volition*.

DÉTERMINISME. Le déterminisme est une sorte de fatalisme fondé sur la puissance irrésistible des motifs de nos actions. Ils sont comme des poids qui entraînent fatalement notre volonté assimilée à une balance.

La formule la plus précise en a été donnée par Spinoza : l'illusion de la liberté provient, dit-il, de ce que nous avons conscience de nos actions sans avoir conscience des motifs qui nous déterminent.

Le mot *déterminisme* est employé par Claude Bernard pour exprimer l'enchaînement rigoureux des phénomènes de la vie. Le savant ne doit pas sortir du *déterminisme des faits* : cela veut dire qu'il doit se contenter de rattacher chaque phénomène à ses antécédents, sans se bercer du vain espoir d'atteindre jamais les causes premières, par exemple la vie.

DEVENIR. Le devenir est le progrès, l'évolution. Dans la philosophie de Hégel, ce mot s'oppose à *l'être*, comme le changeant s'oppose au permanent. Rien n'est, tout devient : le devenir est donc une sorte de moyen terme entre le néant et l'existence.

Les scolastiques désignaient le devenir par l'expression encore employée quelquefois : *in fieri*.

DEVOIR. Le devoir est l'obligation morale. Il se distingue du bien qui est le but en ce qu'il est une loi et, comme dit Kant, un impératif catégorique, l'obéissance à la loi par respect pour la loi.

Les moralistes distinguent des devoirs *stricts* et des devoirs *larges* : rendre un dépôt, c'est un devoir strict ; faire l'aumône, c'est un devoir large, parce qu'il n'indique pas dans quelle mesure on doit faire l'aumône et reste ainsi *indéterminé* sans en être moins obligatoire.

Ils distinguent encore les devoirs *de justice*, toujours exigibles, et les devoirs *de charité*, qui ne le sont pas, car c'est un devoir d'aider, de secourir son prochain sans que cette aide et ce secours puissent être des droits absolus d'autrui sur nous.

Le mot *officium*, que l'on traduit par devoir, a un sens plus large et marque l'*office*, la *fonction*, plutôt que l'obligation.

On dit la *morale du devoir* par opposition à la morale du plaisir et de l'intérêt.

DIALECTIQUE (διαλέγειν, choisir et dialoguer). On désigne sous ce nom l'art de raisonner, la logique formelle. La *dialectique* est plus particulièrement la méthode platonicienne qui consiste à s'élever du sensible à l'intelligible et d'idées en idées jusqu'à l'idée suprême du Bien. Tous les *Dialogues* de Platon en offrent des exemples.

Aristote et, d'après lui, Kant opposent *dialectique* à *apodictique* et font par conséquent de la dialectique la logique du probable par opposition au certain, à ce qui est démontré rigoureusement.

Dans la langue de Kant, la logique transcendantale est une science « qui détermine l'étendue de la valeur objective des concepts *à priori* » et se divise en *analytique* (qui décompose « toute l'œuvre formelle de l'entendement et de la raison » en ses éléments) et *dialectique* (qui contrôle d'après les lois obtenues par l'analytique les connaissances qui *paraissent* objectives).

Hégel donne au mot dialectique un sens analogue à beaucoup d'égards à celui qu'il avait chez Platon : c'est le progrès de la pensée se développant par thèses, antithèses et synthèses et reproduisant l'évolution universelle des choses.

Les anciens attribuaient à Zénon d'Élée, auteur de subtils arguments contre le mouvement, l'invention de la dialectique.

DIALLÈLE (διάλληλα, l'un par l'autre). Le diallèle est un paralogisme identique au cercle vicieux et à la pétition de principe. Malebranche, par exemple, tombe dans un diallèle quand il prétend démontrer l'existence des corps par la révélation, alors que la révélation supposerait l'existence des livres qui la contiennent et des organes qui la constatent, c'est-à-dire des corps.

Les anciens sceptiques appelaient *diallèle* leur argument favori contre la science qui ne peut, disaient-ils, prouver ses principes, et tombe fatalement dans un cercle vicieux. « Nous voilà au rouet », disait Montaigne.

DICHOTOMIE (διχοτομία, action de couper en deux). Une division *dichotomique* est une division non pas en deux parties, mais par parties accouplées ou plutôt opposées deux à deux.

DICTAMEN (*dictare*, dicter). Ce mot latin s'emploie quelquefois dans cette formule : le *dictamen* de la conscience, c'est-à-dire ce que dicte, ce qu'ordonne la conscience ou la loi morale.

DICTUM (*dicere*, dire). Ce mot latin s'emploie dans ces expressions, *dictum de omni*, *dictum de nullo*, qui désignent deux principes généraux du syllogisme reposant eux-mêmes sur le principe d'identité. Le premier est celui-ci : tout ce qui est affirmé d'un sujet universel (genre, espèce) est affirmé de tous les individus qui y sont compris ; le deuxième : tout ce qui est nié d'un sujet universel est nié de tous les individus qui y sont compris.

Dictum simpliciter, proposition sans restriction, par rapport à *dictum secundum quid*, proposition accompagnée d'une restriction.

DIEU. Il semble que ce nom doive être réservé à la cause suprême en tant que consciente d'elle-même ou personnelle. Toutefois il ne désigne pas seulement l'*Être suprême*, mais encore le principe immanent des choses ou la substance universelle dans le panthéisme. Même ceux qui n'admettent qu'un Dieu idéal que sa perfection même empêche d'exister, ou simplement le *divin* dans le monde, ou encore un Dieu comme celui de Hégel, qui *devient*, qui *sera peut-être* un jour, ou enfin un Dieu absolument inconnaissable, tous continuent à désigner leur premier principe par ce mot.

Il a bien des synonymes : chez Platon, c'est l'Idée du Bien ; chez Aristote, l'Acte pur ; chez les stoïciens, la Raison universelle ou séminale ; chez Spinoza, la Substance ; chez les philosophes modernes, l'Absolu, le Parfait, l'Infini, l'Inconditionné.

L'athéisme est la négation radicale de Dieu; le déisme, l'affirmation pure et simple de son existence; le théisme, l'opinion de ceux qui admettent son intervention dans la nature ou dans l'histoire, comme providence; le panthéisme, le système des philosophes qui soutiennent que Dieu est tout; le panenthéisme, une sorte d'atténuation du panthéisme qui se contente d'affirmer que Dieu est dans tout.

Les *preuves de l'existence* de Dieu se divisent, selon Kant, en argument *cosmologique* (tiré de l'existence du monde, de sa contingence); argument *ontologique* (qui conclut de l'idée d'un être parfait à l'existence de cet être, argument de saint Anselme et de Descartes); argument *physico-téléologique* (fondé sur l'ordre qui suppose un ordonnateur, un architecte, c'est-à-dire, au fond, sur les causes finales).

Kant prétend prouver que l'argument ontologique est le nerf caché de toutes les autres preuves : il en fait la force et la faiblesse. Dieu, pour Kant, est un *postulat de la loi morale* : c'est le Dieu *rémunérateur et vengeur* de Voltaire.

Il y a une preuve dite *du premier moteur* qui est due à Aristote et que l'on peut rattacher à l'argument cosmologique.

Enfin, certains philosophes soutiennent que Dieu ne se démontre pas, qu'il se montre, qu'il est à lui-même, comme dit Malebranche, sa propre idée et qu'il est connu par l'immédiate intuition de l'esprit.

DIFFÉRENCE. La *différence* ou *différence spécifique* distingue l'espèce du genre : ainsi, la raison distingue l'homme de l'animal; la sensibilité, l'animal de la plante. La différence est *essentielle*, comme dans les exemples précédents, ou *accidentelle* quand il s'agit des différences qui distinguent deux individus, Pierre et Paul. Celles-ci portent sur de simples accidents.

La différence est un des cinq *universaux* : genre, espèce, différence, propre, accident.

Stuart Mill appelle *méthode de différence* un mode du raisonnement par induction : si un cas où un fait se présente et un cas où il ne se présente pas ont tous leurs antécédents communs, hors un seul, cet antécédent par où ils diffèrent est la cause cherchée.

DIFFÉRENCIATION. Chez les scolastiques, ce terme signifiait distinction par la différence et s'opposait aussi à *multiplication* : l'espèce humaine se multiplie par voie de génération et en même temps elle se différencie d'une manière accidentelle en formant des races et des variétés distinctes.

Différenciation, dans la langue de Herbert Spencer, désigne le passage de l'homogène à l'hétérogène, qui est la loi du progrès.

A. BERTRAND. — *Lexique.*

DILEMME (δίς, deux, et λῆμμα, proposition). Le dilemme est un argument qui pose deux propositions entre lesquelles il est nécessaire de choisir. C'est une sorte de double syllogisme ou un syllogisme à deux tranchants qu'on appelait aussi *cornutus* (cornu), parce qu'il prend l'adversaire comme entre deux cornes. Il a pour règle que les deux propositions n'admettent aucune proposition intermédiaire. Il y a aussi des *trilemmes* et des *quadrilemmes*.

DIRECT. Se dit par opposition à *indirect* et quelquefois par opposition à *réfléchi*. On oppose, par exemple, la démonstration directe à la démonstration indirecte, par l'absurde.

DISCRET. Ce mot s'emploie en opposition avec le mot *continu* : quantité discrète (le nombre), quantité continue (la ligne).

DISCURSIF (*discurrere*, courir çà et là). Une vérité discursive est une vérité obtenue par voie de raisonnement et qui, par conséquent, n'est pas évidente par elle-même. Discursif s'oppose à *intuitif* : on dira que le raisonnement est discursif et que la raison, faculté des principes, est intuitive.

DISJONCTION. La disjonction ou proposition disjonctive est celle où l'on rapporte à un même sujet divers attributs possibles, mais qui s'excluent réciproquement.

Le raisonnement disjonctif pèse plusieurs alternatives et les rejette successivement jusqu'à la dernière, qui par le fait s'impose à l'esprit : le dilemme, le trilemme sont des raisonnements disjonctifs ou encore *hypothético-disjonctifs*.

DISPOSITION. Synonyme d'état, habitude, manière d'être. Une disposition n'a cependant pas la fixité de l'habitude. Elle est *prochaine* ou *éloignée* et se transforme aisément en habitude.

DISSOCIATION. Rupture d'une association, par exemple des centres nerveux dans certains mouvements naturellement combinés entre eux.

DISTANCE. Position relative des corps dans l'espace. L'*action à distance* serait celle qui aurait lieu entre deux corps sans intermédiaires malgré l'espace qui les sépare, ou entre deux pensées qui s'influenceraient réciproquement en dehors de tout moyen d'expression. On a récemment employé l'expression de *télépathie*, pour désigner l'action à distance des émotions et des pensées.

On prend souvent l'expression dans son sens large, c'est-à-dire qu'on ne nie pas les intermédiaires, mais qu'on ne les connaît pas non plus exactement.

DISTINCT. Une idée distincte est une idée bien définie, qui n'offre rien de *confus* pour l'esprit. Cette *distinction* produit la clarté, comme la confusion engendre l'obscurité.

DISTINCTION. La *distinction* des idées s'oppose à leur *confusion* : c'est la séparation d'un objet de connaissance de tout ce qui n'est pas lui. Ce mot a une signification plus large que le mot différence : deux gouttes d'eau ne diffèrent pas spécifiquement, mais elles sont numériquement distinctes.

Les scolastiques appelaient distinction *logique* celle qui n'existe que par la pensée, et distinction *réelle* celle qui affecte les choses mêmes : la première est l'abstraction ; la seconde peut être *majeure* (Pierre est entièrement distinct de Paul), *modale* (la ligne est distincte de sa courbure), ou *virtuelle* (l'âme sensible est distincte de l'âme raisonnable).

DISTRIBUTIF. Ce mot s'emploie surtout dans l'expression *justice distributive* : la justice est, selon Aristote, *distributive* ou proportionnelle dans l'inégale distribution des biens et des honneurs ; *commutative* ou compensative dans les transactions et les échanges, dans la réparation ou la compensation des dommages. La règle de la première est la proportion ; celle de la seconde l'égalité.

DIVISIBILITÉ. Propriété de ce qui peut être divisé en parties de même nature. Les métaphysiciens discutent la question de la *divisibilité à l'infini* de la matière.

DIVISION. Partage d'un tout en ses diverses parties. La division doit être *complète* ou adéquate (c'est-à-dire que les parties réunies doivent reconstituer exactement le tout), et *distincte*, c'est-à-dire que les différentes parties ne doivent pas rentrer les unes dans les autres. La division logique est une proposition dont l'attribut développe toute l'extension du sujet.

On appelle, en économie politique, loi de *division du travail* celle qui consiste à distribuer les différentes opérations d'un même travail à différents ouvriers, de telle sorte que chacun faisant toujours la même besogne la fasse mieux et plus vite.

DOGMATISME (δόγμα, opinion). La philosophie *dogmatique* admet des principes certains et des conclusions incontestables. Le *scepticisme*, au contraire, déclare que tout est douteux et que rien n'est démontré. Le *criticisme* soutient qu'avant de procéder dogmatiquement il faut fixer les limites de nos facultés de connaître et faire passer la raison par l'épreuve d'une sévère critique.

Bacon oppose les dogmatiques aux *empiriques* dans une comparaison célèbre : le dogmatique ressemble à l'araignée qui tisse sa toile de sa propre substance et ne construit qu'une œuvre fragile; l'empirique, à la fourmi qui amasse et consomme et ne se trouve pas plus riche qu'avant ; le vrai savant doit ressembler à l'abeille qui, du suc des fleurs, fait le miel qui n'est plus telle ou telle fleur : il doit, de l'amas des faits, tirer la science qui n'est plus tel ou tel fait, parce que les faits sont transformés et organisés par notre faculté de connaître.

DOUTE. État de l'esprit qui demeure en suspens entre l'affirmation et la négation. Le doute envisagé comme l'état définitif de l'esprit humain, « un mol oreiller pour une tête bien faite », est le scepticisme (V. ce mot).

Le *scepticisme provisoire* de Descartes est un doute momentané employé comme moyen d'arriver à la science. Descartes appelle son doute *hyperbolique*, c'est-à-dire exagéré, poussé à ses dernières limites.

DROIT. Le droit, dans son sens général, est la faculté naturelle ou légale de faire une chose, d'en jouir ou d'en disposer. Le *droit naturel* est promulgué par la raison, inhérente à notre nature : les droits de l'homme, dit la Déclaration de 1789, sont « inaliénables et imprescriptibles »; le droit *positif* est fondé sur les lois, inscrit dans les codes.

On distingue encore les *droits civils*, ceux que possède l'homme comme membre de la société, et les *droits politiques*, ceux qu'il possède comme citoyen et qui lui permettent de prendre part aux affaires publiques.

Le *droit des gens* ou *droit international* règle, ou bien les rapports des nations entre elles, et alors rentre dans la science du droit naturel, ou bien ces mêmes rapports en tant qu'ils résultent de traités et des contrats, et alors rentre dans le droit positif.

DUALISME. Se dit en deux sens très différents :

1º D'un système philosophique et religieux d'après lequel le monde serait l'œuvre de deux principes opposés et coéternels, l'un bon et l'autre mauvais; c'était, par exemple, l'opinion des manichéens;

2º Des théories qui posent en principe la distinction, la dualité de la pensée et de l'étendue comme essences des esprits, d'une part, des corps, de l'autre ; par exemple, le système cartésien.

Ce mot s'oppose à *monisme* : le *monisme* admet un principe unique et désigne spécialement un système analogue au spinozisme, d'après lequel toute réalité serait à la fois matérielle et spirituelle, tout élément matériel étant doué d'activité psychique.

DURÉE. La *durée* est la succession des phénomènes; l'*éternité* exclut la succession et le changement : c'est, disent les métaphysiciens, un éternel présent. Le *temps* est l'ensemble des durées considérées abstraitement.

DYNAMISME (δύναμις, force). Admettre dans les choses qui se manifestent ou se développent un principe interne de développement, une force immanente qui en est en quelque sorte le ressort intérieur, c'est être *dynamiste;* admettre que les choses sont naturellement inertes, qu'elles ne peuvent être modifiées que par une force extérieure qui est l'ouvrière de leurs transformations, c'est être *mécaniste.*

Ces deux systèmes se montrent dès l'origine de la philosophie, mais c'est surtout chez Descartes et chez Leibniz que leur opposition est bien marquée : Descartes explique tout par la matière et le mouvement, mais le mouvement vient du dehors, c'est Dieu qui donne « la première chiquenaude », comme dit Pascal.

Leibniz explique tout par ses monades, forces simples qui se développent spontanément et portent en elles-mêmes cette loi de la série de leurs opérations que Leibniz appelle appétition.

Une comparaison familière fera sentir la différence du mécanisme et du dynamisme : un meuble est construit mécaniquement par un ébéniste, un gland devient dynamiquement un chêne par une force interne et naturelle.

On appelle quelquefois *monodynamisme* l'opinion des animistes qui prétendent que l'âme seule produit la vie et la pensée, et *duodynamisme* l'opinion des vitalistes qui admettent à côté de l'âme pensante un principe vital.

E

E. Lettre qui désigne les propositions universelles négatives (V. *A*).

ECCÉITÉ (*hæcceitas : hæc*, cette chose). Mot de la langue scolastique désignant le *principe d'individuation*, ce qui fait qu'une chose est ceci ou cela, cette chose ou cette autre chose. Il est de Duns Scot.

ÉCHOLALIE. Répétition *en écho* des paroles ou des gestes. L'écholalie s'observe dans certaines maladies nerveuses et dans les phénomènes d'hypnotisme.

ÉCLECTISME (ἐκλέγειν, choisir). Système qui consiste à faire un choix dans les doctrines antérieures et à prendre ce que chacune a de vrai. L'éclectisme sans critique, c'est-à-dire l'assemblage plus ou moins arbitraire d'opinions empruntées à tout système, s'appelle *syncrétisme*.

L'école d'Alexandrie est éclectique parce qu'elle fait des emprunts à Platon, à Aristote, aux stoïciens. Leibniz, qui professait que les systèmes sont vrais par ce qu'ils affirment, faux par ce qu'ils nient, était dans un certain sens éclectique, mais il fondait ces éléments empruntés dans une doctrine supérieure et en tirait ainsi un système original.

On ne voit pas que Victor Cousin, qui est chez nous le représentant de l'éclectisme, ait eu ce genre d'originalité.

ÉCONOMIE (οἶκος, maison; νόμος, loi). L'économie politique est la science qui traite de la production, de la distribution et de la consommation de la richesse.

On appelle quelquefois loi d'*économie* ou de *parcimonie* la loi d'après laquelle la nature agit toujours par les moyens les plus simples.

ÉCOSSAISE (Philosophie ou **École écossaise).** Cette école, dont les principaux représentants sont Th. Reid, Dugald Stewart, Hamilton, et qui occupe la seconde moitié du xviiiᵉ siècle, est caractérisée par sa prédilection pour la psychologie, son goût pour les vérités du sens commun et aussi par son éloignement pour la métaphysique et sa tendance à tout expliquer par les *facultés de l'âme*, qu'elle multipliait outre mesure et qu'elle finissait presque par personnifier.

L'école écossaise s'est continuée en France par Royer-Collard, Jouffroy et Adolphe Garnier, qui, dans son *Traité des facultés de l'âme* en résume très fidèlement les recherches psychologiques et en reproduit les tendances et les doctrines.

ÉDUCATION. La pédagogie, l'art d'élever les enfants. C'est une science étroitement liée à la psychologie, une sorte de psychologie appliquée. On distingue l'éducation physique, intellectuelle et morale.

ÉDUCTION (*educere*, tirer de). Dans la langue scolastique, *éduction* désigne l'action de tirer une forme de la puissance de la matière; par exemple, du marbre, la forme de la statue.

Ce mot était surtout employé pour désigner une théorie de la création : la création ne serait pas l'acte qui tire les choses du néant, mais l'acte qui les fait sortir d'une matière préexistante, une transformation.

EFFET. Corrélatif de cause : ce que la cause produit. C'est un adage scolastique que la cause supprimée supprime l'effet. On dit, par une évidente tautologie, que tout effet a une cause.

EFFICIENTE. Ce mot s'emploie surtout dans l'expression de *cause efficiente*, cause productive : le statuaire est la cause efficiente de la statue (V. *Cause*). Sur ce mot, les scolastiques avaient modelé l'expression *cause déficiente :* le mal, disaient-ils, a une cause *déficiente* (une cause négative, une non-cause : il n'est qu'une négation ou une privation).

EFFORT. Toute activité employée à vaincre une résistance constitue un effort : ainsi, l'effort moteur est l'activité qui se dépense à mouvoir les membres.

L'effort musculaire, qui joue un si grand rôle dans la psychologie de Maine de Biran, consiste non dans les sensations *afférentes* qui, produites par la contraction du muscle, vont de la périphérie au centre et nous renseignent sur le mouvement accompli ou en voie d'accomplissement, mais dans la sensation *efférente, sui generis*, qui résulte de notre initiative et de notre commandement interne.

Y a-t-il antérieurement à l'effort musculaire un effort cérébral, c'est-à-dire une action sentie de l'esprit sur le cerveau, ou bien un effort purement mental, c'est-à-dire une action sentie de l'âme sur elle-même? C'est ce que Maine de Biran n'admettait pas, car nous n'avons pas, pensait-il, conscience de notre cerveau comme terme de déploiement de l'activité de l'âme et nous ne pouvons agir sur une idée sans agir en même temps sur le *substratum* matériel de cette idée.

L'effort musculaire est donc essentiellement le *fait primitif de conscience*, l'acte qui nous révèle le moi et, du même coup, nous fait connaître ce que Maine de Biran appelle le terme de déploiement de l'effort, le corps propre qui lui résiste toujours avant de lui céder.

ÉGALITÉ. L'égalité n'est ni la complète *identité*, ni la simple *similitude* : l'égalité est la qualité des choses qui ont, soit les mêmes dimensions, soit la même perfection.

ÉGOÏSME (*ego*, moi). Ce mot désigne, en morale, tantôt l'amour excessif de soi, tantôt simplement l'amour de soi. Dans ce dernier cas, il a pour opposé le mot altruisme créé par Auguste Comte.

L'*égoïsme métaphysique* est une doctrine d'après laquelle notre propre existence est seule certaine, celle du monde extérieur douteuse ou plutôt niée formellement. On l'appelle *égoïsme* à cause de la difficulté qu'il y a dans ce système idéaliste à justifier l'existence d'êtres semblables à nous : il semble que le *moi* seul existe. On dit aussi dans le même sens *solipsisme*.

ÉLABORATION. On appelle élaboration des idées les transformations qu'elles subissent pour devenir, de particulières, abstraites et générales.

On distingue quelquefois les facultés d'*acquisition* (perception interne et externe, raison), les facultés d'*élaboration* (abstraction, généralisation, etc.), et les facultés de *conservation* (mémoire, imagination reproductrice).

ÉLÉATISME. Philosophie de l'école d'Élée, c'est-à-dire de Parménide et de Zénon. Le dogme essentiel du système est celui de l'unité de l'être et de la pensée.

Les Éléates niaient la pluralité des êtres et le mouvement. Les arguments de Zénon contre le mouvement étaient célèbres dans l'antiquité.

ÉLÉMENT. Outre son sens général de parties constitutives des corps, ce mot a un sens plus spécial dans l'expression *les quatre éléments* : ce sont le feu, l'air, l'eau et la terre que les anciens regardaient comme constituant toutes choses, soit qu'ils les réduisissent à un seul, tantôt l'eau (Thalès), tantôt le feu (Héraclite), etc., dont les trois autres étaient issus, soit qu'ils les admissent tous quatre comme primitivement distincts (Empédocle), en ajoutant, pour les unir et les séparer, deux principes, l'amour et la haine, c'est-à-dire, au fond, l'affinité et la répulsion.

ÉMANATION (*emanare*, couler de). Expression métaphorique qui désigne un mode de production des êtres d'après lequel ils ne seraient qu'un écoulement, une extension de la substance universelle : la métaphore est prise d'un fleuve qui déborde ou d'une flamme qui éclaire.

Le panthéisme alexandrin admet l'émanation ; le panthéisme de Spinoza n'a pas recours à cette explication et se contente de dire que les êtres sont les modes des attributs divins.

Leibniz a employé le mot *fulguration* pour éviter l'expression suspecte d'émanation : ce changement n'éclaircit rien.

On dit quelquefois *émanatisme* pour désigner la doctrine de l'émanation.

ÉMINEMMENT. Exister éminemment, c'est exister au suprême degré, avoir la perfection et la plénitude de l'existence. Pour bien comprendre ce mot, il faut l'opposer à ses corrélatifs *formellement*, *virtuellement*, tous mots empruntés par Descartes à la scolastique.

Reprenons une comparaison très claire de Royer-Collard : Soit une lettre de change souscrite par un banquier ; la somme souscrite est contenue *formellement* dans la caisse du banquier, *objectivement* dans la lettre de change qu'il a souscrite, et *éminemment* dans le crédit du banquier qui lui a donné le pouvoir de la souscrire et qui lui permettrait d'en souscrire bien d'autres. Ainsi, la caisse contient la *réalité formelle* de la somme, la lettre de change sa *réalité objective*, et le crédit du banquier sa *réalité éminente*.

On dira, par exemple, que la science existe éminemment en Dieu, pour dire qu'il possède une science sans limites, infinie, parfaite.

Virtuellement dit en quelque sorte le contraire d'éminemment et signifie en puissance : le chêne est virtuellement dans le gland.

ÉMOTION. Ce mot désigne maintenant tous les phénomènes affectifs ou faits de sensibilité, plaisirs et douleurs. Il désignait plutôt ces mêmes faits en tant qu'ils atteignent un certain degré d'intensité : l'émotion, dans ce sens, était une passion momentanée (comme la colère) et non pas durable (comme la haine).

EMPIRISME (ἐμπειρία, expérience). Empirique n'est pas synonyme d'expérimental. Il n'a pas non plus le sens défavorable de l'expression *médecin empirique* ou simplement un *empirique*, pour dire un ignorant, un charlatan.

L'empirique est un partisan exclusif et absolu de l'expérience :

il ne se fie qu'aux faits et se défie de la raison au point de constater les faits sans essayer de les relier par une théorie ou de les expliquer par un système. Auguste Comte a dit : le pur empirisme est stérile.

ÉNERGIE. On dit quelquefois principe de la conservation de l'*énergie*, pour désigner la loi de la conservation de la force : la quantité de force potentielle et actuelle est constante dans l'univers.

ENTÉLÉCHIE (ἐντελέχεια, de ἐντελής, parfait, et ἔχειν). Dans la philosophie d'Aristote, ce mot désigne l'acte, la forme par opposition à la matière. C'est, littéralement, pour chaque être, la possession de sa perfection ou de sa fin interne.

Aristote définit l'âme : l'entéléchie première d'un corps naturel ayant la vie en puissance. Il veut dire que c'est par l'âme que le corps possède la vie, la perfection de ses fonctions, son achèvement.

Leibniz n'est donc pas fidèle au sens péripatéticien de ce mot quand il appelle les monades inférieures des *entéléchies*.

Au surplus, il faut que le sens de ce terme soit bien difficile à pénétrer, puisque Hermolaüs Barbarus invoqua le diable pour en avoir l'explication et que le diable se borna à lui souffler un mot latin qui n'en est que le décalque, *perfectihabia*. Ce n'était pas la peine, dit avec raison Leibniz, de consulter le diable pour n'apprendre que cela.

ENTENDEMENT. L'entendement est l'intelligence, faculté d'*entendre* ou de comprendre. C'est le sens de ce mot dans les *Essais* de Locke et les *Nouveaux Essais* de Leibniz sur l'*Entendement humain*.

Kant lui a donné un sens plus restreint et plus précis : c'est la faculté de connaître par le moyen des *catégories* (V. ce mot). La *sensibilité* a ses *formes à priori* (le temps et l'espace) ; l'*entendement* juge par les catégories ; et la *raison* organise et systématise la science par les *idées* (l'âme, le monde, Dieu). Les *principes de l'entendement* sont : 1º les axiomes de l'intuition ; 2º les anticipations de la perception ; 3º les analogies de l'expérience ; 4º les postulats de la pensée empirique (V. ces mots).

ENTHOUSIASME (ἔνθεος ἐν ἡμῖν, Dieu en nous). Ce mot signifie, chez Platon, inspiration divine et désigne aussi bien la réflexion profonde des philosophes et l'héroïsme des guerriers que l'inspiration des poètes.

ENTHYMÈME (ἐν θύμῳ, dans l'esprit). Syllogisme elliptique dont une des prémisses est sous-entendue, reste *dans l'esprit*. Comme la forme syllogistique est lente et pesante, on l'allège en laissant la majeure ou la mineure sous-entendue : c'est pourquoi Aristote appelle l'enthymème le syllogisme des orateurs.

Il désigne surtout par le mot enthymème le syllogisme qui porte sur des propositions simplement probables ou vraisemblables. « L'enthymème, dit-il, est un syllogisme fait avec des vraisemblances. » Ce mot n'exprimait donc pas seulement, comme chez nous, un accident extérieur du raisonnement.

ENTITÉ (*ens*, être). Terme de philosophie scolastique synonyme d'essence ou de forme. Les animaux ont pour entité l'*animalité*, l'homme l'*humanité*. On comprend que l'abus de ce mot l'ait fait dans la suite prendre en mauvaise part ; *entité* est devenu synonyme d'*abstraction réalisée* et de chimère : c'est dans ce sens qu'il est pris dans l'expression *entités scolastiques*.

ÉPAGOGIQUE (ἐπαγωγή, induction). Le syllogisme épagogique d'Aristote est un syllogisme dont le moyen offre l'énumération de toutes les espèces du mineur : c'est une véritable induction. Aristote en donne cet exemple : les quadrupèdes, les oiseaux, les poissons, etc., ont une bouche et des organes sensoriels : tous les animaux sont quadrupèdes, oiseaux, poissons, etc. ; donc tous les animaux ont une bouche et des organes sensoriels.

ÉPICHÉRÈME (ἐπιχειρεῖν, appuyer de la main). Syllogisme dans lequel la majeure ou la mineure, quelquefois les deux sont appuyées de leurs preuves ou simplement accompagnées d'explications.

ÉPICURISME. On dit aussi *épicuréisme*. La philosophie d'Épicure comprend une logique appelée *canonique* (V. ce mot), une physique et une morale. La physique est renouvelée de l'atomisme de Démocrite, avec cette différence qu'Épicure attribue à ses atomes la pesanteur qui les fait tomber éternellement dans le vide et le *clinamen* qui les fait dévier de leur chute parallèle et produit leurs rencontres. Sa morale est la morale du plaisir, mais en distinguant les plaisirs en mouvement (ou du corps) des plaisirs en repos (ou de l'esprit), et, en recommandant exclusivement ceux-ci, il fait de l'hédonisme une sorte d'ascétisme : c'est, dit Sénèque, un héros sous des habits de femme. Le souverain bien, pour Épicure, c'est l'absence de douleur : il consiste à ne pas souffrir (*indolentia*).

ÉPIGÉNÈSE (ἐπί, sur ; γένεσις, génération). Épigénèse signifie production successive d'éléments anatomiques à l'aide de matériaux nutritifs empruntés au milieu ambiant. Le nouvel être existe d'abord à l'état d'ovule, puis de germe, puis d'embryon.

La théorie de l'épigénèse s'oppose à la théorie de la *préformation des germes*, d'après laquelle les êtres futurs seraient préformés et contenus dans les formes antérieures des animaux, et la génération ne serait qu'un accroissement ou un grossissement.

ÉPISYLLOGISME. Quand deux syllogismes sont reliés ensemble de telle sorte que la conclusion du premier soit la majeure du second, le premier prend le nom de *prosyllogisme* et le second d'*épisyllogisme*. L'épisyllogisme se dit aussi de l'argument dans sa totalité : c'est une sorte de sorite.

ÉQUIPOLLENCE. Équivalence, dans la théorie très subtile de l'opposition et de la permutation des propositions. Port-Royal nous avertit que les règles qu'on donne de l'équipollence « ne sont la plupart vraies qu'en latin ».

ÉQUIVOQUE (*æque*, également; *vocare*, appeler). Une proposition équivoque offre un double sens. Les scolastiques distinguaient avec soin ce qui est analogue, ce qui est univoque, ce qui est équivoque : l'*analogue* se dit de la ressemblance ; l'*univoque*, de ce qui est désigné par le même nom (homme dit également Pierre et Paul) ; *équivoque*, de ce qu'on désigne par le même nom, mais dans un sens très différent (Pierre, homme; pierre, minéral).

ÉRISTIQUE (ἔρις, dispute). On appelle quelquefois éristique le philosophe qui abuse de la dialectique. On donna ce nom à l'école de Mégare qui, avec Eubulide, devint subtile et disputeuse à l'excès, en un mot, éristique.

ERREUR. L'erreur est un faux jugement. Le contraire de l'erreur est la vérité et l'on a pu définir l'une et l'autre : ce qui est — ce qui n'est pas.

L'erreur doit être distinguée de l'ignorance, bien qu'elle soit une sorte d'ignorance : ignorer simplement, ce n'est pas se *tromper* ou tomber dans l'erreur ; celui qui *erre* ignore et croit qu'il sait.

On a souvent classé les erreurs ; autant l'esprit humain a de voies différentes pour arriver à la vérité, autant il y a de manières différentes de tomber dans l'erreur : erreurs des sens, de l'entendement pur, de l'imagination, paralogismes, etc.

Bacon appelle les erreurs des *idoles* que nous substituons au vrai Dieu et distingue les erreurs ou idoles de la *tribu* (communes à toute l'espèce humaine), de la *caverne* (préjugés particuliers), du *forum* (ambiguïté des mots, fausse éloquence), du *théâtre* (esprit de système) (V. *Idole*).

Descartes explique l'erreur par une disproportion entre la volonté (infinie, car la liberté n'a pas de limites en nous, dans le for intérieur) et l'intelligence (finie et bornée) : affirmer trop vite, précipiter son jugement, devancer la lumière intellectuelle de l'évidence quand elle se fait attendre, telle serait, selon Descartes, l'unique cause de nos erreurs.

ÉSOTÉRIQUE (ἔσωθεν, en dedans). Une doctrine *ésotérique* était une doctrine secrète réservée à un petit nombre de disciples, communiquée aux seuls initiés. L'expression opposée est *exotérique*, qui désigne l'enseignement public.

Le mot *ésotérique* s'emploie dans un sens un peu différent comme le mot *acroamatique* : inaccessible, obscur à force de profondeur ou de subtilité.

ESPACE. L'espace est le lieu universel des corps. Espace et étendue sont à peu près synonymes ; le lieu est un espace déterminé. Ces définitions sont donc plutôt nominales que réelles. Si l'on voulait préciser des distinctions qui ne sont pas toujours bien marquées chez les philosophes, on dirait que l'*étendue* se dit plutôt aujourd'hui de l'espace concret, de la portion de l'espace occupée par tel ou tel corps ; que l'*espace* désigne l'ensemble de toutes les étendues considérées en faisant abstraction des objets étendus, l'étendue abstraite et indéfinie ; et que l'*immensité*, dans la langue des métaphysiciens, est l'attribut de Dieu en vertu duquel il est présent à tout l'espace sans être lui-même étendu.

ESPÈCE. En logique, l'espèce est le premier degré de l'idée générale et se distingue du genre par le caractère *spécifique* : l'idée d'homme est une espèce par rapport à l'idée d'animal et s'en distingue par la *raison* qui est ici le caractère spécifique.

En biologie, l'espèce est caractérisée par la structure et la forme des animaux : Darwin a écrit un livre sur l'*Origine des espèces*.

La scolastique appelait *espèce intelligible* la connaissance intellectuelle, *espèce sensible* la connaissance par les sens ; elle employait aussi les expressions *espèces impresses*, modification produite sur la faculté de connaître par l'objet intelligible ou sensible, *espèces expresses*, produites par l'intelligence et marquant sa part dans l'acte de la connaissance, acte que l'*expression* ou le mot traduit dans le langage. L'espèce est un des cinq universaux (V. ce mot).

ESPRIT (*spiritus*, souffle). L'étymologie du mot prouve assez qu'il n'a pas toujours eu le sens qu'on lui donne aujourd'hui. Il désigne proprement le principe de la pensée et souvent la pensée elle-même, les facultés intellectuelles de l'homme. On l'emploie volontiers de préférence au mot âme, parce qu'on suppose qu'il n'implique aucune idée de substance spirituelle : on dit les phénomènes de l'esprit, les maladies de l'esprit, l'esprit et le corps.

Dans la scolastique, au contraire, il désignait ce qu'il y a de plus spirituel dans l'âme même et on appelait les anges de purs esprits. L'âme, disait-on, est l'acte ou la forme ou l'entéléchie des corps, mais comme intelligence et esprit elle est incorporelle et pour ainsi dire séparée et sans matière.

L'esprit, pour Descartes (*mens*), est la substance pensante, par opposition radicale au corps, qui est la substance étendue.

ESSENCE (de *essentia*, formé lui-même de *esse*, être). L'essence est ce par quoi une chose est ce qu'elle est et se distingue de toute autre : l'essence est donc l'objet même de la définition et s'oppose aux *accidents*.

L'essence *diffère* aussi de l'*existence* : autre chose est d'être objet de définition, intelligible, autre chose d'exister actuellement ; l'essence est le possible, l'existence le réel.

La preuve de l'existence de Dieu, appelée ontologique, consiste précisément à passer de son essence à son existence, passage que Kant juge impossible : en d'autres termes, nous avons l'idée d'un être parfait, cette idée est intelligible et n'enveloppe aucune contradiction en elle-même ; faut-il en conclure que l'être parfait existe et que l'existence étant une perfection se trouve, dans ce cas unique, impliquée et comme contenue dans l'essence?

ESTHÉSIMÉTRIE (αἴσθησις, sensation; μέτρον, mesure). Ce mot, employé quelquefois en psycho-physique, signifie mesure des sensations. Les actes psychiques ne pourraient devenir mesurables que par l'intermédiaire des excitations qui en sont les antécédents.

ESTHÉSIOGÈNE (αἴσθησις, sensation; γεννᾶν, engendrer). Agent qui restitue la sensibilité abolie ou l'accroît; par exemple, l'aimant, dans certain cas.

On appelle *zones esthésiogènes* les points du corps où cette action se produit.

ESTHÉTIQUE (αἴσθησις, sensation). Théorie du Beau, philosophie des Beaux-Arts. Le mot a été créé par Baumgarten à la fin du XVIIIe siècle et adopté par les philosophes allemands; toutefois, il ne faudrait pas conclure de l'étymologie même du mot que l'esthétique a pour unique objet la sensation et la sensibilité ; il y a quelque chose d'intellectuel dans la sensation et le sentiment du Beau (V. ce mot).

Il faut remarquer que Kant emploie ce mot dans un sens tout particulier : il appelle esthétique la théorie psychologique des sensations et particulièrement celle du temps et de l'espace, formes subjectives de la sensibilité.

Platon et Aristote sont les vrais fondateurs de l'esthétique, mais ils la rattachaient à la métaphysique et à la morale : aujourd'hui on la rattacherait plus volontiers à la psychologie. Elle étudie les lois qui dirigent la sensibilité dans la poursuite du Beau, comme la logique étudie les lois qui dirigent l'intelligence dans la recherche du vrai, et la morale les lois qui guident la volonté dans la réalisation du bien.

Kant et Hégel sont peut-être les plus célèbres esthéticiens de l'Allemagne. Chez nous, le Père André, Jouffroy doivent être cités en premier lieu. La philosophie des Beaux-Arts ne saurait être absolument théorique : il faut qu'elle se fonde sur l'histoire même des Arts.

ESTIMATIVE. Les scolastiques appelaient « estimative » la faculté qui permet aux animaux de discerner ce qui leur est utile ou nuisible. C'était un des *sens intérieurs*. Nous l'appellerions aujourd'hui l'instinct. Dans l'homme, cette faculté prenait le nom de *raison particulière*, ou le nom de *cogitative*.

ÉTAT. Société politique, c'est-à-dire organisée et pourvue d'un gouvernement. L'idée de l'État est donc moins large que l'idée de société ou d'association et plus large que l'idée de gouvernement : celui-ci n'est que l'ensemble des mandataires qui représentent l'État.

Ce que Rousseau appelait l'*état de nature* n'est pas, comme on l'a souvent répété, une période historique antérieure à toute société et à tout État : c'est une conception purement théorique destinée à mettre en relief les droits naturels de l'homme, droits qu'il conserve dans toute société et sous tout gouvernement, parce qu'ils sont de son essence, inhérents à sa nature d'homme, « inaliénables et imprescriptibles ».

Cependant, dans la théorie de Rousseau, l'individu semble les aliéner à l'État : c'est une expression que Rousseau a eu le tort de ne pas éviter, car dans sa théorie même ces droits lui sont immédiatement rendus fortifiés et garantis. La théorie de l'État est une partie essentielle de la science politique et se trouve dans Platon, Aristote, Montesquieu, Rousseau, etc.

ÉTENDUE (V. *Espace*). L'étendue est, pour Descartes, l'essence des corps. Leurs caractères particuliers naissent de l'étendue par le mouvement; ils ne sont que de l'étendue modifiée par le mouvement et l'étendue est, pour ainsi dire, l'étoffe dont ils sont faits.

ÉTERNITÉ (V. *Durée*). L'éternité est indivisible et n'admet ni avant ni après, ni commencement ni fin : c'est, dit-on, un éternel présent. On connaît le mot de Platon : « Le temps est l'image mobile de l'immobile éternité. »

L'éternité implique donc immutabilité et ne peut être qu'un *attribut de Dieu*.

ÉTHÉLISME (ἐθέλω, je consens, je veux). Les Allemands désignent par ce mot toute doctrine qui fait de la volonté la forme fondamentale, l'essence de l'âme; par exemple, la doctrine de Schopenhauer. On dit aussi dans le même sens *thélématisme*.

ÉTHIQUE (ἔθος, coutume, usage). Le mot *éthique* est exactement synonyme de morale. Cependant l'*Éthique* de Spinoza est un traité de métaphysique; mais, comme son dernier mot est la théorie de l'amour intellectuel de Dieu, but suprême de l'homme, on comprend que chez lui logique, métaphysique et morale s'identifient.

ETHNOLOGIE (ἔθνος, peuple; λόγος, science). Partie de l'anthropologie qui traite des races et s'applique à déterminer le rôle qu'elles jouent dans l'évolution sociale de l'humanité.

L'*ethnographie* est plus spécialement descriptive et s'occupe surtout de la statistique et des détails.

On appelle *éthologie* la psychologie des races et des peuples.

ÉTIOLOGIE (αἰτία, cause; λόγος, science). Étude des causes. Ce mot est surtout employé par les médecins : ils distinguent les causes internes, externes, éloignées, prochaines, etc., des maladies, bien qu'en réalité, se bornant, comme dit Claude Bernard, au déterminisme des faits, ils se contentent de leur assigner des antécédents invariables sans se préoccuper des causes, au sens rigoureux du mot (V.*Cause*).

ÊTRE. L'idée d'être est la plus générale de toutes les idées : elle est donc logiquement indéfinissable, car il n'y a pas de genre plus universel. L'être s'oppose au *néant* ou au *non-être*. Il s'oppose également au *devenir* (V. ce mot).

Les métaphysiciens distinguent ce qui est *en soi* par opposition à ce qui est en autre chose (l'attribut, le mode); ce qui est *par soi* (l'Être suprême, la substance de Spinoza, Dieu) par opposition à ce qui tient l'existence d'une autre cause (l'homme, la nature).

Ils distinguent encore l'être *en acte* et l'être *en puissance* : celui-ci n'est que possible, le premier est réellement existant.

A. BERTRAND. — *Lexique*.

La distinction entre l'être ou l'existence et l'*essence* consiste en ce que l'être est ce qui est, l'essence (V. ce mot) ce par quoi l'être est ce qu'il est, son idée, sa définition.

Dans cet axiome scolastique : *il ne faut pas multiplier les êtres sans nécessité*, être est synonyme de *cause*.

Par cette expression : *un être de raison*, on entendait, non pas comme aujourd'hui une abstraction réalisée ou une conception chimérique, mais l'*être logique*, c'est-à-dire l'idée de genre ou d'espèce.

Enfin, le mot être se prenait comme synonyme du mot *vrai* (le vrai est ce qui est, le faux ce qui n'est pas) et ce sens nous donne la clef de l'expression *identité de la pensée et de l'être* (V. la Préface).

Pouvons-nous connaître l'*être en soi*? On pose en ces termes le problème métaphysique, surtout depuis Kant, et cela signifie : Pouvons-nous connaître les *noumènes*? Atteignons-nous jamais ce qui est au delà des apparences et des phénomènes, au delà de la surface et, pour ainsi dire, de l'écorce des choses ?

Le mot *être*, par cela seul qu'il est le mot universel par excellence, donne lieu à une multitude de locutions philosophiques qu'il est impossible d'énumérer, mais que l'on comprendra à l'aide des précédentes : ainsi, l'*Être des êtres*, c'est l'Être suprême, celui de qui les autres tiennent leur être, par création ou par émanation, ou par immanence ou par participation. Ce dernier mot signifie, dans la langue de Platon, le rapport des choses sensibles aux idées; elles participent aux idées (en ont leur part sans que l'idée soit réellement divisée ou partagée et lui empruntent ainsi l'apparence phénoménale), mais elles ne sont pas des êtres véritables.

La science de l'être s'appelle *ontologie* ; c'est une partie de la métaphysique.

EUDÉMONISME (εὐδαιμονία, bonheur). Système de morale qui fait du bonheur la règle du bien.

L'*hédonisme* (ἡδονή, plaisir) semble n'être qu'un autre nom du même système, mais il s'en distingue comme le plaisir se distingue du bonheur. Si le bonheur est donné comme la conséquence de la perfection morale, comme la perfection sentie et goûtée, la morale du devoir devient elle-même un *eudémonisme* rationnel.

Dès que l'on tient compte, dans la mesure du plaisir, non plus seulement de la quantité, mais encore, comme Stuart Mill, de la qualité, l'hédonisme se transforme en eudémonisme.

ÉVHÉMÉRISME. Doctrine d'Évhémère (il vivait vers 311-298 av. J.-C.) qui consiste à regarder les dieux comme des hommes supérieurs divinisés par la crainte ou l'admiration. Ceux qui expliquent le sentiment religieux par le culte des morts et la croyance à la survivance des esprits, professent une sorte d'*évhémérisme.*

ÉVIDENCE. On appelle évidence la parfaite clarté avec laquelle la vérité se manifeste à l'esprit et emporte son adhésion. L'évidence est le criterium de la certitude et, comme elle, peut être *intuitive* ou *immédiate, discursive* ou *médiate* (V. *Certitude*).

C'est Descartes qui a fait de l'évidence le criterium de la vérité : le mérite est incontestablement très grand, puisque Descartes ruinait ainsi le *principe d'autorité;* mais on a beau dire qu'il s'agit ici de l'évidence rationnelle, non de l'évidence changeante et trompeuse des sens, que l'évidence est à elle-même son propre signe, la critique d'Helvétius conserve aussi sa vérité et Descartes « a oublié de mettre une enseigne à l'auberge de l'évidence, de sorte que chacun se croit en droit d'y loger son opinion ».

Il semble bien qu'il y ait une évidence décevante et purement *subjective* : Kant corrige sur ce point Descartes et dépasse singulièrement le simple amendement, puisque, selon lui, toute évidence rationnelle est, par nature, trompeuse et nécessairement subjective.

ÉVOLUTION. C'est un des mots les plus importants de la philosophie contemporaine, un de ceux qui sont le plus souvent employés à notre époque. Évolution signifie développement et progrès.

L'évolutionnisme est un système sur l'origine des espèces et la descendance de l'homme : ses deux grandes lois, formulées par Darwin, sont *la lutte pour la vie* ou *concurrence vitale* et la *sélection naturelle* ou la survivance des mieux doués. Parmi les partisans de cette théorie, les uns admettent avec Darwin une transformation lente et graduelle des formes ou types des êtres sous l'influence des circonstances extérieures (V. *Transformisme*); les autres, une métamorphose par laquelle les animaux inférieurs auraient successivement *évolué* de manière à se transformer en animaux supérieurs, évolution qui serait représentée dans l'embryologie animale où le mammifère, par exemple, reproduit d'une manière plus ou moins abrégée les divers types de l'échelle au sommet de laquelle il est placé.

Herbert Spencer a généralisé et, peut-être même, devancé cette explication ; il l'a étendue à l'objet entier de la science humaine. Il définit l'évolution : « une intégration de matière accompagnée d'une dissipation de mouvement pendant laquelle la matière passe d'une homogénéité indéfinie, incohérente, à une hétérogénéité définie, cohérente, et pendant laquelle aussi le mouvement retenu subit une transformation analogue. » Cette définition demanderait de bien longs commentaires : qu'il suffise de dire que Spencer explique ainsi toutes choses depuis la *nébuleuse primitive* jusqu'à l'homme, jusqu'à la science la plus parfaite et le dernier terme du progrès individuel et social.

Dans la philosophie de Hégel, le mot évolution désigne le progrès de la pensée représentant le progrès de la nature et de l'histoire et plutôt identifiée avec la nature ou l'histoire et passant indéfiniment par trois moments successifs : thèse, antithèse et synthèse (V. ces mots).

Dans un sens beaucoup plus restreint, l'expression *évolution organique* désigne la théorie de la *préexistence* ou de l'*emboîtement* des germes opposée à la théorie de l'*épigénèse* (V. ce mot).

EXEMPLAIRE. On appelle quelquefois *cause exemplaire* l'idéal que l'artisan ou l'artiste conçoivent dans leur esprit avant de le réaliser dans leur œuvre.

L'exemplaire ou le paradigme existerait, selon Platon, dans un monde supérieur, le monde des idées ; et l'activité de notre esprit, quand nous le pensons ou l'imaginons, consisterait dans un ressouvenir, une réminiscence d'une existence antérieure.

Dans l'hypothèse de l'*exemplarisme*, Dieu formerait le monde d'une matière préexistante en copiant les types qui sont éternellement présents à sa pensée, les exemplaires des choses.

EXISTENCE. Ce par quoi l'essence (ou le possible) est actuel et réel (V. *Essence*). L'existence est à l'essence ce que l'acte est à la puissance (V. *Acte*).

EXOTÉRIQUE (V. *Ésotérique*). Exotérique signifie littéralement *du dehors*. L'enseignement exotérique pourrait être assimilé à celui qu'on donne dans nos cours publics, et l'enseignement ésotérique à celui qu'on donne dans les conférences fermées et réservées à un certain nombre d'étudiants régulièrement inscrits ; mais cette comparaison empruntée à l'organisation actuelle de nos universités ne donnerait qu'une idée affaiblie de la distinction de ces deux enseignements chez les anciens.

EXPÉRIENCE. Connaissance des faits par l'observation directe. Ce mot s'emploie aussi dans le sens d'expérimentation : *faire des expériences*.

EXPÉRIMENTATION. L'expérimentation n'est pas la simple observation : elle provoque l'apparition des faits, elle les fait naître dans des circonstances spéciales et préparées, elle sollicite et tente la nature; c'est, disait Bacon, une sorte de chasse, « la chasse de Pan. »

L'astronome *observe* une éclipse; Claude Bernard *expérimente* les effets du curare en injectant ce poison à divers animaux dans diverses circonstances. En un mot, l'expérimentateur fait des expériences *pour voir* et pour se démontrer à lui-même ou démontrer aux autres la vérité d'une idée ou d'une théorie qui lui suggère ces expériences.

Il faut remarquer qu'il y a en psychologie une sorte d'expérimentation naturelle : ce n'est pas le psychologue, c'est la nature elle-même, la maladie surtout qui fait varier les conditions des phénomènes et en modifie l'intensité et la durée. La pathologie de l'esprit qui étudie les phénomènes anormaux et morbides a singulièrement étendu dans ces derniers temps le domaine psychologique : c'est elle surtout qui a permis de commencer une théorie des localisations cérébrales. Elle nous fournit, par exemple, les phénomènes d'aphasie, d'agraphie, de surdité et de cécité verbales. La science de l'hypnotisme constitue dès maintenant une tentative extrêmement importante d'expérimentation psychologique.

EXPIATION. On appelle théorie platonicienne de l'expiation l'opinion de Platon que le premier mal est de commettre l'injustice et que ce mal est aggravé par l'impunité. La punition acceptée, réclamée par le coupable le réconcilie avec la loi et avec lui-même : c'est donc un bien et un bienfait, comme pour le malade l'emploi chirurgical du fer et du feu qui lui rendent la santé. Il en résulte que les artifices de l'éloquence, quand ils soustraient un vrai coupable au châtiment qu'il mérite, doivent être sévèrement condamnés, dans l'intérêt même du coupable.

EXPLICITEMENT. D'une manière formelle et expresse et non pas seulement en principe ou d'une manière générale et enveloppée. Ce mot a pour corrélatif *implicitement* : sous-entendu, tacitement. On dira, par exemple, que les prémisses du syllogisme contiennent *implicitement* la conclusion.

EXPRESSION. L'expression des émotions, abstraction faite du langage articulé, consiste dans les jeux de physionomie, les gestes et les attitudes qui les manifestent au dehors. Les phénomènes expressifs font partie intégrante des émotions, car ils sont perçus en même temps qu'elles, plus ou moins confusément, par le sujet qui **les** éprouve.

La science de l'expression comprend la *mimique* et la *physiognomonie*.

EXTASE (ἔκστασις, transport). Extase signifie exaltation mystique, ravissement. Plotin prétendait avoir eu quatre fois le bonheur de s'unir à Dieu, de s'identifier avec Dieu : à ses yeux, l'extase ou l'unification avec Dieu était le souverain bien de l'homme.

L'extase suppose comme conditions préalables la suppression des passions, l'abolition des impressions des sens et même l'annihilation de l'intelligence discursive : c'est le souverain bien, selon les mystiques, mais comme il implique la disparition momentanée de toute attention et de toute conscience de soi-même, on s'explique qu'ils soient impuissants à décrire cet état de ravissement et qu'ils le qualifient d'*ineffable*.

Pour les médecins, l'extase est un état nerveux caractérisé par l'attitude admirative provoquée par une hallucination permanente et accompagnée d'amnésie et d'anesthésie.

EXTENSION. L'extension d'une idée se dit du plus ou moins grand nombre d'objets auxquels s'applique cette idée : elle est en raison inverse de la compréhension V. ce mot).

EXTÉRIORITÉ. On appelle *monde extérieur* tout ce qui n'est pas notre pensée considérée comme distincte de son objet. Aussi les idéalistes, qui nient le monde extérieur, prétendent qu'il n'a d'existence que dans notre pensée; que *son être* consiste *à être perçu*.

Par l'expression *extérioriser les sensations*, on désigne ce fait que nous les projetons hors de nous ou plutôt que nous leur assignons des causes étrangères à notre esprit, et qu'ainsi nous les localisons, soit dans notre propre corps, soit surtout (car c'est là spécialement le *jugement d'extériorité*) dans l'espace; les sensations du rouge ou du bleu sont en nous et pourtant nous déclarons que les objets colorés en rouge ou en bleu sont hors de nous et nous ne disons pas que notre sensation est rouge ou bleue.

EXTRÊME. Dans un syllogisme, le grand et le petit terme (celui qui a le plus et celui qui a le moins d'extension) sont appelés les *extrêmes* par rapport au terme *moyen* qui sert d'intermédiaire et qui ne se trouve jamais dans la conclusion, où, au contraire, les extrêmes sont réunis (V. *Syllogisme*).

EXTRINSÈQUE. Extrinsèque se dit de ce qui ne fait pas partie essentielle de la nature d'une chose. Il signifie donc extérieur, étranger et désigne ce qui n'entre pas dans la composition et ne fait pas partie des éléments constitutifs d'un être. Il est l'opposé d'*intrinsèque*.

F

F. Cette consonne, dans les termes mnémoniques qui désignent les différents modes du syllogisme, indique que tous les modes des trois autres figures qui ont cette initiale peuvent être ramenés au mode de la première qui commencent par la même consonne. Peuvent se ramener à Ferio : *Fapesmo, Fresisomorum, Festino, Felapton, Ferison* (V. *A, Syllogisme, Conversion*).

FACULTÉ. Une faculté est un pouvoir que l'âme se reconnaît à elle-même de subir certaines modifications ou de produire certains actes. On appelle quelquefois *capacités* les facultés purement passives, comme la sensibilité, et l'on réserve alors le nom de facultés à celles qui impliquent une activité plus marquée, comme la volonté.

Ce sont surtout les Écossais qui ont réduit l'œuvre presque entière de la psychologie à la *détermination des facultés* : leur méthode, analogue à celle des sciences naturelles, consistait à classer les faits internes en autant de groupes qu'ils offrent de différences bien marquées et à attribuer chacun de ces groupes à autant de facultés.

Sensibilité, intelligence, volonté, ce sont les trois facultés généralement reconnues aujourd'hui, mais au xvıı° siècle les philosophes se contentaient généralement de distinguer les opérations sensitives et les opérations intellectuelles.

Inventer, comme fait Jouffroy, une faculté *expressive* et une faculté *interprétative* pour expliquer le langage, c'est faire un abus manifeste de la méthode écossaise. Un autre abus qu'on lui a durement reproché consisterait à regarder les facultés comme réelles et comme séparées : elles agissent toujours de concert et ne sont distinctes que virtuellement, puisqu'elles ne sont que des formes différentes de la même activité de l'âme.

Cependant on a tort d'accuser les psychologues écossais d'avoir réalisé et personnifié leurs facultés en imaginant une sorte de gouvernement constitutionnel de l'âme où la raison serait le président du conseil, la perception extérieure le ministre des affaires étrangères, la conscience le ministre de l'intérieur, etc. Il y a eu des abus ; les disciples surtout se sont imaginés qu'il y avait une sorte de gloire à inventer une faculté nouvelle ; mais c'est, au fond, la doctrine commune de ces psychologues que les facultés ne sont que les *noms* divers de l'âme une dans son principe, multiple par ses *opérations*. Il y a donc quelque puérilité à combattre aujourd'hui la théorie des facultés et à se priver, par excès de scrupule, d'un moyen commode de distinguer et de préciser les faits psychiques : autant vaudrait condamner et proscrire l'abstraction sous prétexte que les philosophes sont trop enclins à prendre pour des choses véritables des abstractions réalisées.

On appelle *localisation des facultés* la recherche de leur siège dans le cerveau : ainsi, le langage est localisé dans la troisième circonvolution gauche frontale. On sait que Gall et les autres phrénologistes multipliaient à l'excès les facultés et prétendaient les localiser empiriquement dans les protubérances du cerveau marquées au dehors par les bosses du crâne.

FALLACIA. Ce mot latin signifie méprise, erreur, tromperie et désigne en logique toute une série de sophismes : sophisme de l'accident, de division, de composition (fallacia accidentis, divisionis, compositionis) (V. *Sophisme*).

FAMILLE. En histoire naturelle, groupe de genres réunis par des caractères communs.

Son autre sens, réunion du père, de la mère et des enfants, est assez connu : M. Paul Janet donne pour fondement à la famille le double besoin de vivre en autrui et de revivre en autrui. Les différents types de la famille sont étudiés par l'ethnologie et par la morale.

FATALISME (*fatum*, destin). Doctrine de ceux qui nient la liberté humaine. Ce mot s'emploie aussi pour désigner l'opinion qui regarde tout ce qui arrive comme l'effet d'une nécessité aveugle.

On distingue quelquefois le fatalisme théologique (Dieu prévoit nos actions, donc elles ne peuvent se produire autrement qu'il les a prévues) ; le fatalisme physique (les lois de la nature sont nécessaires et cette nécessité extérieure, par la naissance, l'hérédité, le régime, les habitudes, etc., nous modèle à son image) ; le fatalisme psychologique ou déterminisme (les motifs nous déterminent aussi fatalement que les poids font pencher la balance). (V. *Déterminisme* et *Destin*).

FAUX. Le faux a été défini *ce qui n'est pas.* C'est l'opposé de *vrai* et le synonyme d'*erreur* (V. ce mot). La fausseté est donc la non-conformité de la pensée avec l'objet. Elle semble impliquer un jugement; cependant on dit aussi *une idée fausse,* bien que l'idée en elle-même ne soit ni une affirmation ni une négation.

FECHNER (Loi de). La loi psycho-physique de Fechner s'énonce ainsi : *les sensations croissent comme les logarithmes des excitations,* c'est-à-dire, quand les excitations croissent en progression géométrique (1, 10, 100, 1000, etc.), les sensations ne croissent qu'en progression arithmétique (0, 1, 2, 3, 4, etc.).

FÉTICHISME. Culte des fétiches, objets naturels divinisés. Suivant certains philosophes, le fétichisme serait la forme primitive de toute religion. Au fond, *culte des idoles* dit exactement la même chose.

FIGURE. Forme extérieure. La figure est une détermination de la quantité. Quand certain personnage de Molière discute gravement s'il faut dire la *figure* ou la *forme* d'un chapeau, il rend ridicule une distinction que les scolastiques regardaient comme importante : la forme n'est pas extérieure à l'objet, c'est l'objet lui-même dans ce qui le caractérise spécialement et non dans sa matière qui peut être commune à beaucoup d'autres. Ainsi, dans la langue d'Aristote, l'âme est la forme du corps : personne ne songerait à dire que l'âme est la figure du corps.

Les *figures* du syllogisme sont les différentes formes que prend cet argument selon la place que le moyen terme occupe dans les prémisses : *première figure,* le moyen est sujet dans la majeure, attribut dans la mineure ; *deuxième figure,* le moyen est attribut dans les deux prémisses ; *troisième figure,* le moyen est sujet dans les deux prémisses ; *quatrième figure,* le moyen est sujet dans la majeure, attribut dans la mineure.

Figures et *modes* signifient au fond, *genres* et *espèces* du syllogisme.

FIN. La fin est le but, ce pour quoi une chose est faite. Ce mot a pour équivalent l'expression cause finale (V. *Cause*). On distingue des fins *prochaines, éloignées, dernières :* ces mots s'expliquent d'eux-mêmes. On oppose la fin aux *moyens* qui sont employés pour l'atteindre.

Kant a distingué la fin ou finalité interne (rapports réciproques des parties au tout) et la fin ou finalité externe (utilité d'un être pour un autre, des animaux domestiques pour l'homme).

La science des fins ou théorie

des causes finales s'appelle aussi téléologie.

L'idée de fin a pour origine la conscience : notre volonté se propose toujours une *fin*.

FINALITÉ. Le *principe de finalité* peut s'énoncer : tout être a une fin. En vertu de la loi des causes efficientes, tout phénomène est contenu dans une série, où l'existence de chaque terme détermine celle du suivant; en vertu de la loi des causes finales, toute série de phénomènes est comprise dans un système, où l'idée du tout détermine l'existence des parties (V. *Cause* et *Fin*).

FINI. Le fini est la réalité limitée ou la perfection relative (V. *Infini*). L'homme est un être *fini*, Dieu un être *infini* dont la *perfection*, dit Spinoza, consiste à posséder une infinité d'attributs infinis.

FOI. La foi, dans le sens philosophique du mot, est la croyance (V. ce mot), c'est-à-dire l'assentiment donné par l'esprit à une chose qui n'est ni logiquement démontrée ni expérimentalement constatée. C'est l'affirmation par le sentiment d'une chose que le raisonnement et l'expérience ne contredisent ni ne vérifient. Dans toute certitude il y a un élément de foi, car toute certitude implique que nous avons foi en nos facultés de connaître et particulièrement en la raison qui les contrôle toutes.

FONCTION. Ce mot désigne proprement l'ensemble des actes accomplis par un appareil organique : fonction de digestion, de sécrétion.

Il est donc distinct du mot *faculté*, qui désigne les pouvoirs, on pourrait presque dire les fonctions de l'âme, et du mot *propriété*, qui se dit des corps et s'emploie surtout en physique et en chimie.

FORCE. L'idée de force ou d'énergie actuelle est empruntée à la conscience : l'âme est une force qui a conscience d'elle-même. Elle se distingue de l'idée de *substance* ou sujet permanent, et de l'idée de *cause* qui se prend dans une acception plus générale : par exemple, une *cause occasionnelle* n'est pas une force.

Quand on dit que la *quantité de force* est constante dans le monde, on veut parler des forces *actuelles* et *potentielles* dont la somme ne varie pas : c'est le principe de la *permanence de la force* ou de la *conservation de l'énergie*.

Les monades de Leibniz sont des *forces simples* ou, comme il dit encore, des *atomes de force*.

La *force*, selon Biran, se révèle à nous dans l'*effort musculaire*.

En mécanique, on dit que les forces se composent selon la loi du *parallélogramme des forces* et on représente leur *intensité* par des lignes plus ou moins longues qui indiquent en même temps leur *direction*.

FORMALISME. Doctrine morale de Kant, d'après laquelle la loi morale nous oblige non par son contenu ou sa matière, c'est-à-dire le bien ou la perfection qu'elle nous commande de réaliser, mais par sa *forme* (V. ce mot), c'est-à-dire par son caractère impératif et obligatoire.

FORME. La forme, par opposition à la *matière*, est ce qui détermine l'être. Les formes *substantielles* des scolastiques (par opposition aux formes *accidentelles*) sont les essences des êtres, objets propres de leurs définitions. C'est dans ce sens que l'âme est la forme (ou l'acte, ou l'entéléchie) du corps vivant parce que, la vie éteinte, le corps n'est plus qu'un cadavre ; il n'est vivant que par son union avec l'âme qui l'*informe*.

Kant emploie le mot forme dans une acception nouvelle : il dit que la loi morale commande *par sa forme* et non *par sa matière*, pour signifier que c'est son caractère impératif qui fait la moralité de nos actions, non la conception d'un bien préalablement connu et qu'elle nous enjoindrait de réaliser. Une action, selon Kant, n'est pas obligatoire parce qu'elle est bonne, elle est bonne parce qu'elle est obligatoire. C'est ce qu'on a nommé un *formalisme moral*.

FORMEL. Formel, comme formalisme, dérive de forme. Cet adjectif a donc tous les sens qui dérivent du substantif.

Exister *formellement*, dans la langue de Descartes, c'est exister actuellement : la réalité formelle se distingue de la réalité *éminente* qui est à la fois actuelle et parfaite, comme la science en Dieu (V. *Éminemment* et *Cause formelle*).

La *logique formelle* est l'étude des formes logiques de la pensée indépendamment de son contenu ou des objets auxquels elle s'applique.

On dit de la morale de Kant qu'elle est purement *formelle* parce que, pour ce philosophe, c'est la forme impérative de la loi morale qui en fonde exclusivement l'obligation (V. *Formalisme* et *Forme*).

FORMES A PRIORI. Kant appelle le *temps* et l'*espace* les *formes à priori* de la sensibilité, c'est-à-dire les conditions purement subjectives de la connaissance en vertu desquelles nous rangeons tous les phénomènes externes dans un ordre de simultanéité qui est l'espace et tous les événements internes dans un ordre de succession qui est le temps (V. *Idéalité*).

FORTUNE. Ce mot est employé quelquefois comme synonyme de hasard.

FUTUR CONTINGENT. Les *futurs contingents* sont les événements qui peuvent arriver ou ne pas arriver.

La liberté humaine implique qu'il y ait contingence des actions futures, car si elles étaient absolument indéterminées, il n'y aurait plus de place, dans ce déterminisme inflexible, pour notre libre initiative.

G

GALL. On nomme *système de Gall* la phrénologie, localisation empirique des facultés et inclinations dans les protubérances cérébrales marquées, croyait-on, par les bosses crâniennes. Les principaux ouvrages de Gall sont du commencement de ce siècle.

GASSENDISME. Épicurisme renouvelé par Gassendi, atomisme ou « philosophie corpusculaire ». Au XVIIe siècle, Gassendi soutint une vive polémique contre Descartes.

GEMMIPARITÉ (*gemma*, bourgeon ; *parere*, enfanter.) Mode de génération par bourgeonnement qui s'observe chez les polypes, sur les cellules des plantes.

Comparez *fissiparité* ou *scissiparité*, génération par segmentation ou fractionnement : chaque partie vit séparément et reproduit le type.

GÉNÉRAL. Les idées générales (les *universaux* des scolastiques) sont des idées qui conviennent à toute une classe d'objets semblables, par exemple le genre, l'espèce. Les scolastiques disaient *qu'il n'y a de science que du général*.

La *généralisation* est l'élaboration qu'elles subissent, ou l'opération de l'esprit qui les forme, et qui est préparée par l'attention et l'abstraction.

On distingue dans les idées générales leur compréhension, c'est-à-dire le plus ou moins grand nombre d'éléments qu'elles renferment, et leur extension, c'est-à-dire le plus ou moins grand nombre d'objets auxquels elles s'appliquent : l'extension est toujours en raison inverse de la compréhension (V. ces deux mots et *Classification*).

GÉNÉRALISATION. Outre le sens précédent (V. *Général*), ce mot s'emploie quelquefois comme synonyme d'induction. On dira : la loi de la gravitation est une généralisation des faits observés. Toute loi est une expérience généralisée.

GÉNÉRIQUE. Francis Galton a

donné le nom d'*images génériques* à des portraits en quelque sorte généraux ou spécifiques qu'il obtient en faisant passer rapidement devant l'objectif de l'appareil photographique des portraits individuels : les traits purement individuels s'effacent et se confondent, les traits communs s'accentuent et l'on obtient ainsi le portrait typique, par exemple, des membres d'une même famille, des hommes d'une même province ou de même profession. Ces images sont aussi appelées *portraits composites*.

GÉNÉTIQUE. Ce qui concerne la production ou génération d'une chose. Les définitions génétiques expliquent l'objet défini par la manière dont il est produit : une sphère est un volume engendré par la révolution d'une demi-circonférence tournant autour de son diamètre.

Les Allemands appellent *méthode génétique* celle qui consiste à employer de préférence le mode d'explication par la *genèse* : genèse des religions. Descartes a dit que les choses sont bien plus aisées à concevoir « lorsqu'on les voit naître peu à peu que lorsqu'on les considère toutes faites ».

GÉNIE. Outre ses acceptions ordinaires de puissance créatrice, don d'invention, surtout dans les beaux-arts, et de caractère propre d'un homme considéré dans ses aptitudes intellectuelles, on emploie ce mot dans l'expression *génie* ou *démon* de Socrate (V. *Démon*).

GENRE. Le genre est l'idée générale obtenue en considérant ce que les différentes espèces ont de commun. C'est le premier des *universaux* de la scolastique : genre, espèce, différence, propre, accident.

Le genre *prochain* est celui qui vient immédiatement après les espèces : animal est un genre prochain par rapport à homme ; être, un genre *éloigné* ; créature serait un genre intermédiaire ou *moyen*. Les logiciens disent qu'il faut définir par le *genre prochain* et la différence spécifique.

Le *genre généralissime* est celui qui a le plus d'extension et comprend tous les autres genres. Le genre généralissime, l'idée la plus générale de toutes, n'est pas encore l'*universel* dans le sens propre et métaphysique de ce dernier mot : les idées de Platon sont dites universelles, elles sont *séparées* des objets, elles ont une existence *en soi* et se distinguent ainsi profondément des idées générales qui peuvent servir d'échelons pour s'élever jusqu'à elles.

Général s'oppose à particulier, universel à individuel.

GNOMIQUE (γνώμη, maxime).

Gnomique signifie sentencieux. La philosophie gnomique est donc une philosophie qui s'enseigne par brèves maximes, qui procède par aphorismes, par exemple celle des sept sages de la Grèce.

GNOSTICISME (γνῶσις, connaissance, science supérieure). Aux Ier et IIe siècles de l'ère chrétienne, on appelle *gnostiques* certains philosophes qui s'inspirent du judaïsme, du christianisme et même du platonisme, et dont le caractère commun est de professer certaines opinions plus ou moins mystérieuses (la gnose), comme l'émanation, la chute, la rédemption, la tradition d'une race sainte chargée de conserver et de propager la révélation.

L'*agnosticisme* est au contraire l'opinion de ceux qui regardent les causes premières comme inconnaissables : c'est une sorte de positivisme ou de scepticisme sur les natures et les causes. La théorie de Spencer sur l'inconnaissable est un *agnosticisme* et l'on désigne quelquefois l'inconnaissable par cet autre mot, l'*incognoscible*.

GRAMMAIRE GÉNÉRALE, COMPARÉE. Étude comparative des langues et théorie de leurs caractères communs. Des essais de grammaire générale se trouvent déjà dans le *Cratyle* de Platon et les *Analytiques* d'Aristote. Cette science est intimement liée à la psychologie et à la logique.

GRANDEUR. Toute quantité a une *grandeur* mesurable, par exemple un nombre, une ligne. Dans un autre sens, le mot grandeur s'oppose à petitesse. La grandeur n'est pas le résultat d'une perception, mais d'une comparaison : toute grandeur est *mesurable*. En soi rien n'est grand ni petit absolument : tout dépend de l'unité de mesure.

Ce mot s'emploie aussi pour désigner les degrés de la perfection ou de l'excellence : Dieu est grand ; un grand homme.

GRAND TERME. Dans un syllogisme, on appelle grand terme celui qui a le plus d'extension, petit terme celui qui en a le moins, et moyen terme celui qui en a plus que le petit, moins que le grand : mortel serait un grand terme et Pierre un petit terme par rapport à homme qui serait le moyen terme.

GYMNOSOPHISTES (γυμνός, nu). Sages ou ascètes indiens qui vivaient nus ou à peu près nus et faisaient profession de renoncement et d'austérité. Calanus, qui se brûla solennellement sur un bûcher en présence d'Alexandre et de son armée, était un adepte des gymnosophistes.

H

HABITUDE (*habitus*, de *habere*, avoir, posséder). L'habitude est une tendance à répéter certains actes, qui s'accroît et se fortifie par leur répétition même.

Il ne faut pas faire de l'habitude l'effet de la seule répétition des actes : elle commence dès le premier acte, autrement le second se produirait dans les mêmes conditions que le premier et l'habitude ne naîtrait jamais. Les scolastiques distinguaient même des habitudes innées, par exemple la connaissance des premiers principes.

Depuis Biran on distingue les habitudes *passives* et les habitudes *actives*, bien que l'habitude suppose toujours quelque activité, et l'on dit qu'elle émousse la passivité et fortifie l'activité : ainsi elle tend à affaiblir la sensibilité, tandis qu'elle tend à accroître l'intelligence et à fortifier la volonté. C'est une « seconde nature » qui se surajoute à la première et quelquefois la modifie tellement qu'elle semble la détruire. Cette seconde nature, nous la voyons naître et se former sous nos yeux : par là nous pénétrons jusqu'à un certain point dans les natures ou les êtres.

Aristote a pu dire que les vertus sont des habitudes, c'est-à-dire des dispositions permanentes qui créent un homme nouveau. On a quelquefois regardé les instincts eux-mêmes comme des *habitudes héréditaires*, c'est-à-dire des habitudes qui ont leur origine, non dans l'individu, mais dans l'espèce, et qui se transmettent par voie d'hérédité.

HALLUCINATION (*hallucinari*, s'abuser, extravaguer). L'hallucination est une image dont l'intensité anormale égare le jugement et fait croire à la présence de l'objet. C'est donc une perception sans objet extérieur, une perception fausse ou à vide.

L'illusion en diffère en ce que l'objet qui la cause est réel et présent, mais transformé ou déformé dans l'image que l'esprit s'en forme. Voir un fantôme dans une profonde obscurité, c'est être halluciné; voir dans un saule ou dans un rayon de lune un homme qui menace ou une fée qui joue, c'est être illusionné.

L'hallucination est fausse de tout point, l'illusion n'est qu'erronée : il y a entre l'hallucination et l'illusion une différence analogue à celle qui existe entre la calomnie et la médisance.

Les hallucinations peuvent porter sur tous les sens isolément ou simultanément : celles de la vue et de l'ouïe sont les plus fréquentes. On a même appelé hallucinations psychiques le *démon* de Socrate, les *voix* de Jeanne d'Arc.

On donne le nom d'*hallucinations hypnagogiques* à celles qui souvent précèdent et amènent le sommeil.

M. Taine appelle la perception extérieure une *hallucination vraie*, c'est-à-dire assez cohérente et assez suivie pour nous faire affirmer que le monde extérieur existe réellement.

HARMONIE PRÉÉTABLIE. Parallélisme préordonné, c'est-à-dire correspondance établie originairement par Dieu entre l'âme et le corps. L'âme et le corps sont comparés à deux horloges réglées à l'origine l'une sur l'autre et continuant à marquer la même heure sans qu'il y ait entre elles la moindre influence réciproque.

Il faut même entendre l'harmonie préétablie dans un sens plus large : l'univers est comparé à un orchestre où chaque musicien joue sa partie sans écouter ses voisins ; mais, comme la partition est écrite d'avance, il en résulte une symphonie parfaite. Ainsi les monades se développent chacune selon sa loi interne et de cette évolution simultanée de tous les êtres résultent les lois du monde et l'harmonie de l'univers.

A certains pythagoriciens qui définissent l'âme *l'harmonie du corps*, Platon objecte qu'elle n'est pas simplement cette harmonie, mais la cause qui l'explique parce qu'elle la produit.

HASARD. L'idée de hasard ou de production fortuite des phénomènes et des êtres s'oppose à l'idée d'ordre et de lois rationnelles. Ce qui arrive par hasard ou fortuitement n'arrive pas sans causes, mais ces causes nous sont cachées et le hasard est un mot dont nous couvrons notre ignorance.

Au fond, le hasard est une interférence de causes : qu'un passant soit tué par une pierre qui tombe, ce n'est pas le hasard qui l'a voulu, car le hasard n'est rien et n'explique rien ; mais deux causes se sont rencontrées, une pierre mal assujettie, un vent violent qui l'a détachée, et l'effet en est résulté.

HÉDONISME (ἡδονή, plaisir) Toute morale qui fait du plaisir le but de la vie est une morale *hédoniste*. L'hédonisme peut être *égoïste*, comme celui d'Aristippe, ou *altruiste* s'il établit que le plaisir d'autrui entre comme partie intégrante dans mon propre plaisir.

L'eudémonisme (V. ce mot) peut être identique à l'hédonisme, mais il peut aussi s'en distinguer profondément, car le bonheur diffère du plaisir et relève de la qualité plus que de la quantité et de l'intensité des plaisirs.

HÉGÉLIANISME. Philosophie de Hégel. Le principe de cette philosophie, qu'on appelle quelquefois un *idéalisme objectif* et un *panlogisme*, consiste à affirmer que non seulement tout ce qui est réel est rationnel, mais que tout ce qui est rationnel est réel. Le monde et l'Idée se développent régulièrement dans la nature et dans l'histoire selon la loi logique de la thèse, de l'antithèse et de la synthèse. Au début de cette évolution universelle, Hégel pose l'identité de l'être et du non-être dans le *devenir*. L'idéalisme objectif de Hégel est donc la philosophie du devenir, un vaste système d'évolution intellectuelle qui a la prétention de reconstruire rationnellement la science et l'histoire. Ce système est fort obscur et il est impossible de le résumer clairement en quelques lignes.

HÉRÉDITÉ. La loi en vertu de laquelle les ascendants transmettent certaines particularités physiques ou morales de leur être à leurs descendants est la loi d'hérédité.

L'hérédité est *directe* quand la ressemblance a lieu avec le père ou la mère, *indirecte* quand elle a lieu avec les collatéraux.

Quand elle saute par-dessus une ou plusieurs générations et affecte les petits-fils ou les arrière-petits-fils, elle prend le nom d'*atavisme*.

Elle est psychologique ou morale quand elle porte sur des dispositions morales ou des habitudes acquises ou bien encore des aptitudes éminentes ou spéciales de l'esprit : il y a eu plusieurs générations de peintres ou de musiciens dans certaines familles.

On appelle *héréditarisme* le système de ceux qui expliquent tout l'homme au physique et au moral par des habitudes héréditaires. Le défaut de cette explication, très vraie dans une certaine mesure, est de ne rien expliquer que relativement et de reculer indéfiniment tous les problèmes sans les résoudre : si les principes rationnels, par exemple, nous viennent comme un héritage, il reste à expliquer comment nos pères les ont acquis et à quelle époque ils ont fait leur apparition dans l'espèce humaine.

HERMÉTIQUE (Ἑρμῆς, Mercure). Philosophie hermétique, livres hermétiques, se disent des doctrines et des livres qui sont attribués à Mercure Trismégiste ou plutôt qui lui sont consacrés et qui contiennent ou paraissent contenir les traditions immuables de l'antique Égypte.

Hermétique se dit par extension de la science des alchimistes, du « grand œuvre » ou transmutation des métaux.

HÉTÉROGÈNE (ἕτερος, autre; γένος, genre). Hétérogène signifie d'une autre nature et s'emploie quand on parle des parties d'un tout. Les parties d'un végétal ou d'un animal sont hétérogènes; celles de l'eau sont homogènes.

Herbert Spencer définit la loi du progrès ou de l'évolution « le passage d'une homogénéité indéfinie, incohérente à une hétérogénéité définie, cohérente ». Dans une peuplade sauvage, tous les hommes remplissent les mêmes fonctions : c'est l'homogénéité; dans une société civilisée, chaque homme a son emploi particulier, ses fonctions spéciales, élevées ou modestes : c'est l'hétérogénéité amenée par le progrès.

Il en est de même pour l'évolution organique particulière de tout être vivant; et plus la diversité des parties s'accentue, plus l'unité du tout se fortifie : le ver de terre peut être coupé en deux sans que les deux tronçons cessent de vivre; le corps humain ne le peut pas, parce qu'il a plus d'unité, ayant une plus grande hétérogénéité.

HÉTÉRONOME. Un être est hétéronome quand il reçoit sa loi du dehors au lieu de la tirer de lui-même. Quand la loi d'un être est l'expression de sa nature même, il est autonome ; notre volonté est autonome, selon Kant, parce que la loi morale ne lui est pas imposée par une volonté étrangère. Il n'y a pas de *bien* extérieur ou supérieur qui la régisse ou s'impose à elle : le bien est le bien justement parce que la loi autonome de la volonté le crée tel par son caractère impératif et obligatoire.

HISTOIRE (Philosophie de l'). La philosophie de l'histoire est la science qui traite de l'enchaînement des faits historiques, des lois générales du développement humain à travers les âges. Son fondateur est Vico, mais Hégel l'a systématisée et agrandie à tel point qu'il peut être appelé son second fondateur.

La théorie de l'évolution corrigeant ce qu'il y avait de trop exclusivement logique et dialectique dans les vues de Hégel, rattachant en outre le développement humain à l'évolution de tous les êtres organisés, a renouvelé la philosophie de l'histoire.

Les historiens proprement dits font quelquefois des professions de scepticisme au sujet de cette science nouvelle : ils soutiennent qu'elle est purement chimérique dès qu'elle affiche la prétention de dépasser la simple généralisation des faits et de les subordonner à des idées préconçues et systématiques.

HISTOLOGISME (ἱστός, tissu). Quelques philosophes ont employé ce mot comme synonyme d'organicisme, opinion de ceux qui prétendent que la vie est le résultat de l'organisation.

HOMÉOMÉRIES (ὁμοιομέρειαι, parties similaires). Dans la philosophie d'Anaxagore, ce mot désigne les principes qui, par la variété infinie de leurs combinaisons, produisent tous les corps. Cette expression de « parties similaires » ne signifie pas que tous ces éléments sont semblables ou de même espèce, mais qu'il faut la réunion d'un certain nombre d'éléments semblables entre eux pour que nous puissions discerner les propriétés des corps. Les homéoméries, par leur extrême petitesse, échappent à nos sens et nous ne percevons que les composés.

HOMOGÈNE (V. *Hétérogène*). Homogénésie signifie génération de l'être vivant par son semblable.

HONNÊTE. Synonyme de bien, conforme à la loi morale. Le livre I*er* des *Offices* de Cicéron traite de l'honnête et comprend l'étude des quatre vertus fondamentales, la sagesse, la justice, la force et la tempérance, qui sont comme les divers aspects de l'honnête. On oppose, en morale, l'honnête à l'*utile*.

HUMANITÉ. Ce mot a plusieurs sens : l'humanité est le genre humain, le « règne humain » caractérisé, selon M. de Quatrefages, par la moralité et la religiosité; l'humanité est une vertu, la bienveillance, l'amour de nos semblables; l'humanité se dit aussi du caractère d'homme, de ce par quoi l'homme diffère de l'animal, notre dignité d'homme qu'il ne faut jamais avilir : c'est dans ce sens que Kant dit qu'il faut toujours considérer l'humanité comme une fin en soi, jamais comme un moyen pour arriver à une autre fin.

Dans la philosophie d'Auguste Comte, la *religion de l'humanité*, religion sans dogme, est le culte des morts et des grands hommes, et l'Humanité s'appelle le *Grand Être*.

HYBRIDE (ὕβρις, insulte). L'hybride est le produit de la fécondation d'une plante ou d'un animal femelle par un mâle appartenant soit à une variété de la même espèce, soit à une variété d'espèce différente mais très voisine. Les hybrides sont presque toujours stériles.

On appelle par analogie conception hybride, système hybride, des doctrines où se trouvent associées, dans un syncrétisme sans critique, les théories les plus opposées. Le mot *sociologie*, créé par Auguste Comte, est d'une forme hybride parce qu'il résulte de l'association d'un mot latin et d'un mot grec.

HYLOBIENS (ὕλη, forêt ; βίος, vie). C'est le nom que les Grecs donnaient à certains philosophes indiens qui vivaient solitaires dans les bois et se livraient à la comtemplation. Ils étaient *végétariens*, c'est-à-dire ne se nourrissaient que de végétaux.

HYLOZOÏSME (ὕλη, matière ; ζωή, vie). Système qui considère la matière comme douée d'activité propre et la vie comme une de ses propriétés. Les stoïciens, qui regardaient le monde comme animé, étaient hylozoïstes.

HYPERESTHÉSIE (ὑπέρ, avec excès ; αἴσθησις, sensation). Exagération ou exaltation de la sensibilité, par exemple dans les névralgies, les névroses, l'hystérie. L'hyperesthésie peut être localisée ou généralisée : *hyperacousie* signifie, par exemple, sensibilité extraordinaire du sens de l'ouïe, qui rend les plus petits sons perceptibles.

On emploie quelquefois les mots *hyperkinésie*, *hyperidéation* dans le sens d'excitation anormale des mouvements et de suractivité intellectuelle qui semble, dans certains cas, donner aux hypnotisés une sorte de seconde vue.

HYPNOSE (ὕπνος, sommeil). L'hypnose est le sommeil hypnotique. L'hypnose peut être obtenue chez les sujets prédisposés par divers moyens, les passes, la fixation d'un objet brillant, un bruit soudain comme celui du tam-tam, une lumière vive comme celle de l'électricité, etc.

HYPNOTISME (ὕπνος, sommeil). Sommeil provoqué ou somnambulisme artificiel accompagné de divers phénomènes d'anesthésie ou d'hyperesthésie, avec ou sans catalepsie.

En général, l'hypnotisme (le mot a été créé par Braid) est un somnambulisme provoqué par des actes *physiques*, alors que le *magnétisme* serait un somnambulisme provoqué dû à l'intervention d'une influence ou d'une volonté individuelles.

Hypnotiser signifie provoquer l'hypnose. Les trois états fondamentaux de l'hypnotisme sont, dans l'ordre suivant, la catalepsie, la léthargie et le somnambulisme provoqué, selon M. Charcot.

HYPOSTASE (ὑπόστασις, *substratum*, sujet). Ce mot signifie proprement sujet ou, comme disaient les scolastiques, suppôt. Les alexandrins distinguaient en Dieu trois hypostases et il est assez difficile de définir nettement le sens qu'ils donnaient à ce mot, car il dit plus qu'attribut et moins que substance : la première est l'Ame ou la Vie (l'âme du monde); la deuxième, l'Intelligence ou la Pensée ; la troisième, l'Un ou le Simple.

HYPOTHÈSE (ὑπόθεσις, supposition). L'hypothèse est une supposition fondée sur les faits et destinée à les expliquer : il en résulte qu'elle doit n'en contredire aucun, rendre compte de l'ensemble et du détail et tout expliquer de la manière la plus simple. Elle offre le grand avantage de diriger les recherches et de coordonner les résultats : la pierre de touche des bonnes hypothèses qui ne sont que des inductions anticipées, c'est de permettre de prévoir et de prédire les faits non encore observés.

Hypothétique signifie souvent douteux et aussi conditionnel.

HYSTÉRIE. Maladie nerveuse ou névrose caractérisée par des sensations anormales, des convulsions, contractions, hyperesthésies, paralysies, troubles intellectuels. Elle prédispose au sommeil hypnotique et aux suggestions mentales : de là sa très grande importance dans l'expérimentation psychologique.

I

I. Lettre qui désigne les propositions particulières affirmatives (V. *A*).

IATROCHIMIE (ἰατρός, médecin). Doctrine médicale qui consiste à expliquer tous les phénomènes de l'organisme, en santé ou en maladie, par des opérations chimiques. Le médecin Sylvius de Le Boe en a été le principal représentant.

IATROMÉCANISME. Doctrine médicale qui explique tous les phénomènes de la vie par les principes de la mécanique. On dit aussi *iatromathématique*. Cette doctrine se rattache au système de Descartes; Boerhaave en est un des représentants les plus célèbres.

IDÉAL. L'idéal n'est pas la fiction ou la chimère : c'est, selon Platon, la réalité même considérée en elle-même et abstraction faite de toutes les imperfections qui la déparent dans les objets que perçoivent nos sens. Ce n'est donc pas non plus l'idée générale, une sorte de règle ou de canon, obtenu par la comparaison des êtres individuels : c'est la cause exemplaire ou l'archétype (V. ce mot) que l'artiste a dans l'esprit, qu'il contemple et qui dirige, comme dit Cicéron, « son art et sa main ».

On voit que, dans ce sens platonicien, l'idéalisme dans l'art est le réalisme par excellence, puisque les objets du monde extérieur ne sont eux-mêmes que des copies et de pâles imitations des vraies réalités du monde appelé idéal, dont le monde phénoménal n'est que le reflet.

IDÉALISME. Ce terme s'applique à toute théorie qui nie le monde extérieur ou déclare que la connaissance que nous en avons est une connaissance indirecte, par l'intermédiaire de nos états de conscience. Il s'oppose à *réalisme*, théorie de la perception externe qui maintient notre connaissance directe des objets extérieurs. La source de l'idéalisme est dans ce fait que nous ne connaissons jamais immédiatement que nos états de conscience et que, si nous les projetons au dehors, ils ne sauraient nous donner qu'un monde extérieur d'apparences ou de phénomènes. L'idéalisme a revêtu les formes suivantes :

IDÉALISME SUBJECTIF. — Sa formule est celle de Berkeley : l'être des choses est d'être perçues. Les *idées représentatives* des objets ne sont pas des objets dans le sens que le vulgaire donne à ce mot : au fond, le sens commun n'affirme pas des substances, mais des apparences extérieures et s'en contente ; il est *immatérialiste*. Berkeley soutient que Dieu produit directement dans nos esprits les idées des choses : l'univers n'est que son langage et il n'a pas besoin de l'intermédiaire d'objets réels pour susciter dans nos âmes toutes les idées qui constituent nos sciences. Berkeley ne nie d'ailleurs ni les apparences ni les sensations ; il se conduit exactement comme si le monde extérieur existait.

C'est surtout le système de Fichte qu'on appelle un idéalisme subjectif parce que le *moi*, selon Fichte, crée le *non moi* en se limitant et en réfléchissant sur cette limitation qu'il produit lui-même.

IDÉALISME CRITIQUE. — Selon Kant, les *choses en soi* nous sont totalement inconnues. Dieu, l'âme, le monde sont des idées de la raison, mais la raison n'a qu'un rôle *régulatif*. Dès qu'elle affirme la réalité de ses idées, elle tombe dans les *antinomies*. Cependant Kant croit pouvoir laisser subsister des *noumènes* que rien n'explique ou ne justifie dans sa théorie et que les *néo-criticistes* répudient, transformant ainsi son idéalisme transcendantal en *idéalisme phénoméniste*.

Kant d'ailleurs s'est défendu d'être idéaliste : « Le principe de tout idéalisme véritable, depuis l'école d'Élée jusqu'à l'évêque Berkeley, est contenu dans cette formule : *La connaissance des sens et de l'expérience n'est rien que pure illusion ; et c'est dans les seules idées de l'entendement pur et de la raison pure que réside la vérité*. Le principe qui régit et détermine complètement mon idéalisme, est celui-ci : *Toute connaissance des choses tirée de l'entendement pur et de la raison pure n'est rien que pure illusion, et c'est dans l'expérience que réside la vérité*. Ma doctrine est directement le contraire de l'idéalisme proprement dit. »

IDÉALISME OBJECTIF OU ABSOLU. — Hégel explique tout par l'évolution ou le devenir de l'*idée* : cette idée qui devient, revêt toutes les formes et explique la nature et l'histoire, est à la fois un néant relatif (le devenir est l'identité de l'être et du néant) et l'absolu, puisque rien n'existe en dehors d'elle.

Il faut remarquer que le père de l'idéalisme, Platon, qui a construit le premier la théorie des idées, maintient une sorte d'existence du monde extérieur, puisque les choses sensibles *participent* aux idées; mais le monde des idées reste pour lui le monde des réalités *en soi* et son idéalisme est le réalisme par excellence dans ce sens qu'il réalise les idées.

IDÉALITÉ. Ce mot s'emploie dans l'expression *idéalité du temps et de l'espace*: selon Kant, le temps et l'espace ne sont pas des réalités hors de nous, mais des formes d'intuition, des représentations pures et toutes subjectives qui rendent possible la connaissance phénoménale (V. *Temps* et *Espace*).

IDÉAT. Ce mot n'est guère employé que par Spinoza : il signifie objet de l'idée, mais c'est surtout son objet interne ou l'idée elle-même, quand on fait abstraction de l'activité d'esprit qui la produit.

IDÉATION. L'usage de ce mot est récent : les physiologistes appellent quelquefois ainsi l'activité du cerveau qui est censée produire la connaissance ou former les idées. C'est la cérébration consciente, par opposition à la cérébration inconsciente.

IDÉE (εἶδος, image). Ce qui est simple ne peut se définir : à ce titre, l'idée échappe à toute définition, puisqu'elle est l'acte simple de l'intelligence qui connaît.

Dans l'acception moderne du mot, l'idée doit être distinguée de l'image : concevoir n'est pas imaginer; on conçoit très nettement un myriagone, on l'imagine fort imparfaitement. Le triangle imaginé est nécessairement grand ou petit, équilatéral, isocèle, etc. : l'idée du triangle est générale et comprend toutes ses espèces. Toutefois il n'y a pas d'*idées pures*, c'est-à-dire sans aucun résidu d'image, sans le moindre élément sensible.

Les idées sont concrètes ou abstraites, particulières ou générales, simples ou composées, claires ou obscures, confuses ou distinctes, vraies ou fausses, contingentes ou nécessaires, adéquates ou inadéquates (V. ces mots).

Dans la philosophie moderne, on appelle *problème de l'origine des idées* celui qui traite, non pas de leur origine chronologique ou de la date de leur apparition dans l'esprit, mais de leur origine psychologique, c'est-à-dire de la source d'où elles dérivent, les sens ou la raison : si on les fait toutes dériver des sens ou de l'expérience, c'est le *sensualisme* ou, plus exactement, *sensationisme*; si l'on admet que certaines idées sont, non pas antérieures à toute expérience, mais indépendantes de l'expérience, c'est l'*innéisme*.

Descartes distinguait trois sortes d'idées : les idées *adventices* qui nous viennent par les sens;

les idées *factices* qui sont élaborées au moyen des premières par les opérations intellectuelles; et les idées *innées* que nous apportons en naissant, dans ce sens que nous les tirons uniquement de nous-mêmes quand nous réfléchissons.

Dans l'histoire de la philosophie, le mot idée a reçu des sens très différents : les idées de Platon sont les réalités suprasensibles, les types éternels des choses : par exemple, le beau *en soi*.

Épicure appelait *idées-images* les images (superficies, pellicules) qui, selon sa théorie, se détachent des objets composés d'atomes et produisent la connaissance en agissant sur l'esprit.

Dans la langue de Leibniz et chez la plupart des Cartésiens, l'idée est définie l'objet immédiat interne de la pensée. Elle n'est pas la forme de la pensée, mais son objet : elle peut donc être antérieure et postérieure aux pensées. On comprend dès lors comment ce qui appartient à l'idée peut être qualifié d'objectif par les Cartésiens, tandis que nous avons pris l'habitude de considérer les idées comme subjectives en tant qu'elles appartiennent à l'esprit et sont distinguées de leurs objets.

On a longtemps appelé *idées représentatives* les objets internes de la connaissance; ce sont des représentations interposées entre les choses et l'esprit de telle sorte qu'on ne peut jamais être sûr qu'elles correspondent exactement à leurs objets.

Kant désigne par le mot *idée* les conceptions de la raison pure, c'est-à-dire Dieu, l'âme, le monde; *idées transcendantales*, noumènes inaccessibles qui, dès qu'on les croit réelles, font tomber la raison dans les antinomies.

Enfin Hégel appelle *Idée* le principe universel de l'évolution et du devenir : ce qui se transforme en toutes choses, devient nature en esprit, en un mot l'absolu, puisque rien n'existe en dehors de l'*idée* à la fois logique et ontologique ou métaphysique.

IDENTIQUE. Locke a donné le nom de *propositions identiques* à celles dont l'attribut n'ajoute rien au sujet parce qu'il est contenu dans le sujet. Elles correspondent donc aux *jugements analytiques* de Kant. Quand on dit : tous les corps sont étendus, on fait une proposition purement identique ou explicative, parce que, selon Locke, l'idée de corps contient, implique l'idée d'étendue.

IDENTITÉ (*idem*, le même). On appelle *identité personnelle* la continuité ou la permanence de la personnalité malgré tous les changements extérieurs ou internes. La conscience et la mémoire attestent que nous sommes, du commencement à la fin de notre vie, une seule et même personne morale.

Le *principe d'identité* s'énonce : *ce qui est est*, ou bien A = A. Le principe de contradiction n'en diffère guère que par la forme négative qu'on lui donne.

On désigne sous le nom de *philosophie de l'identité* le système de Schelling qui déclare que les deux éléments de la pensée, l'élément objectif et l'élément subjectif, sont absolument identiques et unis dans l'*intuition intellectuelle*. Les choses pensées et la pensée, c'est tout un, selon Schelling. Entre l'esprit et la nature, la pensée et son objet, il n'y a pas de différence radicale : tout dérive d'un même principe *identique*. L'absolu est l'identité du réel et de l'idéal.

Déjà Hégel avait affirmé que les formes logiques sont en même temps les lois de la réalité et que le monde de l'esprit et celui des corps sont identiques dans leur essence.

IDÉOLOGIE. Destutt de Tracy a donné ce nom à l'analyse de l'esprit humain.

Les idéologues ou idéologistes se rattachent à Locke, qui faisait dériver toutes nos idées de la sensation et de la réflexion, et à Condillac, qui les faisait sortir de la seule sensation. Les idéologues sont psychologues, logiciens, grammairiens, mais ils proscrivent la métaphysique.

Leur psychologue est Condillac, leur logicien Destutt de Tracy, leur physiologiste Cabanis. Biran fut idéologue au début de sa carrière philosophique.

Idéologue s'est dit quelquefois dans le sens défavorable de rêveur philosophique et politique.

IDIOSYNCRASIE (ἴδιος, propre à ; κρᾶσις, mélange, tempérament). Disposition en vertu de laquelle un individu est affecté d'une manière qui lui est propre ou personnelle par les causes qui agissent sur lui dans l'état de santé ou de maladie. C'est donc le tempérament individuel.

IDOLE (εἴδωλον, image). Bacon appelle idoles les apparences que nous substituons aux réalités et qui sont les principes de toutes nos erreurs.

Il en distingue quatre espèces : *idoles de la race*, ou erreurs qui dérivent de la constitution même de l'esprit humain ; *idoles de la caverne*, ou erreurs qui ont leur origine dans nos préjugés et nos préventions ; *idoles du forum*, qui proviennent du langage ; *idoles du théâtre*, qui résultent de l'esprit de système.

Ces expressions métaphoriques doivent s'entendre ainsi : la caverne (allusion à la caverne de Platon) est une atmosphère de préjugés qui nous cachent la réalité ; le forum est le lieu où les hommes s'assemblent pour se communiquer leurs idées à l'aide du langage ; et les philosophes à système sont assimilés à des auteurs dramatiques : le public applaudit ou siffle la pièce, rarement il la juge.

IGNORANCE. Ignorer, c'est ne pas savoir. L'ignorance n'a donc rien de positif et se distingue ainsi de l'erreur qui est une fausse science. On connaît le mot de Socrate : « Je ne sais qu'une chose, c'est que je ne sais rien », mais c'est là une ignorance savante, c'est la science des limites de notre intelligence.

Les logiciens appellent *ignorance du sujet* un sophisme qui consiste à prouver autre chose que ce qui est en question et qu'on veut prouver.

IGNORATIO ELENCHI. Ignorance du sujet, mauvaise interprétation de la question proposée : c'est proprement répondre à autre chose qu'à ce qui est en question (V. *Sophisme*).

ILLUMINÉ. Les illuminés sont des mystiques qui croient à une révélation intérieure ou à une illumination spéciale de leur intelligence par leur union avec Dieu ou avec des génies qui leur parlent et les instruisent. Swedenborg était un illuminé.

ILLUSION. Perception altérée ou erronée (V. *Hallucination*).

IMAGINATION. L'imagination conserve et reproduit les représentations ou images des choses. Elle diffère ainsi de la mémoire qui conserve et reproduit les idées, mais elle n'en diffère que partiellement et on l'appelle quelquefois *mémoire imaginative*.

Il y a une autre forme de l'imagination qu'on appelle *imagination créatrice* ou *poétique* : celle-ci ne se contente pas de reproduire les images, elle les combine ; elle produit des *fictions* ou crée les *types* dans les œuvres d'art. On ajoute qu'elle représente l'idéal par le réel, l'intelligible par le sensible, l'invisible par le visible.

Une imagination malade crée des hallucinations, c'est-à-dire des fantômes qu'elle croit réels. Une maladie *imaginaire* finit par devenir une maladie réelle.

L'imagination s'appelait encore *fantaisie* et était classée, chez les scolastiques, parmi les *sens intérieurs*.

IMITATION. L'imitation est la répétition ou la reproduction d'actes dont on a été ou dont on est le témoin.

Dans le sens le plus général du mot, l'imitation est une des formes de la répétition universelle et une des lois sociologiques les plus générales.

Les hypnotiseurs appellent *imitation spéculaire* ou en miroir le fait suivant : le sujet imite avec son bras droit le mouvement que fait l'opérateur avec son bras gauche, de sorte qu'il représente l'opérateur réfléchi dans un miroir.

L'*écholalie* ou répétition en écho est une forme de l'imitation.

L'imitation volontaire est la *simulation* quand le sujet a l'intention de tromper, ce qui n'est pas rare; quand elle est involontaire, c'est l'imitation *par influence*, une des formes de la *suggestion*.

IMMANENT (*in*, dans; *manere*, demeurer). L'immanence est l'existence du sujet dans le sujet lui-même. L'existence qui ne se révèle point au dehors par des actes issus d'elle, puis posés comme distincts d'elle-même, est purement immanente. Ainsi le Dieu de Spinoza qui ne produit pas un monde distinct de lui-même, mais constitue le monde par ses propres attributs et par leurs modes, est *immanent au monde*, à la fois nature naturante et nature naturée, cause ou plutôt substance de l'univers seulement en tant qu'il est *cause de lui-même*.

Ce mot s'oppose tantôt à *transitif*, tantôt à *transcendantal* : une cause immanente, c'est, par exemple, notre âme qui agit sur elle-même pour se déterminer dans l'acte volontaire; une cause transitive, c'est également notre âme dans l'effort moteur, et ces deux manières d'être *cause* sont si distinctes que Leibniz, par exemple, accorde à l'âme une activité immanente, mais lui refuse toute causalité transitive.

Quand immanent s'oppose à transcendantal, il prend un sens un peu différent : selon Kant, on fait un usage immanent de la raison lorsqu'on s'en sert uniquement pour coordonner entre elles les données de l'expérience; on en fait, au contraire, un usage transcendantal et illégitime quand on prétend s'élever par elle au-dessus de l'expérience et atteindre l'*être en soi*.

On désigne quelquefois sous le nom de système de l'*immanence* le panthéisme spinoziste qui fait de Dieu la *cause immanente* du monde.

IMMATÉRIALISME. C'est le nom que Berkeley donnait à son idéalisme qui supprime toute existence matérielle et ne laisse subsister que des esprits auxquels Dieu communique directement les idées qu'ils se font de la matière (V. *Idéalisme*).

IMMATÉRIALITÉ. Ce mot s'emploie surtout dans l'expression *immatérialité de l'âme* et signifie spiritualité. Toutefois il ne désigne que les attributs négatifs de la spiritualité, c'est-à-dire l'unité, la simplicité, l'absence de toute étendue locale. Spiritualité dit davantage et désigne l'activité pensante et ses lois innées.

IMMÉDIAT (*in* négatif et *medius*, moyen). La connaissance immédiate ou sans intermédiaire est la connaissance de l'objet en lui-même sans qu'il soit besoin de faire intervenir d'autres objets ou d'autres connaissances.

La connaissance immédiate est donc intuitive ou directe et la connaissance *médiate* discursive ou indirecte.

Le mot *immédiation* s'emploie quelquefois pour caractériser l'union intime de la pensée et de son objet dans certaines connaissances immédiates : immédiation de l'être et du paraître dans le fait primitif de l'effort.

IMMENSITÉ (*in* négatif ; *mensura*, mesure). Ce qui échappe à toute mesure : l'immensité ne peut donc être une étendue, une grandeur, et les métaphysiciens en font un attribut de Dieu agissant sur tous les points de l'espace, « par l'extension de sa puissance, non par l'expansion de sa substance », dit saint Thomas.

IMMORTALITÉ. L'immortalité de l'âme n'est pas seulement la survivance de l'âme à la dissolution du corps, c'est une vie *sans fin* succédant à la vie présente. L'immortalité diffère de l'éternité en ce que celle-ci n'a pas de commencement, tandis que l'âme ou du moins le composé humain a commencé.

Spinoza a dit : « Nous sentons, nous éprouvons que nous sommes éternels », et cette phrase indique qu'immortel et éternel peuvent, dans beaucoup de cas, se ramener à *intemporel, qui existe hors du temps.*

Les preuves les plus célèbres de l'immortalité de l'âme sont celles du *Phédon* de Platon. Spinoza, dans la Ve partie de l'*Éthique*, est le théoricien le plus profond de l'immortalité.

IMMUTABILITÉ (*in* négatif ; *mutare*, changer). Attribut de l'être qui ne change pas, parce qu'il est éternel et parfait et que l'éternité exclut la distinction de l'avant et de l'après, comme la perfection exclut la possibilité de changer en mieux ou en mal.

IMPÉNÉTRABILITÉ. Qualité première des corps, selon Locke, en vertu de laquelle chacun occupe une portion d'espace qu'aucun autre ne peut occuper simultanément.

IMPÉRATIF CATÉGORIQUE. Kant désigne par ces mots la loi morale. C'est un *impératif :* elle commande, ordonne, oblige, sans pourtant contraindre ; il est *catégorique* parce qu'il exclut toute condition ou restriction. Il y a d'autres impératifs qui ne sont que *conditionnels* ou *hypothétiques :* Ne mens pas, *si* tu ne veux pas être humilié. La loi morale n'est pas de ceux-là : Tu ne dois pas mentir ; — telle est la forme catégorique qu'elle donne à ses commandements.

L'art a ses règles, dit Kant, la sagesse a ses maximes : la moralité a sa loi et donne des ordres absolus qui se reconnaissent à ce signe qu'on peut toujours ériger la maxime de l'action morale en loi universelle.

IMPLICITE. Implicite et implicitement signifient en principe ou tacitement : l'idée d'être est implicitement contenue dans tous les verbes attributifs.

IMPOSSIBLE. L'impossible est ce qui enveloppe ou implique une contradiction : c'est l'impossibilité logique ou métaphysique. Est impossible physiquement ce qui est contraire aux lois de la nature, mais comme ces lois ne sont que des faits généralisés, et qu'un fait bien établi ne saurait jamais contredire un autre fait, cette manière de comprendre l'impossibilité est des plus arbitraires.

Un fait nouveau, extraordinaire, invraisemblable même, ne doit pas être légèrement taxé d'impossibilité.

IMPRESSION (*in*, sur; *premere*, presser). L'impression résulte du contact immédiat ou médiat des objets extérieurs sur nos organes et des modifications physiologiques qui en résultent et que les nerfs transmettent au cerveau. L'impression est donc l'antécédent de la sensation et de la perception sans être ni l'une ni l'autre. On pourrait dire qu'elle résulte immédiatement de l'excitation : ce dernier mot est employé pour désigner l'action des corps extérieurs sur le nôtre.

Le mot impression s'emploie par analogie dans un sens différent : impression du sublime ou du beau.

Hume donnait au mot impression un sens qu'il faut remarquer : il divisait toutes les *perceptions* de l'esprit humain en *impressions* et en *idées*. Les impressions ne différaient des idées que par un plus haut degré de force et de vivacité et comprenaient « toutes nos sensations, passions et émotions considérées lorsqu'elles font leur première apparition dans l'âme ».

IMPULSION (*impellere*, pousser). Ce mot s'emploie quelquefois comme synonyme de désir et de passion.

IMPUTABILITÉ. La responsabilité (V. ce mot) implique l'imputabilité : dire que nous sommes responsables de nos actions ou dire que nos actions nous sont imputables, c'est dire une seule et même chose. Nous devons *rendre* *compte* de nos actions : elles sont, selon la force de l'expression, marquées à notre doit ou à notre avoir.

INCLINATION (*inclinare*, faire pencher). Les inclinations ou penchants sont les tendances naturelles qui nous portent vers les objets. Elles ne diffèrent des passions que par un moindre degré de vivacité ou de véhémence et sont toutes susceptibles de se transformer en passions (V. ce mot).

Les inclinations relatives au corps prennent quelquefois le nom d'*appétits*. On distingue des inclinations *personnelles* ou *égoïstes*, *sociales* ou *altruistes*, et *morales* (amour du vrai, du beau, du bien).

INCONNAISSABLE ou INCOGNOSCIBLE. Dans le positivisme et dans la philosophie évolutionniste de Herbert Spencer, l'inconnaissable c'est l'*être en soi*, Dieu, les substances, les causes, l'objet entier de la métaphysique traditionnelle. L'inconnaissable peut être objet de *foi* ou de *croyance*, jamais de science.

INCONSCIENT. Ce mot est équivoque et reçoit deux acceptions fort différentes : il signifie ce qui ne tombe en aucune manière sous la conscience et il signifie une conscience faible ou affaiblie, obscure ou obscurcie : une *moindre conscience*. On dira, par exemple, que l'action réflexe est inconsciente.

Pour Leibniz, l'inventeur des infiniment petits psychologiques, il y a dans l'âme des perceptions, simples modifications internes, et des aperceptions, modifications internes accompagnées de la conscience réflexive ; les premières représentent l'inconscient des philosophes contemporains.

Les « petites perceptions », trop faibles ou trop confuses pour être perçues à part, jouent un grand rôle dans notre vie sensible, intellectuelle et morale : la passion ne connaît pas ses mobiles ; l'intelligence ne perçoit pas tous les intermédiaires par lesquels nous passons d'une idée à une autre idée, d'un jugement à un autre jugement ; la volonté ignore souvent les motifs qui la déterminent et ne les connaît jamais tous.

M. de Hartmann appelle *Inconscient* le principe universel de la nature qui pousse les êtres à réaliser leurs formes et à poursuivre leurs fins. La *Philosophie de l'inconscient* de M. de Hartmann est, au fond, une théorie de la conscience universelle.

INDÉFINI. L'indéfini n'est pas le contraire de l'*infini*, mais du *défini*. Descartes appelle les choses indéfinies plutôt qu'infinies afin de réserver à Dieu seul le nom d'infini. L'indéfini n'est pas *sans* *limites*, mais, quelles que soient les limites qu'on lui assigne, l'esprit peut toujours dépasser la conception qu'il s'en forme actuellement : c'est l'infini en puissance.

INDÉTERMINÉ. Indéterminé signifie privé de tout caractère distinctif qui puisse servir à une définition précise. Spinoza a dit : Toute détermination est une négation ; et, en effet, toute détermination implique limitation (V. *Détermination*).

INDIFFÉRENCE. On appelle *liberté d'indifférence* le pouvoir de se déterminer sans motifs : ce serait, disait Descartes, le plus bas degré de la liberté. Un tel pouvoir est illusoire, car nous ne pouvons jamais affirmer que des motifs inconscients n'agissent pas sur la volonté.

La liberté d'indifférence était symbolisée par l'*âne de Buridan*, qui se laisse mourir de faim entre deux bottes de foin parce qu'il n'a pas de motifs pour choisir l'une plutôt que l'autre.

INDIRECT. Une démonstration indirecte est une démonstration par l'absurde (V. ce mot).

INDISCERNABLE. Leibniz appelle *principe des indiscernables* celui qui se formule ainsi : *Il n'y a pas deux êtres identiques*. Deux gouttes d'eau, deux atomes, deux monades ne sont jamais absolument identiques, et cela en vertu du principe de raison suffisante : on ne trouve aucune raison pour que l'un des indiscernables soit ici, l'autre là, l'un dans un temps, l'autre dans un autre, en un mot, pour qu'ils soient deux.

Chaque monade, dit Leibniz, exprime (représente) l'univers *à son point de vue* et ces points de vue sont nécessairement différents.

INDIVIDU (*in* négatif et *dividere*, diviser). L'individu, malgré l'étymologie du mot, doit s'entendre, non de ce qui est absolument indivisible, mais de ce qui ne peut être divisé sans perdre ses qualités distinctives et le nom qui les représente dans leur unité. Individuel s'oppose à universel : l'individuel est concret, l'universel abstrait.

L'*individualité* chez l'homme se distingue de la *personnalité* : celle-ci implique conscience de soi, liberté morale ; celle-là résulte des circonstances de temps ou de lieu qui s'ajoutent à la personnalité et la déterminent.

Les scolastiques appelaient *individuation* ou *principe d'individuation* le caractère intrinsèque qui fait qu'un individu diffère de tout autre individu : ce caractère, ils l'appelaient encore l'*eccéité*, et, poussant l'analyse jusqu'à la puérilité, ils disaient par exemple que c'est la *pétréité* dans la pierre, *l'animalité* dans les animaux, etc.

Enfin ils distinguaient les conditions *extrinsèques* de l'individualité, circonstances de temps et de lieu, forme et figure, désignation par un nom, etc. Ce sont les *notes* ou caractères *individuants*.

INDUCTION. L'induction est un raisonnement qui va du particulier au général. Par l'induction, l'esprit s'élève de la connaissance des faits à celle des lois qui les régissent.

Aristote a décrit l'induction *formelle* qui conclut d'après l'énumération complète des faits et par conséquent se borne à les résumer sous une forme collective (V. *Épagogique*).

L'induction scientifique ou *baconienne* conclut d'un nombre limité de cas observés à tous les cas semblables en s'appuyant sur le principe sous-entendu, mais constamment supposé, que la *nature a des lois* ou, sous une autre forme, que *les lois de la nature sont stables et uniformes*. C'est le *principe d'induction*, garantie de la science expérimentale.

Stuart Mill a ramené à quatre règles ou canons toute la *méthode inductive* : *concordances, différences, résidus* et *variations concomitantes* (V. ces mots).

C'est, sous une forme plus savante et plus complète, la théorie des trois tables de Bacon, tables de *présence*, d'*absence* et de *variations* : quand deux faits sont tels que la présence de l'un amène toujours celle de l'autre, que l'*absence* de l'un fasse toujours disparaître l'autre, que l'un et l'autre dans les mêmes circonstances *varient* dans les mêmes proportions, ces deux faits sont liés entre eux par une *loi de la nature*, puisqu'une telle loi n'est que la manière invariable et constante dont un phénomène se produit.

On appelle, dans les traités de logique, *sophisme d'induction* le sophisme d'*énumération imparfaite* qui consiste à conclure d'un nombre insuffisant de cas observés à tous les cas semblables.

INERTIE. L'inertie n'est que l'impuissance des corps à se donner le mouvement ou à changer la direction et la vitesse du mouvement reçu. On l'appelle encore *force d'inertie* parce qu'elle semble supposer une résistance à l'impulsion ou au mouvement communiqué, une réaction répondant et résistant à l'action.

IN ESSE, IN POSSE. Ces expressions latines sont quelquefois employées pour désigner l'existence *actuelle* et *potentielle* (V. *In fieri*).

INFÉRENCE. Ce mot est surtout employé par les philosophes anglais : il est à peu près synonyme de raisonnement, mais tandis qu'on *prouve* en donnant des raisons certaines, on peut *inférer* en s'appuyant sur des prémisses *données* ou *posées*, seulement *probables*. Il semble qu'en vertu de l'analogie des termes, c'est au raisonnement par induction que convient le mieux le nom d'inférence.

IN FIERI. Cette expression latine signifie *en devenir*. Elle sert à opposer le devenir à l'être, le mouvement à l'immobilité, le devenir étant le mouvement progressif par lequel les choses se font.

INFINI. L'*infini* des métaphysiciens n'est pas l'infini relatif des mathématiciens. C'est un des noms de la perfection ou de l'absolu, mais il en diffère en ce qu'il est d'un ordre déterminé : l'étendue infinie, l'intelligence infinie. Spinoza indique bien la portée de cette distinction en disant que Dieu, c'est-à-dire l'être parfait, la substance unique, possède une *infinité d'attributs infinis*.

Malgré la forme négative du mot *infini*, les métaphysiciens déclarent qu'il a un sens éminemment positif et que le fini ne se comprend que par l'idée d'infini, n'offrant ainsi qu'un sens purement négatif ou privatif.

L'infini des mathématiciens est ce qui est plus grand que toute quantité assignable : c'est l'*indéfini* des métaphysiciens, le pouvoir qu'a l'esprit de dépasser sans cesse sa conception actuelle.

Pouvons-nous réellement penser l'infini? Un infini actuellement réalisé est-il possible? Ce sont là des controverses métaphysiques qu'il y aurait quelque outrecuidance à résoudre par une simple définition ou affirmation.

Le *calcul infinitésimal* est le calcul des quantités infiniment petites et comprend le calcul différentiel et le calcul intégral.

INFLUX PHYSIQUE. Opinion qui attribue à l'âme une influence directe et efficace sur le corps, contrairement au système des causes occasionnelles et de l'harmonie préétablie.

INFORMER. Informer, dans la langue scolastique, signifie donner la forme, faire passer de la puissance à l'acte : l'âme informe le corps, c'est-à-dire l'anime, le rend vivant et peut-être le forme et le construit.

INHÉRENCE. L'inhérence est le rapport des propriétés avec la chose en tant que celle-ci en est le support et, comme on dit, le *sujet d'inhérence* : la substance est le sujet d'inhérence des attributs et des modes qui la manifestent.

INHIBITION (*inhibere*, retenir). Action d'arrêter ou de suspendre un mouvement. Les centres cérébraux d'*inhibition* sont ceux qui agissent quand nous arrêtons un mouvement ou une impulsion, par exemple dans l'attention. Ils servent à enrayer ou à restreindre ; c'est par eux que nous aurions le pouvoir d'arrêter une hallucination commençante et d'exercer un contrôle sur nos idées et nos actes.

INNÉES (Idées) (*innatæ*, nées avec nous). Les idées innées sont celles qui n'ont d'autre origine que la réflexion sur nous-mêmes. Il ne faut pas s'imaginer que nous les apportons toutes faites en naissant, comme on l'a fait dire à Descartes, ni que nous ayons simplement la faculté nue de les produire, ce qui n'aurait guère de sens : elles naissent de notre propre fonds et, dans ce sens, existent virtuellement avant que la réflexion s'y arrête actuellement. Voilà pourquoi Leibniz a pu dire que l'arithmétique et la géométrie sont *innées* en nous (V. *Idée*).

On désigne quelquefois par ce mot de simples tendances ou dispositions natives qui peuvent venir de l'hérédité et l'on dit également, dans un sens large, que les instincts sont innés.

INSTINCT (ἐν, dedans ; στίζειν, stimuler, piquer). L'instinct est une stimulation intérieure qui porte l'animal à des actes nécessaires à sa conservation ou à celle de l'espèce. Il diffère de l'intelligence en ce qu'il est aveugle, n'impliquant pas la *réflexion*, et de l'habitude en ce qu'il est inné tandis qu'elle est *acquise*.

Beaucoup d'instincts peuvent n'être que des *habitudes héréditaires*.

On lui donne généralement pour caractères l'ignorance du but, la perfection immédiate, l'infaillibilité, la spécialité, l'uniformité et l'absence de progrès, mais ces caractères sont loin d'être absolus et inflexibles : par exemple, certains instincts se perfectionnent, soit dans l'individu, soit dans l'espèce, sans pouvoir toutefois rivaliser avec notre intelligence « faite pour l'infinité » ; de même l'instinct a beau être spécial et uniforme, c'est-à-dire ne provoquer que des actes spéciaux et toujours les mêmes, l'animal fait preuve d'une certaine souplesse et d'une certaine initiative en adaptant sa conduite aux circonstances, et l'on sait que presque tous les animaux sont éducables.

Les expressions nombreuses où entre le mot instinct (de conservation, d'imitation) s'expliquent d'elles-mêmes.

INSTRUMENT. Moyen d'action. On appelle quelquefois *cause instrumentale*, non pas une véritable cause, mais une condition indispensable pour agir, la plume pour l'écrivain, le pinceau pour le peintre. La main, a-t-on dit, est l'organe des organes ou l'instrument des instruments.

INTÉGRATION. Action qui compose et constitue le tout. Le progrès, dit Spencer, est une *intégration* continue (V. *Évolution*).

INTELLECT. Ce mot s'emploie comme synonyme d'intelligence. On dit quelquefois l'*intellect* passif, l'*intellect* actif : ces expressions, qui viennent d'Aristote, désignent la connaissance sensible, reçue passivement par le moyen des sens, par la *réceptivité*, et la connaissance organisée par le moyen des principes de la raison qui lui donne la forme scientifique ou philosophique.

INTELLECTUALISME. Un système est dit intellectualiste quand il affirme la prédominance et la prééminence du penser sur le sentir et le vouloir. Ainsi le système de Hégel qui fait tout sortir de l'idée est un intellectualisme ou, mieux encore, un panlogisme.

Par opposition, on désigne quelquefois par les mots éthélisme, moralisme, les systèmes qui donnent la prééminence à la volonté et qui cherchent le dernier mot de l'explication de l'univers, non dans la pensée, mais dans la moralité. Cependant c'est surtout le mot sensualisme qui s'oppose à intellectualisme.

INTELLIGENCE (*intelligere*, comprendre). L'intelligence est la faculté de connaître. Connaître, c'est former des idées, porter des jugements, faire des raisonnements.

A ceux qui soutiennent que rien n'est dans l'intelligence qui n'ait été d'abord dans les sens, Leibniz répondait : excepté l'intelligence elle-même, c'est-à-dire les idées innées et les principes rationnels.

On rapporte généralement à l'intelligence les facultés d'*acquisition*, de *conservation* et d'*élaboration* des idées : les premières sont la *perception externe* ou les sens, la *perception interne* ou la conscience, et la *raison*, faculté des principes ; les deuxièmes sont la *mémoire* avec sa loi essentielle, l'*association des idées* et l'*imagination* sous ses deux formes, reproductrice et créatrice ; enfin l'élaboration des idées se fait par les *opérations intellectuelles*, l'*attention*, l'*abstraction*, la *généralisation*, le *jugement* et le *raisonnement* (V. ces mots).

INTELLIGIBILITÉ. On nomme *principe d'universelle intelligibilité* l'affirmation rationnelle que tout ce qui existe peut être ramené aux lois de l'intelligence, être compris, sinon par notre intelligence humaine, du moins par une intelligence supérieure et infinie.

INTELLIGIBLE. L'*intelligible* se

distingue du *sensible :* le monde intelligible est le monde des idées.

Le principe d'universelle *intelligibilité* se confond avec celui que Leibniz nommait principe de raison suffisante (*rien n'existe qui n'ait sa raison suffisante d'exister*) et qu'on peut formuler ainsi : *tout ce qui est réel est rationnel*, c'est-à-dire peut être ramené aux lois de notre raison ou du moins d'une raison capable de tout embrasser.

INTENSITÉ. On nomme intensité le degré ou la quantité de la force ou de l'action. Grandeur *intensive* signifie grandeur dans l'ordre de la qualité. Grandeur *extensive* se dit au contraire de la grandeur dans l'ordre de la quantité : la grandeur d'une ligne est extensive, celle d'une sensation est intensive.

INTENTION. L'intention morale est le but poursuivi par l'agent moral, la fin qu'il a en vue et qui dirige son action. C'est l'intention morale et non le résultat de l'acte qui fait, selon Kant, la valeur morale de nos actions : il faut obéir à la loi par *respect pour la loi* et non pour un motif intéressé, par exemple la crainte ou l'intérêt.

Les scolastiques employaient le mot intention dans un sens très particulier : ils appelaient *intention première* l'idée directe et objective, par exemple celle de substance, d'homme, d'arbre, et *intention seconde* l'idée abstraite et générale, par exemple celle de genre et d'espèce, et ils disaient que la métaphysique a pour objet les intentions premières, et la logique les intentions secondes, qu'ils nommaient encore êtres de raison.

INTÉRÊT. L'intérêt est un des motifs de nos actions et consiste dans le bonheur individuel regardé comme le but à atteindre. L'intérêt général est le bonheur de tous.

La morale de l'intérêt consiste à poser l'intérêt particulier ou l'intérêt général comme règle de toutes nos actions. Elle diffère de la morale du plaisir en ce qu'elle recommande la poursuite d'un plaisir calculé : dans ce calcul on tient compte de l'intensité, de la pureté, de la certitude des plaisirs et c'est l'objet, selon Bentham, d'une véritable arithmétique des plaisirs.

La morale de l'intérêt semble impuissante à expliquer le fait de l'obligation morale. Quand elle tient compte de la qualité ou de la dignité des plaisirs, comme chez Stuart Mill, elle se transforme en un utilitarisme d'ordre très élevé qui la rapproche de la morale du devoir au point de les confondre et de donner exactement les mêmes règles de conduite.

INTERNE. Interne est synonyme d'intérieur : les faits internes ou intérieurs sont les phénomènes de conscience.

On appelle quelquefois les sens *perception externe*, et la conscience *perception interne*.

L'expression *sens interne* désigne également la conscience.

INTRINSÈQUE. Est qualifié d'*intrinsèque* ce qui fait partie de la nature même d'une chose et d'*extrinsèque* ce qui s'y ajoute comme du dehors et peut en être séparé, du moins par la pensée (V. *Extrinsèque*).

INTROSPECTION. Observation par la conscience. Ce mot s'emploie souvent en mauvaise part : *introspectionnistes*, psychologues exclusifs qui n'admettraient que l'observation par la conscience et rejetteraient tout autre moyen d'information (V. *Psychologie*).

INTUITION (*intueri*, regarder). L'intuition est la connaissance immédiate ou par simple vue. Chez Platon, ce mot désigne la connaissance directe des idées. Connaissance *par intuition* et connaissance *à priori* sont donc à peu près synonymes. La connaissance intuitive se distingue de la connaissance *discursive* ou obtenue par un raisonnement.

Chez Kant, l'intuition désigne la perception : je vois un arbre, une étoile, ce sont des intuitions. Mais Kant distingue de ces *intuitions empiriques* les *intuitions pures* du temps et de l'espace.

Toutefois il nie expressément l'existence d'une intuition intellectuelle qui saisirait, comme dit Schelling, l'idéal et le réel dans leur identité fondamentale. La raison, selon Kant, n'a qu'une fonction *régulative* et ne saurait nous donner l'intuition d'objets suprasensibles, transcendantaux : la connaissance des *noumènes* nous est interdite et ils ne peuvent être qu'objets de foi ou de croyance.

INTUSSUSCEPTION (*intus*, au dedans ; *suscipere*, prendre). Les animaux s'accroissent par *intussusception*, c'est-à-dire en s'assimilant les aliments ingérés ; les minéraux, par simple *juxtaposition*.

INVENTION (*invenire*, trouver). Invention signifie découverte ou création selon que l'on parle de l'invention scientifique ou artistique. L'invention s'oppose à l'imitation.

IONIENNE (École). L'école ionienne ou d'Ionie a pour caractère général de faire sortir toutes choses d'un principe physique en apparence, mais au fond suprasensible qui se transforme et produit tous les phénomènes : c'est l'eau, pour Thalès ; l'air, pour Anaximène; pour Héraclite, le feu. Mais l'eau, l'air, le feu, en tant que principes, ne sont pas l'eau que nous buvons, l'air que nous respirons, le feu qui brûle dans nos foyers : il vaudrait mieux traduire ces mots par principe aqueux, éthéré, igné.

IRASCIBLE (*irasci*, s'irriter). Les scolastiques et Bossuet, leur disciple, distinguent l'appétit *concupiscible* et l'appétit *irascible* : au premier ils rapportent les passions « qui ne présupposent dans les objets que la présence ou l'absence » : ce sont l'amour et la haine, le désir et l'aversion, la joie et la tristesse ; au second, les passions « qui ajoutent la difficulté à l'absence ou à la présence » : ce sont l'audace et la crainte, l'espérance et le désespoir, la colère (V. *Passion*).

IRONIE (εἰρωνεία, interrogation et ironie). L'*ironie socratique* est une méthode de réfutation employée par Socrate contre les sophistes et qui consistait à feindre l'ignorance, à interroger et à déduire avec habileté des principes posés ou consentis par l'adversaire des conséquences absurdes ou contradictoires qui se retournaient contre les principes pour les détruire.

L'ironie était la partie réfutative ou négative de la méthode socratique; la partie dogmatique et constructive s'appelait la *maïeutique* (V. ce mot).

ITALIQUE (École). On appelle quelquefois *école italique* l'école pythagoricienne, parce qu'elle eut son siège à Crotone, dans cette partie de l'Italie qu'on nommait la Grande-Grèce.

J

JUGEMENT. Juger, c'est affirmer une chose d'une autre. Le jugement exprimé devient la proposition.

Les trois termes constitutifs de la proposition et par conséquent du jugement sont : le sujet (idée de substance), le verbe (affirmation), et l'attribut (idée de qualité).

Le jugement est essentiellement un acte intellectuel, mais la volonté y intervient pour fixer l'attention sur les idées dont il se compose : il dépend souvent de nous de *suspendre notre jugement* et c'est, selon Descartes, tout l'art d'éviter l'erreur.

Il faut remarquer que le mot jugement se dit à la fois de l'opération de l'esprit qui juge et du résultat de cette opération.

La division la plus complète des jugements a été proposée par Kant et répond exactement au tableau des catégories (V. ce mot). Kant classe les jugements au quadruple point de vue de la *quantité* (ou de l'extension du sujet), de la *qualité* (ou de la compréhension du sujet), de la *relation* (ou du rapport mutuel des idées unies), et de la *modalité* (ou du rapport du jugement avec la faculté de connaître).

I. Quantité.	II. Qualité.
Généraux.	Affirmatifs.
Particuliers.	Négatifs.
Singuliers.	Indéfinis (ou indéterminés).

III. Relation.	IV. Modalité.
Catégoriques.	Problématiques.
Hypothétiques.	Assertoriques.
Disjonctifs.	Apodictiques.

On trouvera à leur ordre alphabétique ceux de ces mots qui nécessitent une explication.

Une distinction importante qui date de Kant est celle des jugements *analytiques* (dont l'attribut est inclus dans le sujet, en fait partie essentielle) et des jugements *synthétiques* (dans lesquels l'attribut est surajouté au sujet dont il ne fait pas partie essentielle).

JUSTICE. Rendre à chacun ce qui lui est dû, c'est la définition ordinaire de la justice. La formule des *devoirs de justice* est : Ne fais pas aux autres ce que tu ne voudrais pas qu'on te fît à toi-même. Du droit naturel naissent les devoirs de justice; du droit écrit naît l'*équité*, qui est en quelque sorte une justice conventionnelle.

Aristote a distingué une justice *distributive*, qui consiste dans l'égalité proportionnelle (par exemple, la distribution proportionnelle de mérite, des honneurs, du travail, des richesses, etc.), et une justice *commutative*, dont la règle est l'égalité pure et simple (par exemple, les échanges, les achats où l'on ne tient aucunement compte de la qualité des personnes, mais seulement de la valeur des choses achetées ou échangées).

On oppose souvent les devoirs de justice, comme exigibles, aux *devoirs de charité*, qui ne sont pas exigibles et demeurent même indéterminés : je dois rendre un dépôt que j'ai reçu et celui qui me l'a confié a le droit d'exiger la restitution exacte du dépôt; je dois faire l'aumône, mais nul n'a le droit de l'exiger à son profit et la mesure même de ma charité reste à mes yeux indéterminée.

Dans la langue platonicienne, le mot justice ne désignait pas seulement une vertu sociale, mais aussi une vertu individuelle : l'accord des trois parties de l'âme ou leur harmonie. Ces trois parties sont la raison (qui a pour vertu la science), le cœur (qui a pour vertu le courage) et l'appétit (qui a pour vertu la tempérance). De là une division parallèle de l'État en philosophes, guerriers et artisans : la justice règne dans l'État quand ces trois classes d'hommes remplissent leurs fonctions et vivent en harmonie.

Leibniz a défini la justice la charité du sage, c'est-à-dire l'amour d'autrui réglé par la connaissance exacte de ce que nous devons à nos semblables.

K

KABBALE. On donne ce nom à une doctrine théologique dans sa forme et métaphysique au fond, qui a pris naissance chez les Juifs deux cents ans avant l'ère chrétienne, s'est transmise par tradition et circulait encore secrètement parmi eux vers la fin du xve siècle, époque où elle commença à préoccuper l'érudition chrétienne : telle est la définition qu'en donne Adolphe Franck.

Ce qui paraît faire le fond de la philosophie *kabbalistique*, c'est une sorte de panthéisme idéaliste qui n'exclut pas la croyance à la liberté humaine, mais l'admet comme un mystère qu'il s'agit de concilier avec la destinée inévitable des âmes : cette conciliation s'opère par la théorie de la métempsycose, suite d'épreuves qui ramènent l'âme à sa destinée première.

Les allures mystérieuses de cette philosophie, que d'aucuns rattachaient à une tradition divine aussi ancienne que le genre humain, sont presque tout le secret de son succès au xvie siècle.

KANTISME. Philosophie de Kant (V. *Criticisme*).

L'influence de Kant, ou, pour mieux dire, la révolution kantienne est comparable à la révolution socratique et à la révolution cartésienne. La révolution socratique avait été préparée par les sophistes qui, d'une part, avaient ruiné les spéculations des philosophes antérieurs par leur scepticisme, d'autre part, avaient ramené la philosophie à l'étude de l'homme et de la société. C'est, de même, le scepticisme de Hume qui contraignit Kant à critiquer et à répudier le dogmatisme de Leibniz et de Wolf : il voulut faire au scepticisme sa part légitime et la fit très large puisqu'il lui sacrifia toute recherche transcendante. Comme Socrate, il fut ainsi amené à subordonner la spéculation à la morale.

Descartes avait comme annoncé et préparé la révolution accomplie par Kant : le kantisme, en effet, est avant tout une critique, c'est-à-dire un retour de l'esprit sur lui-même pour se juger et mesurer la portée exacte de ses facultés ; or

Descartes avait ramené l'esprit à l'étude de lui-même, d'une part, en formulant son principe *je pense donc je suis*, d'autre part, en demandant à l'examen attentif du sujet pensant cette idée de perfection qui lui sert pour s'élever jusqu'à Dieu. Lui aussi avait rencontré au début de ses spéculations le doute et le scepticisme, mais il l'avait déclaré provisoire, *hyperbolique*, insoutenable, tandis que Kant fut amené, en matière métaphysique, à supprimer la science pour édifier la foi.

Le caractère propre du kantisme est donc bien marqué par ce divorce radical entre la raison spéculative et la raison pratique que Descartes unissait au contraire étroitement : c'est ce qui fait l'originalité et aussi la faiblesse du kantisme. Les épopées métaphysiques qui suivirent (Fichte, Schelling, Hégel) furent une éclatante protestation contre cette mutilation de la raison humaine. Le scepticisme spéculatif se concilie mal avec le dogmatisme moral et s'il n'y a pas dans l'œuvre de Kant la « sublime contradiction » qu'on a prétendu y reconnaître, il est vrai toutefois, que la raison, divisée contre elle-même, perdrait toute autorité, qu'on essayerait en vain de la sauver par une sorte de coup d'État dialectique qui restaurerait la spéculation au moyen de la morale, et que les conséquences les moins contestables du kantisme pourraient bien être le scepticisme et le pessimisme.

L

LANGAGE. Le langage est un système de signes naturels et surtout artificiels dont les hommes se servent pour communiquer leurs pensées (V. *Signes*). Il y a un *langage naturel* constitué par les signes naturels de la mimique et de la physiognomie, et un langage dit *artificiel* ou *conventionnel* qui se compose de sons articulés et significatifs, c'est-à-dire de mots.

La *philosophie du langage* se pose les questions suivantes : L'homme a-t-il possédé de tout temps la faculté de parler? D'où lui vient-elle? S'il a naturellement cette faculté, est-ce par sa propre initiative ou sous une impulsion venant du dehors qu'il en a tiré parti et qu'il a développé le langage?

Les solutions sont très variables : les uns prétendent que le langage est une *invention* ou *convention;* d'autres qu'il est une *révélation* divine; d'autres qu'il est un *instinct* et que nous possédons naturellement une sorte de faculté expressive et interprétative.

Une chose semble hors de doute : c'est que le langage est aussi naturel à l'homme que la pensée et qu'il pense sa parole avant de parler sa pensée. S'il ne l'a pas *inventé* dans le sens trop artificiel qu'on donne à ce mot, il l'a développé et perfectionné : le mot primitif n'est peut-être qu'une simple interjection ou bien un pronom démonstratif traduisant l'acte de montrer.

Les *rapports du langage avec la pensée* consistent dans ce triple service qu'il lui rend de l'éclaircir, de la fixer et de la simplifier, car les langues sont des instruments d'analyse et d'abstraction.

LATENT (*latere*, se cacher). Ce mot s'emploie quelquefois comme synonyme d'obscur et d'inconscient.

LEMME. Spinoza est presque le seul des philosophes qui emploie cette expression empruntée à la langue des mathématiques : elle signifie *remarque*, proposition préliminaire ou accessoire et explicative.

LÉTHARGIE (λήθη, oubli, et ἀργός, inactif). Il ne faut pas confondre la *léthargie* avec la *mort apparente* ni avec le *sommeil somnambulique*.

C'est, dit M. Charles Richet, un état spécial des centres nerveux, caractérisé essentiellement par l'excitabilité exagérée des nerfs moteurs et des muscles, telle que le contact léger d'un corps avec un nerf moteur ou d'un muscle provoque la contraction de ce muscle. État cataleptique, état léthargique, état de somnambulisme provoqué, voilà, selon M. Charcot, les trois périodes successives fondamentales de l'hypnotisme.

LIBERTÉ. La *liberté morale* consiste dans le pouvoir de choisir entre deux actes. C'est une donnée primitive de la conscience et les preuves qu'on propose de la liberté sont plutôt des réfutations du fatalisme que de véritables preuves.

Liberté physique ou absence de contrainte, *liberté civile* et *politique*, *liberté de conscience*, toutes ces libertés impliquent la liberté morale, l'initiative personnelle empêchée ou favorisée par les circonstances extérieures, mais toujours une et identique dans le *for intérieur*.

Les systèmes qui nient la liberté sont appelés *déterminisme* et *fatalisme*.

Le *libre arbitre* est essentiellement la liberté de choix, la liberté intérieure (V. *Arbitre*).

La théorie de la *liberté de Dieu* est une des plus subtiles de l'histoire de la philosophie : pour les uns (saint Thomas, Leibniz), Dieu est soumis, non pas au destin, mais aux lois nécessaires et absolues qui sont sa raison comme elles constituent la nôtre ; pour les autres (Duns Scot, Descartes), Dieu est libre même vis-à-vis des vérités dites nécessaires, elles sont sa création, son œuvre, et il les promulgue comme un roi promulgue des lois en son royaume. On veut éviter par cette solution de rendre Dieu dépendant et nécessité ; mais ces discussions sont peut-être fondées sur une distinction artificielle des attributs divins.

Elles viennent aussi de ce que l'homme est toujours porté à confondre la liberté avec le *caprice*, l'*arbitraire*, qui sont ses contraires : liberté et raison doivent être considérées comme identiques dans leur fond et, dès lors, l'opposition du *thomisme* et du *scotisme* disparaît ou s'atténue.

L'idée de liberté semble corrélative de l'idée de *responsabilité* : pour la plupart des philosophes, c'est la liberté qui fonde la responsabilité ; pour Kant, elle en résulte et n'est qu'un *postulat* de la loi morale.

Il dit encore que l'homme est libre dans le monde des *noumènes* où il se donne à lui-même son caractère, d'où dérivent ses actes, et nécessité dans le monde des *phénomènes*, dans sa *personnalité empirique* : c'est ce qu'on nomme quelquefois *liberté nouménale*.

LIEU. Espace déterminé. Limite immobile et première du contenant, selon Aristote ; mesure extérieure des choses, selon saint Thomas.

Quelquefois, par analogie avec la langue des mathématiciens, on a employé ce mot dans un sens très particulier ; on a dit, par exemple, que Dieu est le *lieu des âmes*, pour exprimer cette idée panthéistique que toutes les âmes existent en Dieu.

LIEUX COMMUNS (V. *Topiques*).

LOCAL (Signe). Lotze et Wundt appellent *signe local* l'impression distincte que nous rapportons à la périphérie dans la sensation, la marque distinctive du point affecté. Chaque point de la superficie du corps, chaque point même de la rétine est affecté de son signe local au moyen duquel nous le reconnaissons quand une nouvelle impression s'y produit.

La théorie des *signes locaux* a pour but d'expliquer comment des sensations, en elles-mêmes inétendues, nous donnent la perception de l'étendue; en d'autres termes, comment l'intensif se transforme en extensif.

Cette théorie de la localisation spatiale n'est pas sans difficulté ; il semble que l'*espace* doive être donné préalablement pour que le signe soit *local* ; on explique bien ainsi comment l'esprit *reconstruit* l'espace et singulièrement l'étendue circonscrite et délimitée du corps propre, mais ce n'est pas, semble-t-il, une *construction* originale et de toutes pièces. Comment une succession ou même une simultanéité de sensations nous révèle-t-elle, non pas une simple simultanéité, mais une juxtaposition d'impressions ?

LOCALISATION. Acte par lequel nous projetons et nous situons au dehors, soit dans le corps propre, soit dans l'étendue environnante, nos états internes et plus spécialement nos sensations. Cette localisation ne se fait pas toujours sans erreur : les amputés croient souffrir encore des membres qu'ils n'ont plus. Pour localiser avec quelque précision, on a recours au *toucher explorateur*, c'est-à-dire qu'en promenant l'organe du toucher dans les régions circonvoisines on cherche, par tâtonnements, l'endroit précis où le contact produit une impression qui modifie celle qu'il s'agit de localiser. Les localisations dans l'espace sont encore plus sujettes à l'erreur : nous nous trompons souvent en localisant nos sensations visuelles ou auditives, car cette localisation se fait par une sorte de raisonnement tacite ou d'induction inconsciente.

On appelle *localisations cérébrales* l'attribution à telle ou telle région du cerveau des fonctions psycho-physiologiques qui correspondent aux sensations, aux pensées, aux volitions.

Le système de Gall ou *phrénologie* est une tentative prématurée et arbitraire de localisations cérébrales ; le seul exemple qu'on puisse donner avec certitude est celui de la faculté du langage localisée dans la troisième circonvolution gauche frontale.

LOGIQUE. Kant définit la logique : la science des lois de la pensée et de l'usage légitime de l'entendement. Port-Royal nous fournit cette définition : La logique est l'art de bien conduire sa raison dans la connaissance des choses, tant pour s'en instruire soi-même que pour en instruire les autres.

La logique est donc tout à la fois une science et un art, l'art de penser et la science des lois rigoureuses de la pensée. On la divise en logique *formelle, pure* ou *théorique* (c'est la science proprement dite) et en logique *appliquée* ou *pratique* (c'est plutôt l'art). La première étudie les formes de la pensée dans ce qu'elles offrent de général et de commun ; la seconde étudie la forme de chaque science en particulier et devient ainsi la *méthodologie* ou science des méthodes.

LOI. On appelle *loi* le rapport constant et invariable qui unit deux phénomènes. La loi n'est pas la cause, mais la manière constante et invariable dont la cause agit.

Il ne faut pas confondre les *lois de la nature* avec la loi *naturelle* : cette dernière expression désigne la loi morale qui nous ordonne de faire le bien et d'éviter le mal ; les lois de la nature sont les généralisations de faits que l'on obtient par la méthode inductive.

On oppose quelquefois la loi morale et les lois *écrites* ou *positives,* c'est-à-dire celles qui sont l'œuvre des législateurs et se trouvent inscrites dans nos codes.

Les lois, a dit Montesquieu, sont les rapports nécessaires qui dérivent de la nature des choses : cette définition s'applique parfaitement à toutes les espèces de lois, car les lois physiques ne sont sans doute contingentes que relativement.

LUTTE POUR LA VIE. La lutte pour la vie ou concurrence vitale, loi établie par Darwin, consiste en ce que tous les êtres de la nature, sans en excepter l'homme, vivent aux dépens les uns des autres et se disputent la nourriture, leur place au soleil, tout ce qui peut accroître l'être et le bien-être. Les mieux doués survivent seuls et se reproduisent : de là l'évolution et le progrès des espèces qui s'opère par une *sélection naturelle* analogue à la *sélection artificielle* pratiquée par l'homme avec intention dans l'élevage des animaux domestiques.

M

MACROCOSME (μακρός grand ; κόσμος, monde). L'univers, le grand monde, par opposition à l'homme qui est un petit monde, un *microcosme*, parce qu'il résume en lui toute la nature et en contient comme un abrégé.

MAGNANIMITÉ. Une des quatre vertus fondamentales des anciens (synonyme de force et grandeur d'âme). Cicéron la définit, d'après les stoïciens, la vertu luttant pour l'équité.

MAGNÉTISME (μάγνης, aimant). L'idée qui prédomina d'abord dans le mot magnétisme semble avoir été celle d'*action à distance* : les astres ont sur nous, disait-on, une influence *magnétique*.

L'expression *magnétisme animal* n'est pas nettement distincte des autres expressions qu'on emploie pour désigner les phénomènes de l'hypnotisme (mesmérisme, braidisme, etc.). On a proposé de réserver le mot magnétisme à toutes les actions qui amènent le somnambulisme, par exemple aux passes, dites magnétiques, qui produisent le *sommeil magnétique*, lequel n'est autre que le *somnambulisme provoqué*.

Le sommeil hypnotique aurait une cause un peu différente, c'est-à-dire ses actions purement physiques où l'influence individuelle paraîtrait n'avoir aucun rôle ou jouer un rôle tout à fait secondaire.

Dans l'usage habituel, *magnétisme animal* et *hypnotisme* désignent absolument la même chose : la première expression a toutefois l'inconvénient de donner à croire que l'on admet l'existence d'un *fluide magnétique;* la seconde n'offre pas le même inconvénient et doit être préférée.

MAÏEUTIQUE (μαιευτική, l'art d'accoucher). La maïeutique est un des procédés de l'enseignement socratique, l'art d'accoucher les esprits. Socrate prétendait que la science est innée et qu'il suffit de bien interroger un ignorant pour lui faire produire au dehors et lui donner la pleine conscience de la science qu'il renferme en lui-même : de virtuelle, la science devient actuelle par le simple effet de la réflexion spontanée ou provoquée (V. *Ironie*).

MAJEURE. Dans les prémisses du syllogisme, la *majeure* est la proposition qui contient ou enveloppe la conclusion : le rôle de la *mineure* est de faire voir que la conclusion est réellement contenue dans la majeure.

MAL. Le mal est la limitation ou la négation du bien. Le *mal physique* peut être envisagé sous bien des aspects, fléaux, cataclysmes, lutte de l'homme contre la nature, qui tous peuvent se ramener à la douleur ou à la souffrance ; le *mal métaphysique* consiste dans l'imperfection des créatures, limitées dans toutes leurs facultés ; le *mal moral* est la faute ou le péché, et la *liberté du bien* implique la *liberté du mal*. On dit qu'il n'y a pas de *mal absolu* parce que celui-ci serait le *néant* : il y a toujours du bien dans l'être.

Les scolastiques distinguaient dans le mal moral le *mal de la coulpe* et le *mal de la faute* (distinction conservée par Leibniz dans sa *Théodicée*) : le premier est la faute même, le second en est la conséquence et consiste dans le châtiment.

Un système qui admet la prédominance du mal sur le bien dans le monde est *pessimiste* (V. *Pessimisme*).

MALEBRANCHISME. Philosophie de Malebranche dont les points principaux sont la théorie de la *vision en Dieu*, des *causes occasionnelles* et de l'*optimisme* (V. ces mots).

MANICHÉISME. Le manichéisme (de Manès ou Manichée, prêtre qui mêla son christianisme d'idées orientales) est un dualisme admettant deux principes coéternels, l'un bon, l'autre mauvais, le principe du bien et le principe du mal. C'est du moins le sens que l'usage a donné à ce mot, car la doctrine des *manichéens* n'est nullement réduite à cet unique dogme.

MATÉRIALISME. Système qui réduit tout ce qui existe à l'unité de la matière et, dans un sens restreint, négation de la spiritualité de l'âme. L'atomisme des anciens est un système matérialiste. Ceux qui font de l'homme une machine (La Mettrie), ou qui soutiennent que la pensée est une sécrétion du cerveau (Cabanis), émettent des thèses matérialistes.

Le matérialisme ou la tendance matérialiste consiste essentiellement, comme l'a dit M. Ravaisson, à expliquer le supérieur par l'inférieur, la pensée par la vie, la vie par la mécanique, etc.

MATIÈRE. Dans un sens général, on appelle matière ce dont une chose est faite : ce mot s'oppose alors au mot *forme*. Les scolastiques distinguaient une *matière première*, c'est-à-dire sans forme, nue, sans rien de ce qui détermine l'être, et une *matière seconde* déjà déterminée, mais susceptible de prendre de nouvelles déterminations. Dans un sens restreint, la matière est ce qui tombe sous les sens.

Le mécanisme cartésien réduisait la matière à l'*étendue*; le dynamisme leibnizien la ramenait à la *force*.

On distingue les *qualités premières* et les *qualités secondes* de la matière; celles-là sont essentielles à la matière qui ne peut exister sans elles, mais les philosophes ne sont pas d'accord sur leur nombre : l'impénétrabilité, l'étendue, la divisibilité, l'inertie, la pesanteur sont rangées par plusieurs philosophes parmi les qualités premières; les qualités secondes sont celles qui ne constituent pas essentiellement la matière, qui pourrait être conçue sans elles; elles sont connues par l'observation : ce sont l'élasticité, l'électricité, le magnétisme, etc.

On a quelquefois donné le nom de *propriétés organoleptiques* à celles qui produisent les sensations en agissant sur nos organes. On dit que les corps sont colorés, sonores, sapides, odorants, mais le monde des corps est en lui-même obscur et silencieux : les couleurs, les sons, les saveurs, les odeurs ne naissent que dans l'acte commun du sentant et du senti.

MÉCANISME. Tout se fait mathématiquement, disait Descartes. Cette formule est la définition du mécanisme, car les lois du mouvement relèvent des mathématiques et Descartes ne demandait, pour construire le monde, que de la matière (c'est-à-dire de l'étendue) et du mouvement. Au mécanisme s'oppose le *dynamisme* (V. ce mot).

MÉDIAT. Une connaissance *médiate* est une connaissance où intervient quelque procédé discursif, par exemple le raisonnement; la connaissance immédiate est intuitive et directe.

MÉDIATEUR PLASTIQUE. Intermédiaire ou moyen de communication entre l'âme et le corps inventé par Cudworth, qui en fait une âme d'ordre inférieur (âme de la matière).

MÉGARIQUE (École). École de Mégare qui eut pour fondateur Euclide de Mégare, disciple de Socrate. Ce fut une école de raisonneurs et de dialecticiens subtils : aussi l'appelle-t-on quelquefois *éristique* ou disputeuse.

MÉLIORISME. Ce mot, moins employé que les mots *optimisme* et *pessimisme*, désigne une doctrine intermédiaire d'après laquelle tout n'est pas au mieux ni au plus mal, mais tout s'améliore et passe du mal au bien et du bien au mieux : c'est une théorie du progrès, un optimisme mitigé et peut-être l'optimisme pur et simple.

MÉMOIRE. La mémoire est la faculté de conservation et de reproduction des idées antérieurement acquises. Le mot reproduction suffirait, car on ne sait rien de la manière dont les idées se conservent quand nous n'y pensons pas actuellement pour les produire ou les reproduire.

La mémoire a ses conditions organiques dans le cerveau. Elle est tantôt volontaire, tantôt involontaire, et le langage ordinaire exprime bien cette distinction : on dit *je me rappelle* et *il me souvient*. Quand on désigne les traces des idées dans le cerveau par les mots *vibrations, empreintes, phosphorescences*, on ne fait que des métaphores.

Nous ne savons guère de la mémoire que ce que la psychologie nous en apprend : le *souvenir complet* se compose de réminiscence (reproduction, réviviscence) et de *reconnaissance* (acte qui consiste à identifier la connaissance actuelle avec la connaissance antérieure et par conséquent à la localiser dans le temps); il implique l'idée du temps, l'identité personnelle, la permanence du moi.

On distingue diverses sortes de mémoires qui peuvent se ramener à deux types : mémoire *sensible* et mémoire *intellectuelle*.

La *mémoire imaginative* est un autre nom de l'*imagination reproductrice*.

Les *maladies de la mémoire* sont l'*amnésie* et l'*hypermnésie* (V. *Amnésie*).

MENTAL. Synonyme de psychologique et de psychique : *aliénation mentale* signifie donc proprement égarement d'esprit.

MÉRITE. Les moralistes emploient ce mot pour désigner l'accroissement ou l'augmentation de valeur morale ou de perfection : c'est avant tout la *bonne volonté*.

MESMÉRISME. Synonyme de *magnétisme animal*. Mesmer vivait à la fin du siècle dernier et magnétisait par le regard et par des passes (V. *Magnétisme*).

MÉTAMORPHOSE (μετά, indiquant changement; μορφή, forme). Métamorphose signifie proprement changement de forme, comme quand la chrysalide devient papillon. « Il n'y a point de métempsycose, dit Leibniz, mais il y a métamorphose : les animaux changent, prennent et quittent seulement des parties. » (V. *Métempsycose*.) La métempsycose est impossible, selon Leibniz, parce qu'il n'y a pas pour l'âme humaine d'existence *séparée :* elle est nécessairement unie à un corps et dès lors le passage d'un corps dans un autre est inintelligible.

MÉTAPHYSIQUE (μετὰ τὰ φυσικά, qui vient après la physique). La métaphysique ou philosophie première a pour objet l'être en tant qu'être, c'est-à-dire l'essence même des choses.

Le mot vient, dit-on, de l'ordre des ouvrages d'Aristote où l'*ontologie* (mot scolastique) venait *après* les ouvrages de physique; d'autres traduisent μετά dans le sens d'au-dessus et alors métaphysique signifie suprasensible ou même surnaturel.

Platon avait uni dans la dialectique la science de l'être et la science de la pensée : la dialectique était une logique et une ontologie intimement unies.

Aristote sépara ces deux sciences et étudia à part les unes des autres les formes de la pensée et les réalités suprêmes de la pensée. Il caractérise ainsi la philosophie première ou métaphysique : « la science qui se donne pour fin à soi-même, celle du connaissable par excellence, c'est-à-dire du primitif et de la cause, la science souveraine, celle du but et de la fin des êtres qui est le bien dans chaque chose et, dans toute la nature, le bien absolu. »

Depuis Leibniz, on appelle *Théodicée* la partie de la métaphysique qui a Dieu pour objet.

On sait que la métaphysique a pour adversaires (sans parler des matérialistes qui sont eux-mêmes des métaphysiciens) les criticistes et les positivistes. Kant, qui appelle la métaphysique « l'arène des disputes sans fin », ne la nie pas définitivement, mais il la subordonne à la morale. Auguste Comte se fait métaphysicien pour fonder la religion de l'humanité, Herbert Spencer pour affirmer l'existence de l'inconnaissable : ceux donc qui raillent ou qui nient la métaphysique font encore de la métaphysique et dire que l'homme est un animal raisonnable, c'est dire qu'il est un animal métaphysicien.

Age métaphysique est une expression fort impropre de Comte qui désigne l'époque où l'homme renonça à tout expliquer par l'intervention des dieux (âge mythologique) et recourut à des abstractions réalisées ou entités chimériques, avant d'arriver à l'*âge positiviste* où il se contente des faits et des lois. Comte ne semble avoir connu sous le nom de métaphysique que les pires abus d'une scolastique stérile.

Le métaphysicien Descartes est, au contraire, le grand initiateur des sciences modernes.

MÉTEMPSYCOSE (μετά, après ἐμψυχῶν, animer). Transmigration, passage de l'âme d'un corps à un autre corps. Doctrine qui avait cours chez les Égyptiens et les Indiens et qui fut professée par Pythagore et ses disciples.

MÉTHODE (μέθοδος). La méthode est l'ensemble des procédés les plus courts et les plus sûrs pour arriver à la vérité. Tout système implique une méthode : on dira donc méthode cartésienne, kantienne, etc., et, dans un sens plus général, *méthode inductive*, *méthode déductive*, du nom du procédé fondamental des sciences d'observation, l'induction, et des sciences mathématiques, la déduction.

N'admettre comme criterium du vrai que l'évidence ; diviser les difficultés pour les mieux résoudre ; conduire par ordre ses pensées en commençant par les objets les plus simples pour s'élever par degrés aux plus complexes ; faire des dénombrements entiers et des revues générales pour ne rien omettre : telles sont les quatre règles essentielles données par Descartes dans son *Discours de la méthode*.

MÉTHODOLOGIE. Partie de la logique qui s'occupe des méthodes. Chez Kant, ce mot désigne la théorie des principes et de la forme générale de toute science : c'est la *technique* de la logique et elle contient en outre les méthodes particulières de chaque science.

MICROCOSME (V. *Macrocosme*). La monade de Leibniz est un *microcosme* en ce sens qu'elle exprime l'univers par ses perceptions ou modifications internes.

MILIEU. Le *juste milieu*, chez Aristote, est la définition de la vertu, qui se trouve toujours entre deux extrêmes opposés, l'économie, par exemple, entre l'avarice et la prodigalité, le courage entre la lâcheté et la témérité.

Principe du milieu ou moyen exclu : une chose est ou n'est pas.

MINEURE. La deuxième proposition du syllogisme (V. *Majeure*).

MINIMUM AUDIBILE, VISIBILE. Ces mots signifient les plus petites impressions perceptibles pour l'ouïe et pour la vue. A chaque sens correspond un *minimum sensible*.

Le point précis où l'excitation devient sensation marque ce que les Allemands appellent le *seuil de la sensation*.

MISOLOGUE (μῖσος, haine ; λόγος, raison). Ennemi de la raison : se dit de ceux qui refusent à la raison humaine le pouvoir de nous faire connaître le vrai, le beau, le bien. Par extension, détracteur des sciences, des lettres et des arts.

MNÉMOTECHNIE (μνήμη, mémoire; τέχνη, art). Art d'aider la mémoire; moyens artificiels de retenir aisément les mots ou les choses.

MOBILE. Outre son sens général de sujet possible du mouvement, le terme *mobile* désigne un *motif* d'ordre sensible, c'est-à-dire une raison d'agir fournie par la sensibilité, comme le plaisir, le bonheur, tandis que le terme *motif* est réservé aux raisons d'agir fournies par l'intelligence, par exemple le devoir. Mais un motif semble n'agir qu'en devenant un mobile (sauf dans la théorie de Kant où le devoir est absolument désintéressé) et l'on comprend que les deux mots soient souvent employés l'un pour l'autre.

MODALITÉ. Au pluriel, synonyme de *modes;* au singulier, quatrième point de vue de la classification des jugements. Considérés sous le rapport de la modalité, c'est-à-dire de la manière dont l'esprit les conçoit, ils sont, selon Aristote et Kant, *problématiques* (donnés comme douteux), *assertoriques* (affirmés sans preuve), ou *apodictiques* (démontrés rigoureusement).

Ces trois désignations correspondent à peu près exactement à l'*opinion*, à la *croyance* et à la *science*.

MODE. Mode signifie manière d'être, détermination de l'être.

Les modes, dans la langue de Spinoza, sont les différentes manières dont les attributs de Dieu (pensée et étendue) se manifestent: le corps est un mode de l'étendue divine, l'âme un mode de la pensée divine.

MOI. Le *moi* n'est pas toute l'âme, mais il est l'âme en tant que consciente d'elle-même. Il est un, simple, identique et libre : comme responsable, il constitue la personnalité morale.

Le *dédoublement du moi* serait, selon certains psychologues, l'existence simultanée ou successive de plusieurs personnalités dans le même individu. Ce même phénomène, obtenu par suggestion dans le somnambulisme provoqué, a été nommé *objectivation des types* : le même sujet paraît métamorphosé en enfant, en soldat, en animal même, et il parle et agit selon ces divers rôles.

Rien ne prouve que l'unité et l'identité du *moi* soient alors détruites : c'est plutôt le corps, l'individu physique qui est profondément modifié dans le *dédoublement du moi*, et il n'y a rien d'étonnant à ce que l'individu paraisse transformé ou dédoublé bien que le « je » ou le *moi* ne soient pas atteints par ces modifications relativement superficielles.

On a eu raison de distinguer un *moi profond* et un moi *superficiel* :

celui-ci est constitué ou plutôt se constitue par nos habitudes et tous les événements fortuits qui nous affectent ; l'autre est immuable ou, du moins, peut seul se modifier lui-même.

C'est le *for intérieur* des anciens moralistes.

MOLÉCULE. La plus petite parcelle de matière est la molécule : elle n'est pas l'atome, mais se compose d'atomes similaires ou d'atomes différents les uns des autres. L'atome est un élément véritable ; la molécule n'est que la plus petite partie d'un corps composé qui puisse exister à l'état libre.

MOLYNEUX (Problème de). Le problème de Molyneux, géomètre anglais du xviiie siècle, peut se poser ainsi : Un aveugle-né, devenu subitement clairvoyant par une opération, pourrait-il tout d'abord et sans le secours du toucher distinguer une sphère d'un cube et dire : Voici la sphère et voilà le cube ?

MOMENT. Moment se dit de la plus petite division de la durée. Il se dit aussi des points d'arrêt dans le mouvement de la pensée : dans ce dernier cas, il signifie une phase, un stade de la pensée ; chez Hégel, par exemple, la pensée passe par trois *moments*, l'affirmation ou la thèse, la négation ou l'antithèse, et l'absorption ou la synthèse.

MONADE. *Monas*, dit Leibniz, signifie *l'unité*. Le mot apparaît pour la première fois dans Giordano Bruno, qui appelle *minima* ou *monades* les éléments des choses ; mais l'idée de faire jouer à l'unité le rôle d'élément date de Pythagore.

La monade de Leibniz n'est pas d'ailleurs l'unité abstraite, l'unité mathématique : c'est l'unité métaphysique, l'unité d'une force non composée de parties, c'est-à-dire simple.

Sa qualité distinctive, c'est la représentation : elle *exprime* l'univers qui se réfléchit en elle et devient ainsi un microcosme ou monde en raccourci. Son essence est l'appétition ou tendance constante à passer d'une perception à une autre.

Il faut distinguer les aperceptions des perceptions : celles-ci ne sont que les modifications internes de la monade, celles-là impliquent de plus la conscience ou la réflexion : elles sont aperçues. Se représenter l'univers et tendre à la perfection, n'est-ce pas le caractère des esprits ou des âmes? La monade est donc une âme ou un esprit et les animaux eux-mêmes, contre l'opinion de Descartes, sont de telles âmes et de tels esprits, mais réduits aux perceptions obscures et aux consécutions d'images qui imitent le raisonnement.

Puisque les monades sont simples, elles sont impérissables ou immortelles, et puisqu'elles font partie d'un même monde parfaitement ordonné, sans pourtant qu'elles agissent les unes sur les autres (elles n'ont pas, dit Leibniz, de fenêtres sur le dehors), il faut qu'il y ait entre elles une harmonie préétablie.

MONADOLOGIE. La monadologie ou monadisme est le système leibnizien des monades. Ce mot désigne aussi l'opuscule dédié au prince Eugène, où Leibniz, en quatre-vingt-dix thèses fort courtes, établit tout son système. Ce système renferme comme parties essentielles : la définition des monades et de leurs caractères propres, la perception, l'aperception, l'appétition, la théorie des perceptions obscures appelée aujourd'hui de l'inconscient ; la doctrine de l'harmonie préétablie qui régit les rapports des monades entre elles ; la preuve leibnizienne de l'existence de Dieu par le principe de raison suffisante ; la doctrine de l'optimisme sur les rapports de Dieu avec le monde, fondée *à priori* sur les perfections divines et justifiée *à posteriori* par l'examen approfondi (surtout dans la *Théodicée*) de la nature et de l'origine du mal métaphysique, physique et moral.

L'originalité de Leibniz dans l'école cartésienne a été de réformer l'idée de substance à laquelle il substitua l'idée de force et de *surajouter* son dynamisme au mécanisme cartésien qu'il admettait en entier, mais qu'il appelait l'*antichambre* de la vérité.

MONISME. Doctrine de l'unité de la substance : le panthéisme de Spinoza est une théorie *monistique*. Monisme se dit par opposition à *dualisme* (V. ce mot) : les philosophies de l'identité (Schelling) et du devenir (Hégel) sont monistiques. Descartes était dualiste.

Aujourd'hui on entend surtout par *monisme* la théorie d'après laquelle, dans tout élément de la réalité, il y a à la fois matière corporelle et activité psychique : la matière et l'esprit sont ainsi ramenés à une unité radicale, à une identité fondamentale.

MONOTHÉISME. Croyance à un Dieu unique, par opposition à *polythéisme*, croyance à plusieurs dieux.

MORAL (Sens). Le *sens moral* est un autre nom de la conscience morale, le sens de la distinction du bien et du mal.

Quand on oppose le *physique* et le *moral* de l'homme, cette distinction doit s'entendre, non de la distinction du corps et de l'âme, mais simplement de celle des faits physiologiques et des faits psychologiques.

MORALE. Science des mœurs ou théorie du devoir.

La morale se divise en morale théorique et morale pratique.

On appelle *morale du plaisir* ou *hédonisme*, *morale de l'intérêt* ou *utilitarisme* les systèmes qui fondent la morale sur la recherche du plaisir ou de l'intérêt et sont impuissants à expliquer réellement l'obligation.

La *morale du devoir* s'appelle aussi morale de l'honnête ou du bien.

On nomme *loi morale* la loi universelle et obligatoire qui nous oblige à faire le bien et à éviter le mal; *intention morale*, le but conscient et choisi par nous qui dirige notre action.

La morale de Kant est quelquefois nommée une *morale formelle* ou un *formalisme moral*, parce que la loi commande, selon Kant, par sa forme qui est l'impératif catégorique et non par sa matière qui serait le concept du bien, car un tel concept, dans le système de Kant, n'a rien de réel ou d'objectif.

On emploie quelquefois le mot *Éthique* comme synonyme de morale.

Moralité signifie caractère moral de nos actions.

MORALISME. Opinion d'après laquelle la moralité, comme ayant seule une valeur absolue, est l'objet essentiel de l'homme et le but dernier du monde.

MORBIDE (*morbus*, maladie). L'esprit a ses maladies; il y a, par exemple, des maladies de la mémoire, de la volonté, excellemment étudiées par M. Th. Ribot : la *psychologie morbide* sera donc l'étude des maladies psychiques et jettera de grandes lumières sur la psychologie normale.

MOTIF. Les moralistes ramènent à trois les *motifs de nos actions* : le plaisir, l'intérêt, l'honnête ou le bien (V. *Mobile*).

MOTRICE (Activité). Certains psychologues, par exemple Adolphe Garnier, distinguent de la volonté qui meut nos membres dans l'effort musculaire une faculté spéciale qu'ils appellent *faculté*, *activité motrice* ou encore *locomotrice*.

L'effort moteur est une perception de la conscience, mais il n'est pas nécessaire d'en rendre compte par une faculté spéciale qui n'expliquerait guère.

Premier moteur : Dieu, dans la philosophie d'Aristote (V. *Mouvement*).

MOUVEMENT. Chez les anciens, mouvement signifie changement et progrès : c'est dans ce sens qu'il faut entendre la preuve dite du *premier moteur* d'Aristote.

Dieu est le moteur immobile, c'est-à-dire qu'il est cause de tous les changements et de tous les progrès qui se réalisent dans la nature et chez l'homme et qu'il les produit à titre de cause finale par la pensée et l'amour qu'il suscite dans les êtres.

Nous ne percevons directement le mouvement que comme le corrélatif de l'effort musculaire en l'imprimant à nos organes par notre activité et notre énergie intime. La translation dans l'espace n'étant qu'un changement des positions relatives des corps n'est pas le mouvement, mais seulement un signe du mouvement et un signe équivoque.

MOYEN. Fin intermédiaire et cause instrumentale : dans ce sens, on oppose les moyens aux fins.

Le *moyen terme*, dans un syllogisme, est celui qui a plus d'extension que le petit terme et moins que le grand terme.

MYSTICISME. Le mysticisme est une tendance ou un système : si on le considère comme une tendance, ceux-là seuls, parmi les philosophes, échapperont sûrement à cette accusation qui ne croiront, comme dit Platon, « qu'aux objets auxquels ils se heurtent » ; car toute philosophie dépasse l'expérience, croit à la raison et dit volontiers avec Fénelon : « Raison, raison, n'es-tu pas le Dieu que je cherche ? » Or, « le cœur a ses raisons » que la raison ne connaît pas toujours : admettre que Dieu est présent à nos cœurs et constitue notre raison, c'est déjà pencher vers le mysticisme.

Si on le considère comme système, le mysticisme est dangereux, car il consiste non pas seulement dans le renoncement aux plaisirs, mais dans une mort anticipée : fermer ses sens à tout bruit du dehors, faire cesser en soi toute activité intellectuelle pour s'abîmer dans la contemplation de Dieu ou l'*extase* (V. ce mot). Ce *quiétisme* nous détache outre mesure de notre tâche humaine et devient aisément un égoïsme inconscient et antisocial.

MYTHE (μῦθος, fable). Récit allégorique contenant, sous forme d'images ou de symboles, des vérités profondes. Les mythes de Platon sont célèbres. Aristote a dit que celui qui aime la science aime les mythes : les mythes sont en effet un moyen de rendre populaires et accessibles les profondes spéculations.

N

NATIVISME. Ce mot s'emploie quelquefois comme synonyme d'*innéisme* et s'oppose alors à *empirisme*.

Nativisme et empirisme désignent plus particulièrement deux opinions sur la perception primitive de l'étendue : les nativistes soutiennent que nous localisons naturellement dans l'espace ambiant les causes externes de nos sensations ; les empiristes prétendent que la notion d'étendue est acquise et dérivée et que nous apprenons peu à peu à situer dans l'espace les objets extérieurs (V. *Localisation*).

NATURALISME. Dans son acception générale, le naturalisme est le système qui explique tout par les forces inconscientes de la nature : les stoïciens étaient des panthéistes naturalistes.

Dans une acception particulière et plus récente, il s'emploie pour désigner la théorie esthétique qui réduit l'art à l'imitation pure et simple de la nature : il s'oppose alors à l'*idéalisme* et devient trop aisément ce qu'un esthéticien profond, **M. Guyau**, a nommé le trivialisme.

NATURE (*nasci*, naître). La nature, dans le langage des savants, est la personnification factice et purement verbale du système des lois qui régissent les phénomènes et n'implique aucune conception métaphysique de leur *substratum*.

Les *natures*, dans l'ancienne langue philosophique, étaient les *essences* des êtres considérés comme principes d'action : l'analyse, selon Descartes, s'efforce d'atteindre les *natures simples*.

Dans le panthéisme spinoziste, *nature naturante* et *nature naturée* désignaient également Dieu ou la substance principe de tout, mais la substance considérée tantôt comme cause, tantôt comme effet, ou plutôt manifestation d'elle-même dans ce que nous appelons la nature au sens ordinaire du mot : c'est, pour ainsi dire, la source du fleuve et le fleuve lui-même.

On oppose la nature tantôt à *l'art* qui l'imite ou s'en inspire, tantôt à la *grâce* qui lui vient en aide selon certaines théories.

On cite souvent ces anciennes formules : « La nature ne fait rien en vain; la nature ne fait pas de sauts. » La première signifie que la nature agit toujours par les voies les plus simples et semble obtenir le maximum d'effet avec le minimum d'efforts; la seconde, qu'elle procède dans la production des êtres par gradations insensibles, de manière à ne jamais laisser d'intervalle ou de *hiatus* dans leur hiérarchie.

La nature désigne, dans la langue de Jean-Jacques Rousseau, ce qui est spontané et ne porte pas la marque ou plutôt le stigmate de la tyrannie humaine et des institutions sociales.

NATURE (État de). Dans la langue de Jean-Jacques Rousseau, l'état de nature est antérieur à l'état social, fondé artificiellement sur les lois ou conventions humaines, dont la première est le contrat social qui donne naissance à l'État. Mais, à vrai dire, Rousseau ne se tient nullement à cette conception un peu naïve d'un âge d'or qui aurait précédé les sociétés, et son état de nature doit plutôt être défini par l'ensemble des instincts qui appartiennent à l'homme et lui sont inhérents, qu'il vive ou ne vive pas en société.

L'état de nature existe donc plus ou moins latent et dissimulé sous l'état social plutôt qu'il n'est antérieur à l'état social : l'homme de la nature est celui qui s'est délivré du joug des conventions arbitraires.

NATUREL. Naturel signifie souvent inné et s'oppose à acquis : l'instinct est naturel, l'habitude est acquise.

Par l'expression *loi naturelle*, on désigne quelquefois la loi morale qui ordonne de faire le bien et d'éviter le mal.

NÉANT. Privation ou négation de l'être. Le néant est cependant distingué du *non-être* et de la *pure puissance*, mais cette distinction extrêmement subtile ne peut être saisie que lorsqu'on approfondit les doctrines de Platon et d'Aristote.

Rien ne vient de rien; rien ne retourne à rien est un principe qui remonte à Démocrite : il contient à la fois, mais obscurément, le principe de causalité et le principe de la conservation de la force.

NÉCESSAIRE. On appelle nécessaire ce qui ne peut pas ne pas être ni être autrement qu'il n'est. Ce mot a pour opposé *contingent*, ce qui peut ne pas être ou être autrement.

Les *vérités nécessaires* sont les principes de la raison.

Nécessitarisme est synonyme de *fatalisme*, et *nécessité*, de *destin*.

NÉGATION. La négation ne peut se définir que par l'affirmation dont elle est le contraire. Dans un certain sens, elle peut être ramenée à l'affirmation même, puisque nier qu'une chose soit, c'est affirmer qu'elle n'est pas.

NÉO-CRITICISME. Le criticisme des disciples de Kant et, particulièrement, le criticisme français de M. Renouvier (V. *Criticisme*).

NÉO-PLATONISME. L'école d'Alexandrie, éclectique, panthéistique et mystique dont Plotin est le principal représentant.

NIHILISME (*nihil*, rien). Négation universelle : le phénoménisme, qui réduit l'univers à une fantasmagorie d'apparences et le moi à une collection de phénomènes, est une sorte de nihilisme.

Le nihilisme politique est une théorie apologétique de l'anarchie.

NIRVANA. Le souverain bien des bouddhistes : retour au premier principe et anéantissement de l'existence personnelle.

NISUS (effort). On emploie quelquefois ce mot pour désigner l'effort, l'initiative d'une force qui se porte d'elle-même à l'action.

Nisus formativus est une expression qui désigne la force vitale, la plasticité qui régénère les tissus lésés et les organes blessés.

NOMBRE. Le nombre mathématique est une quantité discrète qui a pour élément l'unité.

Les *nombres* étaient, selon Pythagore, les principes des choses : les pythagoriciens ne disaient pas seulement que toutes choses étaient faites selon les nombres, c'est-à-dire avec ordre et proportion, mais que les choses étaient réellement les mélanges des nombres.

NOMINALISME. Système de ceux qui nient la réalité des universaux (ou idées générales) et ne voient en eux que des mots et des *noms*.

Au nominalisme s'oppose le *réalisme*, qui admet la réalité, c'est-à-dire l'existence objective des universaux.

Le *conceptualisme*, qui en fait des idées ou concepts de l'esprit, ne paraît être qu'une forme atténuée du nominalisme.

Si l'on remarque que les universaux ou idées générales sont avant tout des conceptions de notre esprit, on pourra supposer, soit qu'elles répondent à quelque chose hors de nous, soit qu'elles ne sont que des produits absolument artificiels de notre faculté de penser. Les réalistes, dont la thèse semble d'abord la plus difficile à défendre, remarquent avec raison que les espèces et les genres demeurent alors que les individus disparaissent : quand tous les hommes qui composent aujourd'hui le genre humain seront morts, l'humanité continuera d'exister, et dès lors il semble que l'humanité ait plus de réalité que l'individu et même que l'individu lui emprunte sa réalité éphémère.

NON CAUSA PRO CAUSA. Littéralement, prendre pour cause ce qui n'est pas cause. C'est donc un sophisme que l'on désigne par cette expression, par exemple le sophisme qui consiste à prendre pour cause véritable une simple condition accidentelle ou bien une coïncidence plus ou moins constante. C'est ainsi que Jean-Jacques Rousseau a prétendu prouver que les sciences et les arts sont la cause de tous nos vices.

NOOLOGIQUE. Ampère désignait par ce mot les sciences qui ont pour objet les esprits, leurs productions et leur histoire, et les divisait en sciences noologiques proprement dites et sciences sociales. Les sciences qui ont pour objet les corps étaient appelées *cosmologiques* (V. *Sciences*).

NORME (*norma*, règle). Synonyme de règle ; ce mot a donné l'adjectif normal, régulier. On dira, par exemple : la loi morale est la *norme* de nos actions ; mais le mot *règle* est moins prétentieux et plus usité.

NOTION (*noscere*, connaître). Ce terme, plus vague et plus général que le mot idée, offre à peu près le même sens : il signifie littéralement *connaissance*. Cependant Berkeley non seulement distingue la notion et l'idée, mais les oppose : la notion devient l'objet propre de l'entendement, et l'idée l'objet connu par les sens ou représenté par l'imagination.

On appelle *notions premières* les idées fondamentales et intuitives, et quelquefois *notions secondes* les idées ou connaissances dérivées. Les notions premières sont les éléments des vérités premières ou principes premiers : les notions ou idées premières sont de simples conceptions (l'idée d'infini, de cause première, etc.) ; les vérités premières sont des jugements (principe de causalité, de raison suffisante, etc.).

NOUMÉNAL (V. *Noumène*). Qui concerne le noumène ou dérive du noumène : *liberté nouménale*, c'est-à-dire liberté qui réside essentiellement dans un acte suprasensible, intemporel ou hors du temps par lequel nous nous faisons bons ou mauvais, de notre propre initiative et volontairement, bien que tous les actes de notre vie doivent s'enchaîner dans la suite selon les lois d'un rigoureux déterminisme.

NOUMÈNE (νοúμενον, connu par le νοῦς, la raison pure). Le *noumène* s'oppose au *phénomène*, comme ce qui *est* à ce qui *apparaît*.

Selon Kant qui a forgé ce mot, les noumènes, essences des choses, sont inaccessibles parce que, pour être connus, ils devraient nous apparaître, et dès qu'ils nous apparaîtraient ils deviendraient phénomènes. Le noumène peut donc être objet de foi, non de science.

Kant les conserve pour servir de refuge à la liberté et d'asile à la morale : les néo-criticistes croient pouvoir s'en passer et se contentent des phénomènes, tout en sauvegardant la morale.

Le noumène ou « chose en soi », précisément parce qu'il échappe à la science et à ses lois rigides, permet à Kant de concilier la science et la conscience, la nécessité inflexible des faits observés et la liberté qui est un postulat de la loi morale : la liberté sera donc *nouménale* et, par un acte intemporel, nous nous ferons bons ou méchants librement, dominant ainsi par cet unique acte libre toute la série des phénomènes qui remplissent notre vie en constituant notre *caractère empirique*.

On voit que le mot noumène offre deux sens assez différents, l'un négatif, l'autre positif : 1° au sens négatif, il signifie ce qui ne peut être que pensé sans pouvoir devenir objet d'intuition sensible ; ce qui est au fond des phénomènes, derrière les phénomènes, mais demeure caché par eux, affirmé seulement par la pensée et non pas connu ; 2° au sens positif, il désigne ce qui est au delà de l'expérience, le suprasensible, ce qui est objet non d'intuition sensible, mais peut être d'intuition intellectuelle ou bien de croyance morale.

O

O. Lettre qui désigne les propositions particulières négatives (V. *A*).

OBJECTIF (*objicere*, mettre devant, présenter). Objectif signifie littéralement ce qui appartient à l'objet, et subjectif ce qui appartient au sujet.

Dans la langue de Descartes, l'expression *réalité objective* désignait, non pas la réalité extérieure, mais l'idée même considérée comme un objet interne sur lequel se fixe l'attention de l'esprit. « Par la réalité objective d'une idée, j'entends l'entité ou l'être de la chose représentée par cette idée en tant que cette entité est dans l'idée ; car tout ce que nous concevons comme étant dans les objets des idées, tout cela est *objectivement* ou par *représentation* dans les idées mêmes. » L'objectivité était donc pour Descartes le caractère représentatif des idées, on pourrait presque dire l'idée représentative (V. *Idée*).

Depuis Kant, le mot *objectif* a pris un sens tout différent : il désigne la « chose en soi », ce que nous admettons sans pouvoir nous assurer de son existence par delà les phénomènes, ce qui dans la langue de Descartes constituait la *réalité formelle*.

On voit que, selon Kant, toute connaissance sera *subjective* en ce sens qu'elle n'atteindra jamais l'objet réel ou la chose en soi, mais seulement ses apparences phénoménales. Du sens primitif du mot objectif (ce qui appartient à l'objet, par opposition à subjectif, ce qui appartient à l'esprit), on passe aisément à un sens assez différent et aussi fréquent : objectif, ce qui est valable pour tous les esprits ; subjectif, ce qui n'est valable que pour un esprit particulier.

M. Renouvier donne à ces mots un sens particulier et différent à la fois du sens cartésien ou du sens kantien : il désigne par l'expression réalité subjective la *nature du sujet* indépendamment de ses représentations ou états de conscience, et par objectif ce qu'on se représente *à titre d'objet*. « J'entendrai toujours par *objectif* ce qu'on se représente à titre d'objet, et par subjectif ce qu'on suppose appartenir à un sujet donné. » On voit combien l'emploi de ces mots est délicat et peut prêter à l'équivoque.

OBJET (*objectum*, mis devant, présenté, offert). Le mot objet s'oppose au mot sujet, comme ce qui est connu à ce qui connaît. On dit : les *objets* du monde extérieur. L'esprit est toujours le *sujet* dans la connaissance.

Ampère a fondé la classification des sciences sur l'énumération systématique de leurs objets (V. *Sciences*).

OBLIGATION. On dit que la loi morale est obligatoire, pour marquer qu'elle commande sans condition ni restriction, qu'elle est un *impératif catégorique*. Obliger n'est ni conseiller simplement ni contraindre : le simple conseil n'est pas un ordre et la contrainte exclut la liberté qu'implique au contraire l'obligation. Le plaisir et l'intérêt conseillent, le droit seul oblige.

OBSERVATION. Observer, c'est fixer son attention sur un objet du monde extérieur pour le mieux connaître. L'observation doit être distinguée de la *réflexion*, qui consiste à fixer l'attention sur un objet du monde intérieur ou à se replier sur soi-même, et de l'*expérimentation*, qui consiste à observer les objets extérieurs dans des circonstances préparées expressément : l'astronome observe ; le chimiste observe et expérimente ; le psychologue a pour procédé spécial la réflexion ou l'introspection.

On nomme *méthode d'observation*, dans un sens restreint, celle qui emploie exclusivement l'observation, et, dans un sens plus large et plus souvent usité, celle des sciences *expérimentales* ou *inductives*.

OCCASIONALISME. Système des *causes occasionnelles* : l'âme, selon Malebranche, n'est jamais la cause des mouvements du corps ; elle en est seulement l'occasion et Dieu seul agit : c'est Dieu, quand je lève le bras, qui meut efficacement mon bras et je ne suis, par ma pensée et ma volonté, que l'occasion de ce mouvement. D'une manière plus générale, Dieu étant l'unique cause, les êtres n'agissent jamais les uns sur les autres : tout « *est agi* ».

OCCULTE (*occultus*, caché). Occulte signifie caché et secret. *Sciences occultes* : la magie, l'alchimie ; *vertus* ou *qualités occultes*, propriétés cachées, mystérieuses, inexplicables : la « vertu dormitive » de l'opium.

OMNIPRÉSENCE (*omnis*, tout, et *præsens*, présent). Attribut divin en vertu duquel Dieu est présent à tous les temps et à tous les lieux : on dit aussi *ubiquité*.

OMNISCIENCE (*omnis*, tout ; *scientia*, science). Attribut divin en vertu duquel Dieu connaît le présent, le passé et l'avenir de l'univers et de tous les êtres particuliers : en tant que l'omniscience regarde l'avenir, c'est la *prescience divine*.

ONTOLOGIE (ὄντος λόγος, science de l'être). L'ontologie est la science de l'être en général et s'appelle encore *philosophie première* et *métaphysique générale*.

Chez Wolff, qui a généralisé l'emploi de ce mot, l'ontologie comprend la psychologie rationnelle, la cosmologie rationnelle et la théologie rationnelle, c'est-à-dire l'âme considérée dans sa nature, le monde considéré dans son principe et Dieu considéré dans son essence, trois objets transcendantaux que Kant déclarera inaccessibles à la raison pure.

Ontologisme se dit quelquefois de tout système qui fait de Dieu le principe et le moyen de toute connaissance.

ONTOLOGIQUE (Argument). L'argument ontologique inventé par saint Anselme, retrouvé par Descartes, perfectionné par Leibniz, critiqué et rejeté par Kant, consiste à passer de l'essence à l'existence ; autrement dit, de l'idée que nous avons de Dieu à sa réalité actuelle.

Le fond de cet argument est que la perfection enveloppe ou implique l'existence actuelle ; car un être qui ne serait parfait que dans la pensée serait en réalité imparfait, puisqu'il lui manquerait cette condition essentielle de la perfection qui est l'existence.

Kant soutient que nous ne pouvons légitimement passer de la pensée à l'être, du subjectif à l'objectif. Il croit aussi que la preuve ontologique est le nerf caché de toutes les autres preuves de l'existence de Dieu, sauf la preuve morale.

OPÉRATION (*operari*, travailler). On désigne quelquefois par ce mot les différentes formes de l'activité de l'âme, mais, plus ordinairement, le travail d'élaboration que l'intelligence fait subir aux idées : l'attention, l'abstraction, la généralisation, le jugement, le raisonnement sur les *opérations de l'intelligence* ou *intellectuelles*.

On oppose quelquefois les deux mots latins *esse* et *operari :* alors le premier désigne l'essence, le second l'action ou les actes produits.

OPINION (*opinari*, conjecturer). Une opinion est un jugement incertain, mais que l'on considère comme probable.

Platon opposait l'*opinion* (*croyance et conjecture*) à la *science :* la même vérité peut être objet d'opinion, si elle est admise sans preuves, ou de science, si l'on en connaît la démonstration.

L'opinion est donc variable et flottante, la science stable et permanente.

Le langage consacre cette distinction : on dit des *opinions politiques*, mais on dit : des *vérités mathématiques*.

OPPOSITION. Terme de logique indiquant entre deux choses, ou deux termes, ou deux propositions, une relation telle que l'une exclut l'autre.

La *contradiction* et la *contrariété* sont deux oppositions, mais la première n'admet pas de milieu, la seconde en admet.

Les scolastiques disaient que les *opposés* tombent sous la même science, ce que l'on traduit quelquefois par cette autre formule : la science des contraires est identique.

Si l'on se reporte à la signification des voyelles A, E, I, O, on comprendra le tableau suivant des *oppositions* logiques.

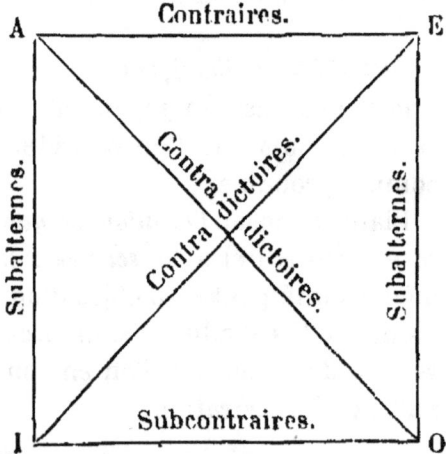

Tous les rapports de quantité et de qualité des propositions sont figurés dans ce tableau, qui provoque les remarques suivantes : une proposition est *contradictoire* d'une autre lorsqu'elle ne fait que la détruire purement et simplement. Une proposition particulière, singulière même, suffit donc pour infirmer la vérité d'une proposition universelle ; mais il faut une proposition universelle, ou une singulière ayant le même sujet, pour détruire contradictoirement une proposition singulière.

Une proposition est le *contraire* d'une autre lorsqu'elle la détruit en énonçant quelque chose d'incompatible avec cette autre. La contrariété des propositions n'établit donc qu'une opposition *indirecte* et *positive*, tandis que celle de la contradiction est *directe* et purement *négative*. C'est pourquoi deux contradictoires ne peuvent être ni vraies ni fausses en même temps, tandis que deux contraires peuvent être en même temps fausses ; seulement elles ne peuvent pas être toutes deux vraies.

OPTIMISME (*optimum*, le meilleur). Doctrine des philosophes qui soutiennent que le monde, étant l'œuvre d'un Dieu infini en bonté et en puissance, est le meilleur possible. Ce mot désigne aussi, dans un sens large, l'opinion de ceux qui soutiennent que la somme des biens l'emporte sur celle des maux. Il s'oppose à *pessimisme;* le *méliorisme* ou doctrine du progrès universel est une forme de l'optimisme.

Il faut entendre cette expression, *le meilleur des mondes,* dans son vrai sens : l'universalité des êtres dans toute l'étendue et toute la durée. Malebranche entendait par le meilleur des mondes le plus régulier, le mieux ordonné d'après le principe de la *simplicité des voies;* Leibniz, le plus excellent, celui qui contient la plus grande somme de perfections réalisables dans un monde créé et par conséquent imparfait.

L'*optimisme* ne peut s'établir qu'*à priori* sur les attributs de Dieu : omniscient, il connaît le meilleur; tout-puissant, il peut le réaliser; toute bonté, il a dû le choisir de préférence à tout autre.

Leibniz ne nie pas le *mal* dans le monde, puisqu'il distingue lui-même le mal métaphysique, physique et moral; mais il soutient que le mal n'est qu'un *moindre bien.*

ORDRE. Ordre signifie arrangement, disposition des moyens en vue d'une fin.

Ordre du monde est une expression qui désigne le monde lui-même en tant qu'ordonné : c'est le *cosmos,* qui comprend l'*ordre physique* et l'*ordre moral.*

Ordre s'emploie encore dans ces expressions : *ordre d'existence,* de *connaissance,* c'est-à-dire manière régulière dont les choses naissent et sont connues par l'intelligence.

ORGANE. Les organes des sens sont les instruments des sens, non les sens eux-mêmes : l'œil est l'organe de la vue; l'oreille, l'organe de l'ouïe, etc. On rapporte les sens à l'âme ou au sujet qui connaît; les organes appartiennent au corps.

ORGANICISME. L'*organicisme,* par opposition à l'*animisme* et au *vitalisme,* consiste à regarder la vie comme une résultante de l'organisation de la matière dans les corps vivants. Selon une ancienne comparaison, la vie n'est plus alors la cause de l'harmonie, mais l'*harmonie du corps :* restent à expliquer l'unité et la finalité interne des organismes.

ORGANON. *Organon* signifie instrument. On désigne ainsi les livres d'Aristote qui traitent de la logique.

Le *Novum Organum,* ou Nouvel instrument, de Bacon, est la théorie de l'induction, nouvelle en effet, puisque Aristote ne s'était guère occupé que du raisonnement déductif.

ORIGINE. La première manifestation dans l'ordre de l'existence ou de la pensée.

Dans cette expression, *origine des idées*, il s'agit de l'origine psychologique (les sens, la conscience, la raison), et non de l'origine chronologique des idées ou du moment précis où elles font leur apparition dans l'esprit.

De même *l'origine des espèces* désigne plutôt la manière dont elles se sont produites, dans le système de l'évolution, que l'époque de leur apparition.

P

PALINGÉNÉSIE (πάλιν, une seconde fois; γένεσις, naissance). Renaissance ou retour à la vie de tous les êtres : système de Charles Bonnet.

Les anciens et particulièrement les stoïciens croyaient à une palingénésie périodique de toutes choses : après une certaine période de temps révolue, tous les êtres étaient ramenés à leur état initial et l'histoire entière de l'univers recommençait, ramenant les mêmes événements dans le même ordre.

PANENTHÉISME (πᾶν, tout; ἐν, dans; Θεός, Dieu). Doctrine différente du panthéisme en ce que le panthéisme admet que Dieu est tout ou plutôt que le tout est Dieu, tandis que le panenthéisme soutient simplement l'omniprésence de Dieu : il y a du divin dans tous les êtres sans que l'ensemble de tous les êtres constitue la divinité.

PANTHÉISME (πᾶν, tout; Θεός, Dieu). Théorie de l'unité de la substance d'après laquelle Dieu est tout. Les êtres, sans cesser d'exister en Dieu, s'en distinguent par l'émanation suivie d'un retour à Dieu (panthéisme alexandrin); ou bien les êtres sont les modes particuliers des attributs divins de la pensée et de l'étendue et Dieu est leur principe immanent (panthéisme spinoziste) : il y a donc un panthéisme d'émanation et un panthéisme d'immanence.

On fait du panthéisme un *athéisme* (négation de Dieu) quand on l'entend dans ce sens que Dieu ne serait que l'universalité des êtres; en réalité, il est plutôt un *acosmisme* (négation du monde comme réel et substantiel) quand on le prend dans son vrai sens, à savoir que Dieu seul existe, est tout, et que les êtres particuliers n'en sont que les manifestations phénoménales et passagères.

L'idéalisme subjectif ou objectif de Fichte ou de Hégel sont, au fond, des formes nouvelles d'un panthéisme inspiré par Spinoza. Dieu n'est pas, mais il devient; c'est le panthéisme du devenir de Hégel.

On appelle *panenthéisme* une

doctrine d'après laquelle Dieu, sans être tout, est dans tout, à la fois immanent et transcendant.

PANTHÉLISME (πᾶν, tout; ἐθέλω, je veux). Doctrine d'après laquelle la volonté est le fond dernier des choses, le principe constitutif de la nature universelle (Fichte, Schelling, Schopenhauer).

PARADIGME (παράδειγμα, exemple). Dans la philosophie platonicienne, les paradigmes sont les exemplaires ou types primordiaux présents à la pensée de l'architecte du monde, quand il organisa la matière pour former le cosmos ou l'univers.

PARADOXE (παρά, contre; δόξα, opinion). Opinion particulière contraire à l'opinion générale. Les *paradoxes* stoïciens sont des formules qui résument leurs opinions contraires à celles qui semblent adoptées par le consentement universel : la douleur n'est pas un mal, le sage seul est libre, toutes les fautes sont égales, etc.

PARALOGISME (παρά, à côté; λογισμός, raisonnement). Faux raisonnement ou plutôt raisonnement qui pèche contre les règles de la logique et qui est défectueux dans sa forme.

Sophisme n'est pas absolument synonyme de paralogisme : il y a sophisme quand le raisonnement est défectueux dans sa matière, c'est-à-dire dans les prémisses posées, et, de plus, le mot sophisme indique l'intention de tromper. Tout le monde peut tomber dans le paralogisme : il y a dans le sophisme duperie volontaire et malhonnête.

PARALOGISME TRANSCENDANTAL. Kant appelle paralogisme transcendantal, ou encore paralogisme de la raison pure, le raisonnement qui consiste à passer indûment du concept transcendantal du sujet pensant, concept qui ne renferme aucune multiplicité, à l'unité absolue de ce même sujet pensant considéré en soi.

En d'autres termes, de ce que dans toute pensée il y a le « *Je* » qui implique unité, on conclut facilement que le moi considéré en lui-même et non plus dans son signe logique est un et réel.

C'est, dit Kant, le paralogisme non d'un homme, mais de là raison humaine, une illusion mentale (V. *Transcendunt*).

PARCIMONIE. On appelle encore quelquefois *loi de parcimonie* ce principe scolastique qu'il ne faut point multiplier les êtres ou les causes sans nécessité, parce que la nature agit toujours par les voies les plus simples.

PARTICULIER. Le *particulier* s'oppose au *général* et se distingue de l'*individuel* : Quelques hommes sont savants; voilà une proposition particulière (V. *A* et *Opposition*).

PARTITION. Division physique par opposition à la division logique : briser un morceau de marbre en plusieurs fragments, c'est faire une *partition*.

PASSIF. Ce mot s'oppose à *actif*, comme *passivité* à *activité* : nous sommes passifs quand nous subissons nos états de conscience, comme dans la sensation douloureuse; actifs quand nous les créons ou que nous contribuons à les créer, comme dans les déterminations libres.

Passif n'est cependant pas synonyme de *fatal* ni *actif* de *libre* : nous pouvons subir librement un état tout passif, comme le stoïcien qui accepte la douleur, et produire fatalement des phénomènes qui impliquent beaucoup d'activité d'âme, comme les passions.

PASSION (*pati*, souffrir). Étymologiquement, *passion* s'oppose à *action*, comme passivité à activité. Aujourd'hui le mot passion s'emploie pour désigner toute inclination qui atteint un certain degré de véhémence.

Dans la langue du XVIIe siècle, les philosophes appelaient passions ce que nous appelons aujourd'hui les sentiments. Descartes dit que l'*admiration* est la passion fondamentale; Bossuet, que c'est l'*amour*.

Spinoza choisit le *désir* et sa classification des passions, qu'il explique toutes, dit-il, comme s'il s'agissait « de lignes et de plans », paraît être la plus simple et la plus profonde de toutes : le *désir* est la tendance primordiale qu'a tout être à persévérer dans l'être et à accroître son être; au désir s'ajoutent, comme passions primitives dont toutes les autres sont dérivées et composées, la *joie* qui est le passage d'une perfection moindre à une perfection plus grande, et la *tristesse* qui est le passage d'une perfection plus grande à une perfection moindre.

Remarquons d'ailleurs qu'avant notre siècle on ne parlait pas de la sensibilité comme faculté : les passions rentraient donc dans la faculté de connaître en général et, pour Spinoza notamment, elles n'étaient pas autre chose que des *idées inadéquates*. Les moralistes employaient d'ailleurs le mot passion dans le sens qu'il a aujourd'hui : mouvements vifs et véhéments de l'âme.

PATIENT. Celui qui subit l'action exercée par l'*agent*. On dit quelquefois intellect patient (passif) et intellect agent (actif) (V. *Intellect*).

PÉDAGOGIE (παῖς, enfant; ἄγειν, conduire). Littéralement, direction des enfants. Science et art de l'éducation des enfants : c'est une branche de la psychologie et de la morale, une psychologie en action.

PENSÉE (*pensare*, peser, examiner, apprécier). La pensée est l'acte propre de l'esprit qui connaît, et, comme acte simple, ne se définit pas. On peut dire que c'est l'acte de concevoir, de former une idée, l'appréhension de l'objet par l'intelligence ; mais ces définitions ne sont pas plus claires que la chose à définir.

Dans la langue de Descartes, le mot pensée s'applique à tous les faits internes, pensée proprement dite, sensation, passion, imagination, volition ; il est donc à peu près synonyme de conscience et l'on comprend que Descartes fasse de la pensée l'essence de l'âme, qu'il définit une *substance pensante*.

PERCEPTION (*percipere*, saisir entièrement). Percevoir, c'est connaître : Descartes ramène tous les phénomènes de la pensée à la *perception*, ou opération de l'intelligence, et à la *volition*, ou opération de la volonté.

On a étendu le sens du mot aux produits mêmes de cette opération : nos perceptions, dit-on, sont claires ou obscures. Puis la perception, comme opération ou faculté de l'âme, s'est divisée en perception externe (les sens) et perception interne (la conscience).

On distingue deux sortes de perceptions : les perceptions *premières* ou *naturelles* (celles qui nous donnent directement nos cinq sens), et les perceptions *acquises* (celles qui ne sont pas proprement des perceptions, mais des inférences immédiates, des associations d'idées : les *sensibles par accidents*) (V. *Accident*).

Ainsi la couleur rouge du fer nous fait songer à sa chaleur et nous croyons, pour ainsi dire, la percevoir. Nous sommes portés à croire que nous percevons directement la distance des objets, alors que nous ne l'apprécions que par des inférences assez compliquées.

La perception doit être distinguée de la *sensation* : sentir, c'est être affecté ou modifié d'une manière agréable, désagréable ou même indifférente ; percevoir, c'est connaître l'objet qui produit la sensation.

Enfin, *concevoir* se dit particulièrement de l'acte de la raison : on ne dira ni qu'elle *sent* ni qu'elle *perçoit*, mais qu'elle *conçoit* les principes.

Remarquons encore que la clarté de la perception est souvent en raison inverse de la vivacité de la sensation.

Dans la langue de Leibniz, *perception* signifie modification interne inconsciente de la monade ; quand cette modification interne devient consciente, elle prend le nom d'*aperception*.

PERCEPTIONS OBSCURES. On emploie quelquefois cette expression de Leibniz pour désigner ce que nous appelons plus souvent les *faits inconscients*. Pour Leibniz, les perceptions obscures ou « petites perceptions » n'étaient latentes ou inconscientes que relativement et par le fait de leur peu de vivacité ou de leur confusion avec d'autres.

L'obscurité des perceptions n'est que la *subconscience* ou faible conscience. Ces phénomènes, pour ainsi dire, crépusculaires, constituent ce qu'on a nommé le côté nocturne de l'âme.

PERFECTION (*perficere*, faire complètement, achever). La perfection est étymologiquement ce qui achève l'être et réalise entièrement sa nature. La perfection absolue est la possession actuelle de toutes les perfections concevables.

L'idée de *perfection* ou d'*être parfait*, disaient les cartésiens, est la marque ou le cachet de l'ouvrier sur son œuvre, de Dieu dans nos esprits.

En morale, la perfection humaine est le développement harmonieux de toutes nos facultés. En métaphysique, perfection est presque toujours synonyme de réalité : tout ce qui est réel possède quelque perfection. Enfin les attributs de Dieu s'appellent aussi ses *perfections*.

On voit que perfection est souvent synonyme d'*absolu* et d'*infini*, mais que souvent aussi ce mot n'est employé que dans un sens *relatif*.

PÉRIPATÉTISME (περιπατεῖν, se promener). Philosophie d'Aristote ou du Lycée. Ce nom vient de ce qu'Aristote donnait ses leçons en se promenant avec ses disciples dans le Lycée, promenade d'Athènes située près d'un temple dédié à Apollon Lycien, c'est-à-dire destructeur de loups.

On ne saurait donner en quelques lignes une exposition du péripatétisme ou philosophie péripatéticienne, mais il est possible de la caractériser en quelques mots.

Aristote est à la fois le disciple et l'adversaire de Platon : comme adversaire, il s'attache à ruiner la théorie des Idées et s'efforce de démontrer qu'elles n'ont aucune existence réelle hors des choses et que celui qui les admet pour expliquer le monde ressemble à un homme qui, ayant à compter des objets, commencerait par les doubler, afin de les compter plus aisément.

Comme disciple, il continue la dialectique ou science des idées, mais, bien entendu, sous une forme nouvelle, puisqu'il n'admet pas l'existence des idées en soi : elle devient la logique ou science des concepts et la métaphysique ou science des causes (V. ces mots).

En logique, il crée de toutes

A. BERTRAND. — *Lexique.*

pièces la théorie du syllogisme. Pour comprendre sa doctrine de la connaissance, il importe de la distinguer du pur empirisme : sans doute l'essence des êtres consiste non dans l'universel, mais dans l'individuel ; sans doute c'est nous qui, du sensible, dégageons l'intelligible ; mais il faut se souvenir aussi qu'il n'y a de science que du général et que les concepts ne sont pas de vains mots et de pures abstractions, puisque, sans avoir de réalité hors des objets, ils constituent pourtant tout ce qu'il y a d'intelligible ou même de réel dans les objets. En morale et en politique, Aristote peut nous recommander instamment la méthode expérimentale sans être le moins du monde un empirique.

Le péripatétisme remplit tout le moyen âge, toute l'*École*, où Aristote était par excellence *le philosophe* : c'est dire qu'il remplit tout ce lexique et qu'il serait oiseux d'exposer à part la terminologie péripatéticienne. On consultera spécialement les articles *Acte*, *Ame*, *Catégorie*, *Cause*, *Métaphysique*, *Syllogisme*, etc.

PERMANENCE. La *permanence du moi* se distingue de l'identité personnelle : le moi est identique parce qu'il est le même à deux moments quelconques de son existence ; il est permanent parce qu'entre deux moments quelconques il n'a jamais cessé d'être.

L'âme, substance pensante, disait Descartes, pense toujours. C'est la définition de sa permanence.

Stuart Mill appelle les corps des *possibilités permanentes de sensations*, parce qu'entre deux sensations ou deux perceptions qu'ils font naître en nous ils demeurent ou sont censés demeurer tels qu'ils étaient, bien que nous ne les percevions pas.

On nomme *principe de la permanence de la force* ou de la conservation de l'énergie celui qui porte que la quantité de force ou d'énergie est constante dans le monde et, malgré toutes ses transformations, n'augmente ni ne diminue en quantité.

PERSONNALITÉ. Caractère constitutif de la personne, c'est-à-dire conscience ou plutôt réflexion et liberté.

L'expression *personnalité de Dieu* désigne l'existence consciente et transcendante du principe divin, par opposition à l'existence simplement immanente admise par les panthéistes.

PERSONNE. La *personne* n'est ni la *chose* ni l'*individu* : la chose est insensible et inconsciente ; l'individu, par exemple l'animal, est doué de sensibilité et par conséquent, dans une certaine mesure, de conscience ; la personne possède la sensibilité, la conscience et le pouvoir de s'emparer de ses facultés pour les diriger vers un but, initiative qui a pour principe la réflexion sur soi-même et qui devient la liberté morale.

Les *personnes divines* : expression théologique de la trinité; un seul Dieu en trois *personnes*.

PESSIMISME (*pessime*, très mal). Le *pessimisme* est opposé à l'*optimisme* et consiste à soutenir, soit que tout est mal et même le plus mal possible, soit que la somme des maux l'emporte sur celle des biens.

Schopenhauer établit son pessimisme sur l'analyse de la nature humaine : être c'est agir, agir c'est faire effort; l'effort est toujours pénible; donc toute vie est par sa nature malheureuse.

M. de Hartmann établit le bilan des biens et des maux et décide que ceux-ci l'emportent dans la balance.

L'art du premier consiste à identifier l'activité et l'effort : il y a une activité spontanée qui, loin d'être pénible, est toujours agréable, car le plaisir, selon Aristote, est le complément de l'acte.

L'artifice du second consiste à donner à la douleur son caractère vraiment humain (par exemple la crainte de la mort et tout le cortège d'idées tristes et désolantes qu'elle amène ordinairement chez l'homme), et à ne laisser au contraire aux plaisirs que leur caractère animal, ce qui les abaisse et les fait paraître peu de chose : la pesée est donc faussée et le raisonnement sophistique.

PÉTITION DE PRINCIPE. Paralogisme qui consiste à supposer ce qui est en question. C'est à peu près la même chose que le *cercle vicieux* : peut-être y a-t-il entre ces deux expressions cette nuance que le cercle vicieux consiste à s'appuyer sur la proposition même qu'on veut prouver, et la pétition de principe sur une proposition qui en dépend.

PHÉNOMÈNE (φαίνομαι, j'apparais). Manifestation : ce qui apparaît, par opposition à ce qui est. Il y a donc deux sortes de phénomènes : les *phénomènes internes*, qui se manifestent à la conscience, et les *phénomènes externes*, qui sont connus par les sens.

Depuis Kant, le *phénomène* s'oppose au *noumène* : ce dernier mot désigne l'existence *en soi*, existence qui ne pourrait en aucun cas se révéler qu'en se manifestant, c'est-à-dire en devenant phénoménale ; d'où Kant conclut que toute connaissance du *noumène* ou de l'*en soi* est impossible.

PHÉNOMÉNISME. Théorie qui n'admet que des phénomènes : Hume, qui réduit l'âme à une collection de sensations et le monde à un système d'apparences, est un phénoméniste. Son phénoménisme psychologique est, au fond, idéaliste.

Voici comment M. Pillon caractérise le phénoménisme de l'école néo-critique : « Quelque chose manque chez Hume : l'idée de *loi*. Quelque chose est de trop chez Kant : l'idée de *substance* conservée sous le nom de *noumène*... Il fallait unir au phénoménisme de Hume l'apriorisme de Kant. Il fallait comprendre que la vraie substance, le vrai noumène, c'est la loi ; et qu'il n'y en a pas d'autre intelligible. » C'est l'œuvre de M. Renouvier, qui s'est attaché en outre à rendre compatible ce phénoménisme avec les croyances morales.

PHILANTHROPIE (φίλος, ami ; ἄνθρωπος, homme). Amour de l'humanité, altruisme. Le terme opposé est *misanthropie*, qui dit plus qu'égoïsme, puisqu'il signifie haine de l'humanité.

PHILOSOPHIE (φίλος, ami ; σοφία, sagesse). La philosophie est, selon Aristote, la *science des principes* ou encore la recherche des *causes* ou des *raisons* des choses. C'est Pythagore, dit-on, qui s'appela le premier un *ami de la sagesse* ou de la science : auparavant le philosophe était le *sage* et la philosophie comprenait toutes les sciences.

La philosophie se distingue de la science, ou système de vérités portant sur un même objet et reliées ensemble par une méthode, par son caractère de généralité ou d'universalité bien indiqué par le mot *principes*.

Chaque science a d'ailleurs sa *philosophie* : par *philosophie d'une science*, on entend l'étude de ce qu'il y a de plus général dans son objet : par exemple le physicien ne s'occupe pas de la *nature* de la matière, le physiologiste de la *nature* de la vie, ou, s'ils s'en occupent, c'est à titre de philosophes. De même, ni l'un ni l'autre ne discutent leurs *méthodes*, les *principes* qu'ils posent, les *procédés* qu'ils emploient, ou, s'ils le font, c'est encore à titre de philosophes et de logiciens.

Il faut reconnaître d'ailleurs que l'acception moderne du mot philosophie est un peu vague : la philosophie comprend la psychologie, la logique, la morale, l'esthétique, la métaphysique, c'est-à-dire des sciences concrètes et des sciences abstraites, des recherches expérimentales et des spéculations transcendantes.

Philosophie première désignait pour Aristote (appelé au moyen âge *le Philosophe*) la métaphysique générale ou l'ontologie. Quand on dit que la philosophie était au moyen âge la *servante de la théologie*, on entend par là que la *raison* était subordonnée à la *révélation*.

Auguste Comte et l'école positiviste soutiennent que la philosophie ne peut être désormais que la synthèse des sciences ou l'unification du savoir humain.

PHRÉNOLOGIE (φρήν, intelligence; λόγος, science). Science de Gall et de ses disciples, qui avaient la prétention d'assigner à chaque faculté intellectuelle et à chaque disposition ou passion son organe bien délimité dans la masse du cerveau, et marqué à l'extérieur par une proéminence du crâne. Elle est donc aussi une *craniologie*.

PHYSICO-TÉLÉOLOGIQUE. La preuve physico-téléologique (on dit aussi physico-théologique) de l'existence de Dieu est celle qui se fonde sur les causes finales, c'est-à-dire, au fond, sur l'ordre qui règne dans le monde : elle n'aboutit donc qu'à un Dieu ordonnateur (non créateur) et suppose qu'on a préalablement démontré que le désordre apparent cache un ordre réel, car autrement elle aboutirait à deux principes en lutte, celui de l'ordre ou du bien, et celui du désordre ou du mal, c'est-à-dire à une sorte de manichéisme.

PHYSIOGNOMIE (φύσις, nature; γνώμων, signe indicateur). Science de l'expression par la physionomie. Art de connaître les hommes. Lavater a popularisé ce mot.

La *physiognomie* est plutôt l'étude de la correspondance des faits intérieurs avec les traits du visage ou les formes plus ou moins permanentes; la *mimique*, l'étude de la physionomie en action, c'est-à-dire des modifications passagères que les passions lui impriment, et aussi des gestes, des attitudes.

PHYSIOLOGIE (φύσις, nature; λόγος, science). Science des phénomènes et des *fonctions* de la vie. L'*anatomie* étudie la *structure*, la physiologie les fonctions des corps vivants.

PHYSIQUE (φύσις, nature). Outre son sens de science de la matière inorganique, ce mot s'emploie en philosophie, tantôt en corrélation avec le mot métaphysique (physiquement, métaphysiquement), tantôt en corrélation avec le mot morale (physiquement, moralement); c'est alors le contexte qui détermine exactement le sens (V. *Influx physique*).

Les psychologues contemporains disent que la substance nerveuse est la *base physique* (*substratum*, organe) de l'esprit.

PITIÉ. La pitié est proprement la sympathie que nous éprouvons pour les maux d'autrui. Ce mot est synonyme tantôt de sympathie, tantôt de sentiment moral. La pitié est, selon Schopenhauer, le principe de la morale.

PLAISIR. Sentiment et plus souvent sensation agréable; Aristote le définit : le *complément de l'acte*, parce qu'il résulte de l'activité, l'achève et la complète.

Morale du plaisir : morale qui pose le plaisir comme le seul mobile de nos actions (V. *Hédonisme*).

PLASTICITÉ (πλάσσειν, former). Qualité de ce qui peut recevoir telle ou telle forme.

Plasticité cataleptique : persistance des modifications et des attitudes dans la catalepsie (V. *Médiateur plastique*).

PLATONISME. Système de Platon. École de l'Académie. Le platonisme, quand on fait abstraction des théories morales et sociales de son fondateur, théories qui sont des applications particulières de la *dialectique platonicienne*, peut se résumer dans la doctrine des *Idées* ou la théorie de la connaissance.

Le *monde intelligible* explique le *monde sensible* : l'idée est à la fois *principe de connaissance*, puisque nous ne connaissons rien que par elle et qu'en dehors d'elle il n'y a qu'*opinion* et non science véritable; et *principe d'existence*, puisque les êtres sensibles n'ont de réalité que par leur participation aux idées.

Les idées sont des réalités véritables que la dialectique range dans leur ordre hiérarchique (plaçant au sommet l'*Idée du Bien* qui les éclaire toutes), et non de simples conceptions générales de notre esprit ou des pensées de l'entendement divin. Le tableau suivant représente cette théorie platonicienne de la connaissance :

Connaissance		MONDE INTELLIGIBLE (LA SCIENCE)		MONDE SENSIBLE (L'OPINION)	
	Objet.	Idée.	Concepts généraux.	Les choses.	Les images.
	Procédé.	Intuition.	Démonstration.	La foi.	La conjecture.
	Faculté.	Intuitive (raison).	Discursive (raisonnement).	La sensation et le témoignage.	

PLEIN. Le *plein* et le *vide* des épicuriens désignaient les atomes et l'espace où ont lieu leurs mouvements.

PNEUMATOLOGIE (πνεῦμα, souffle; λόγος, science). Ce mot, rarement employé aujourd'hui, désignait la science des esprits (l'esprit humain et aussi les anges et les démons). La pneumatologie comprenait donc ce que nous nommons aujourd'hui psychologie.

POLARISATION. Inversion d'un état fonctionnel, d'un mouvement organique sous l'influence d'un esthésiogène, par exemple l'aimant : le mouvement du bras droit sera, par exemple, *transféré* au bras gauche.

POLYSYLLOGISME. Syllogismes joints ensemble de manière à ne former qu'un seul argument.

POLYTHÉISME (πολύς, plusieurs; Θεός, Dieu). Système qui admet la pluralité des dieux, plusieurs dieux ou une infinité de dieux.

POLYZOÏSME (πολύς, nombreux; ζωή, vie). Agrégation dans un seul individu de plusieurs éléments vivants. Notre corps peut être considéré comme composé par des millions ou milliards d'animalcules ou petits êtres vivants et d'espèce différente.

POSITIVISME. Philosophie d'Auguste Comte. D'après la *Philosophie positive*, toute recherche des causes est stérile : la science doit se borner aux faits et aux lois.

La loi des *trois états*, la *classification des sciences* et la *religion de l'humanité* sont les théories essentielles de ce système.

La loi des trois états porte que le développement de l'humanité consiste à passer de l'explication mythologique (par des divinités supposées) des phénomènes de la nature à l'explication métaphysique (par des causes occultes ou entités abstraites), et enfin à l'explication positive (par les lois seulement).

La classification des sciences consiste à les ranger dans l'ordre où elles s'impliquent mutuellement, ordre qui est aussi l'ordre chronologique de leur développement historique : mathématiques, astronomie, physique, chimie, biologie, sociologie.

La religion de l'humanité est le culte des grands hommes, des morts illustres qui, par leur *incorporation* à l'humanité, constituent le *Grand Être* qui se développe sur la terre (Grand Fétiche), elle-même située dans l'espace (Grand Milieu).

Les positivistes s'attribuent la fondation de la *sociologie* comme science, proscrivent la *métaphysique* et professent une morale élevée, fondée sur l'*altruisme* : vivre pour autrui.

Ils déclarent que la psychologie ne peut être qu'une *physiologie cérébrale*.

POSSIBLE. Ce qui peut être. La *possibilité logique* est l'absence de contradiction : toute notion qui n'enveloppe aucune contradiction correspond à une existence possible.

La *possibilité métaphysique*, selon Leibniz, est une *tendance* à l'existence : Leibniz prétend que les mondes possibles concourent, pour ainsi dire, à l'existence dans l'entendement divin et tendent à se réaliser. Il appelle *compossibles* deux possibilités simultanées : tous les possibles ne sont pas compossibles, car l'un peut exclure l'autre.

Rappelons encore que Leibniz apporte à la preuve ontologique une amélioration qui consiste à montrer que Dieu est possible parce que son essence n'enveloppe aucune contradiction, étant éminemment positive et toute affirmation.

Hégel, qui professe que tout ce qui est rationnel est réel, confond la possibilité avec la réalité.

POST HOC, ERGO PROPTER HOC. Littéralement : *après, donc parce que*, paralogisme qui consiste à transformer un simple rapport de succession en un rapport de causalité sans que rien justifie cette transformation. On dira, par exemple, que l'apparition d'une comète est la cause de l'abondance et de la qualité du vin.

POSTULAT. On appelle postulat (ce qui est postulé ou demandé) une proposition qui n'est ni un axiome ni une hypothèse, mais se rattache directement aux axiomes et conserve toutefois un caractère hypothétique, au moins dans la forme, parce qu'elle est indémontrée ou indémontrable.

Kant a nommé *postulats de la pensée empirique* les lois de la possibilité, de la réalité et de la nécessité des choses, et *postulats de la loi morale* les affirmations de la liberté, de la vie future, de l'existence de Dieu considérées comme les conséquences de la loi morale.

POTENTIEL. Potentiel se dit de ce qui est *en puissance* et non *en acte* : la science chez l'ignorant qui s'instruit, la statue dans le bloc de marbre.

Il se dit particulièrement de l'énergie latente qui est dans les corps au repos.

PRÉDÉTERMINATION. Doctrine fataliste ou déterministe, qui se fonde sur la prescience divine. Nos actions, disait-on, sont prévues par Dieu, donc elles doivent nécessairement arriver comme elles sont prévues ou prédéterminées. A quoi les adversaires répondaient : Dieu ne prévoit pas, il voit, et cette vision présente de l'avenir ne prédétermine pas nos actions.

PRÉDICABLES, PRÉDICAMENTS et PRÉDICATS. Les *prédicables* sont les universaux. Les *prédicaments* sont les catégories.

Les *prédicats* sont les attributs. Voici la table des prédicats :

Tout prédicat désigne :
1° ou l'*essence* tout entière du sujet (animal doué de raison) ;
2° ou une partie seulement de l'essence [le *genre* (animal), la *différence* (raisonnable)] ;
3° ou une qualité qui s'ajoute à l'essence [le *propre* (doué de langage), l'*accident* (né à Paris)].

PRÉFORMATION. On appelle préformation l'opinion d'après laquelle les animaux et les végétaux existeraient tout formés et, pour ainsi dire, en miniature dans leurs germes ou leurs semences.

PRÉJUGÉ (*præ*, avant ; *judicare*, juger). Un préjugé est un jugement admis sans preuve, qu'il soit d'ailleurs vrai ou faux. Un préjugé, dans l'acception philosophique du mot, n'est donc pas nécessairement une erreur.

On a quelquefois appelé *préjugés légitimes* les jugements que nous portons naturellement et presque nécessairement, bien que nous ne puissions pas les démontrer : c'est ainsi que nous affirmons l'existence du monde extérieur.

Présumer, dit Leibniz, n'est pas prendre avant la preuve, ce qui n'est point permis ; c'est prendre par avance, mais avec fondement, en attendant une preuve contraire. Le préjugé, dans ce sens, est donc un jugement *présomptif* et dans certains cas légitime.

PRÉMISSES (*pro*, en avant ; *mittere*, envoyer). Les deux premières propositions du syllogisme, c'est-à-dire la majeure et la mineure.

D'une manière plus générale, les principes ou les faits sur lesquels on s'appuie quand on raisonne.

PRÉMOTION PHYSIQUE. Doctrine d'après laquelle Dieu, le seul agent, produit nos actions ou bien y concourt par son influence ou *influx*.

PRESCIENCE DIVINE. La *prescience* est une partie de l'omniscience divine : c'est la science des futurs contingents et nécessaires. De la prescience divine on tirait une objection contre la liberté humaine (V. *Prédétermination*).

PRIMORDIAL (*primus*, premier ; *ordia*, commencements). Ce qui est le premier, à l'origine ; ce qui sert d'origine à autre chose : les principes premiers sont les connaissances premières ou primordiales de notre esprit, celles qui servent d'origine et de fondement à tout notre savoir.

PRINCIPES (*principium*, commencement). Le principe d'une chose est ce dont elle procède dans l'ordre de la connaissance ou dans celui de l'existence.

Les *principes premiers* sont les données primitives de la raison : principe d'identité, de contradiction, de raison suffisante, de causalité, de finalité, etc. (V. ces mots).

PRIORITÉ (*prior*, antérieur). La priorité indique l'antériorité dans l'ordre du temps (*prius tempore*) ou dans l'ordre de la réalité (*prius natura*). La priorité peut s'entendre encore de la connaissance ou de l'existence.

PRIVATION. Absence d'un bien qui est dû. La *négation* n'implique pas cette idée que la chose niée est due ou qu'on y a droit. Ainsi le mal est la privation, non la simple négation du bien.

PROBABILISME. Scepticisme mitigé qui consiste à dire que nous ne pouvons jamais atteindre des *certitudes*, mais qu'il y a des choses plus *probables* ou plus *vraisemblables* que d'autres. C'est la doctrine de la Nouvelle Académie, peu soutenable, puisque si nous sommes impuissants à discerner le vrai du faux, nous sommes par là même incapables d'affirmer qu'un jugement se rapproche plus ou moins de la vérité.

PROBABILITÉ. La probabilité est mesurée par le rapport du nombre des chances favorables au nombre total des chances. On emploie de préférence le mot vraisemblance quand les chances pour ou contre ne peuvent s'évaluer numériquement. Tout ce qui est possible n'est pas, par cela même, probable, mais toute probabilité implique possibilité.

PROCESSUS. Ce mot, assez souvent employé aujourd'hui, signifie suite, développement, enchaînement, progrès.

On appelle *processus in infinitum* un argument qui s'appuie sur cette considération que le processus ou le progrès à l'infini répugne ou implique contradiction.

Ainsi, de mouvements en mouvements, on arrive, dit Aristote, à un moteur immobile : il y a nécessité de s'arrêter dans la *régression*.

PROPOSITION. Une proposition est un jugement exprimé. Sa quantité dépend de l'extension du sujet, et sa qualité consiste dans son caractère affirmatif ou négatif.

L'analyse et la classification des propositions répond exactement à celle des jugements (V. *A, Jugement*).

PROPRE. Un des cinq universaux. Ce mot désigne une qualité qui dérive de l'essence, sans pourtant créer une espèce dans le genre : la raison est le caractère spécifique de l'homme, la parole ou le langage articulé est le *propre* de l'homme. Rabelais a dit dans ce sens que rire est le propre de l'homme.

PROPRIÉTÉ. Ce qui manifeste une chose ou lui appartient en propre est une propriété de cette chose. C'est surtout en physique et en chimie qu'on parle des propriétés des corps : la psychologie emploie l'expression *facultés* (de l'âme), et la physiologie l'expression *fonctions* (de l'organisme).

Le mot propriété a un tout autre sens en philosophie sociale, où il signifie le droit de disposer des choses qui nous appartiennent.

PROSYLLOGISME. Le premier des deux syllogismes qui constituent l'argument de ce nom et cet argument lui-même, formé de telle sorte que la conclusion du premier serve de majeure au second ; celui-ci prend le nom d'épisyllogisme.

PROTOTYPE (πρῶτος, premier ; τυπος, type). Le prototype est le type premier, le modèle primitif et primordial des choses : les Idées platoniciennes sont les prototypes, les exemplaires ou encore les paradigmes des êtres de l'univers.

PROVIDENCE (*providere*, prévoir, et pourvoir). Dieu, en tant qu'il conserve et gouverne le monde, est appelé *providence*. La détermination de cet *attribut divin* se fonde sur l'ordre qui règne dans le monde et sur la théorie des causes finales.

PRUDENCE. Une des quatre vertus fondamentales des anciens : ce mot signifie sagesse, c'est-à-dire science et prévoyance.

PSITTACISME (*psittacus*, perroquet). Leibniz désigne par ce mot une science purement verbale : c'est « prendre la paille des mots pour le grain des choses », répéter de vaines formules dont on ne pénètre pas le sens.

PSYCHIQUE (ψυχή, âme). Néologisme qui désigne ce qui appartient à l'âme, ou plutôt à l'esprit : il est donc à peu près synonyme de mental et de psychologique.

On dit même quelquefois *psychisme* pour éviter à toute force le mot *âme*, sans se douter qu'étymologiquement ce mot a un sens tout à fait identique.

PSYCHOLOGIE (ψυχή, âme ; λόγος, science). Étymologiquement, le mot psychologie, qui n'était pas employé avant Wolff, disciple de Leibniz, signifie science de l'âme. Mais l'âme peut être étudiée dans ses phénomènes qui se manifestent à la conscience ou dans sa nature et son essence, qui semblent plutôt l'objet des spéculations de la métaphysique.

On distingue donc une psychologie expérimentale ou empirique, qui est la science des faits psychiques et de leurs lois, et une psychologie rationnelle, qui est proprement la science de l'âme et de ses facultés.

Il semble qu'actuellement il y ait une tendance marquée à réduire la psychologie à l'étude des faits psychiques et de leurs lois : quant à la nature ou essence de l'âme, cette question qui a soulevé tant de controverses, les uns la déclarent insoluble sous prétexte que nous ne pouvons pas connaître la cause efficiente de la pensée, pas plus que la cause efficiente de la vie, les autres la renvoient à la métaphysique dont elle semble en effet relever exclusivement.

Pourtant ceux qui professent que l'âme se connaît elle-même, dans sa nature intime, comme cause quand elle est active, comme substance quand elle est passive, semblent faire de la psychologie rationnelle elle-même une science expérimentale ; mais il s'agit ici d'une expérience d'un ordre particulier qui, par delà les phénomènes et leurs lois, nous révélerait, par un privilège unique, l'être, la substance, la cause. Il y a donc une psychologie scientifique et une psychologie métaphysique qui ne s'excluent nullement en droit, bien qu'elles semblent différer profondément par leur méthode.

Une psychologie expérimentale complète comprendrait : 1° la psychologie générale; 2° la psychologie comparée; 3° la psychologie tératologique, c'est-à-dire : la science des lois générales des phénomènes mentaux; la science comparative des mêmes phénomènes chez les animaux et chez l'homme, à ses différents âges; la science des exceptions ou déviations du type normal, par exemple de l'aliénation dans ses formes infiniment variées. On s'est trop souvent contenté de la psychologie générale, qui semblait réserver exclusivement son attention à l'homme « blanc, adulte et civilisé » et négligeait les formes inférieures et les anomalies de la vie psychique.

L'instrument propre de la psychologie est la réflexion ou étude directe de soi-même par une conscience attentive : c'est ce qu'on appelle quelquefois la méthode introspective, dont on a sans doute raison de blâmer l'emploi exclusif, mais que rien ne peut remplacer, puisqu'il est de l'essence de tout fait mental, considéré comme tel, de n'être saisissable que par la seule conscience. Mais la réflexion ne suffit pas; il est nécessaire d'employer une foule de procédés auxiliaires et d'appeler à son aide la physiologie et la zoologie, l'étude du mécanisme des langues, celle de l'histoire, des littératures, des beaux-arts qui nous offrent une psychologie concrète et appliquée qu'il est très important de dégager, surtout si l'on veut joindre à la psychologie expérimentale cette psychologie relativement déductive que les Anglais appellent l'éthologie des races, des peuples, des individus ou plutôt des groupes d'individus.

On voit, par ce qui précède, que la psychologie, qui chez les anciens, sauf chez Aristote, se confondait avec la morale et la métaphysique, a définitivement pris rang parmi les sciences qui ont un domaine séparé et une méthode définie.

PSYCHOLOGISME. On désigne quelquefois par ce mot, surtout en Allemagne, une doctrine d'après laquelle l'expérience interne de nos états psychiques est l'unique point de départ de toute connaissance, et la psychologie, la science fondamentale dont les autres sciences ne sont que des applications.

Les Allemands disent encore dans le même sens *anthropologisme*.

PSYCHO-PHYSIQUE. La psychophysique est, sous un nom nouveau, la science des rapports du physique et du moral de l'homme.

Le principal caractère de cette science est d'unir à l'observation psychologique *l'expérimentation* qui la complète et d'essayer de *mesurer* les sensations en transportant aux faits internes, par d'ingénieux procédés, la mesure des excitations, seule possible directement.

La loi de Fechner : *les sensations croissent comme le logarithme des excitations*, est la plus importante des lois psycho-physiques. « J'entends par pycho-physique, dit Fechner, une théorie exacte des rapports entre l'âme et le corps, et, d'une manière générale, entre le monde physique et le monde psychique. »

Le mot *psycho-physiologie* offre à peu près le même sens.

PUISSANCE. La *puissance*, par opposition à *l'acte*, c'est l'être qui n'est pas encore déterminé. Quand la *forme* l'a déterminé, il devient, de possible, actuel ou en acte. Cependant la puissance n'est pas la simple possibilité : celle-ci est d'ordre logique, tandis que la puissance est déjà une réalité inférieure. Le bloc de marbre est aussi réel que la statue.

En Dieu, dans la langue d'Aristote, il n'y a aucune puissance ; tout est en acte, il est acte pur. Quand on dit que Dieu est *toutpuissant*, l'expression prend donc un sens fort différent et signifie qu'il peut tout ce qu'il veut.

Une faculté de l'âme est une puissance dans les deux sens du mot, c'est-à-dire une *possibilité* et un *pouvoir*.

PYRRHONISME. Scepticisme de Pyrrhon, philosophe grec (340 av. J.-C.). Ce mot s'emploie comme synonyme de scepticisme en général.

Les dix *époques* de Pyrrhon sont les dix raisons de douter sur lesquelles il fondait son scepticisme : relativité de la connaissance, impuissance de la raison à prouver sa légitimité, contradictions de la science humaine et de nos facultés entre elles, etc.

Q

QUADRIVIUM (*quatuor*, quatre; *via*, route). La division des connaissances humaines (correspondant à nos classifications des sciences) comprenait, au moyen âge, le *quadrivium* et le *trivium*, formant ensemble les sept *arts libéraux*.

Le *quadrivium* comprenait l'arithmétique, la géométrie, la musique et l'astronomie; le *trivium*, la grammaire, la dialectique et la rhétorique.

QUALITATIF, QUANTITATIF. Qualitatif signifie qui est de l'ordre de la qualité; quantitatif, qui est de l'ordre de la quantité. Que le thermomètre monte de 20 à 21 degrés, c'est un changement *quantitatif* qui ne produit aucun changement qualitatif appréciable dans notre sensation; qu'il descende de 10 degrés à 0 et que l'eau gèle ou qu'il monte de 90 degrés à 100 et que l'eau entre en ébullition, c'est un changement quantitatif encore, mais auquel correspond dans notre sensation un changement *qualitatif* très appréciable.

Quantitatif signifie quelquefois mesurable, et qualitatif, non mesurable.

QUALITÉ. Le mot *qualité* signifie détermination ou modification : tout ce qui détermine ou modifie l'être ou la substance est une qualité, par exemple les habitudes, les facultés, la figure, etc. (V. *Prédicats*).

On appelait *qualités premières* ou *primaires* celles sans lesquelles on ne peut concevoir les corps, par exemple l'étendue (selon Descartes), l'impénétrabilité, etc., et *qualités secondes* celles qui ne sont pas essentielles à la matière et sans lesquelles on pourrait la concevoir : la couleur, le son, l'odeur, etc.

Primitivement, les qualités premières étaient le chaud et le froid, le sec et l'humide.

Par *qualités occultes*, on entendait celles dont on ne pouvait rendre compte et qu'on se contentait de constater empiriquement, par exemple les propriétés nutritives des aliments, la « vertu dormitive » de l'opium et les vertus des autres spécifiques.

En logique, la qualité d'une proposition est son caractère affirmatif, dubitatif, négatif.

QUANTIFICATION DU PRÉDICAT. La quantification du prédicat ou attribut consiste à déterminer explicitement son extension. Si je dis : *Pierre est juste,* je puis, en quantifiant le prédicat, tourner ainsi cette proposition : *Pierre est quelque juste.* La proposition constitue alors une sorte d'équation et la théorie du syllogisme devient plus complète et plus rigoureuse.

QUANTITÉ. Au sens logique, la quantité est l'extension : une proposition universelle diffère d'une proposition particulière par la quantité, c'est-à-dire par le nombre plus grand d'individus auxquels s'applique ou que désigne le sujet (V. *Extension* et *Compréhension*).

Dans un sens plus général, la quantité peut se définir : ce qui admet du plus ou du moins, ce qui peut être compté ou mesuré.

On distingue la quantité *continue* (une ligne, un mouvement) de la quantité *discrète* (un nombre) (V. *Continu*).

QUIDDITÉ (*quid?* qu'est-ce?). Mot de la langue scolastique qui désigne l'essence en tant qu'exprimée par la définition et répond à la question « qu'est-ce que c'est? » ou « qu'est-ce? ».

QUIÉTISME (*quies,* repos). Le quiétisme fait consister la perfection dans la contemplation ou l'amour désintéressé de Dieu présent à l'âme. Quand Fénelon adopta le quiétisme de Mme Guyon et prétendit le justifier par les maximes des saints, il fut combattu par Bossuet et dut se rétracter.

QUINTESSENCE (*quinta essentia,* cinquième essence). Substance incorruptible dont on supposait les corps célestes constitués.

Par extension, ce mot désigne l'extrême subtilité d'une analyse qui cherche l'essence derrière l'essence, ou d'une conception qui échappe à la compréhension du commun des hommes parce qu'elle est *quintessenciée* et peut être complètement inintelligible même pour celui qui la formule.

R

RAISON. La raison est la faculté des principes. Les principes de la raison s'appellent principes premiers, principes directeurs de la connaissance. Les plus souvent invoqués sont les principes d'*identité* et de *contradiction* (principes logiques), de *causalité*, d'*induction*, de *finalité* (principes métaphysiques) (V. ces mots).

Outre les principes, on attribue aussi à la raison les *idées innées*, les *idées premières*, mais on n'est pas d'accord sur leur nombre ; tandis que les idées de *perfection*, d'*infini*, d'*absolu* sont généralement rapportées à la raison, on hésite pour les idées de *temps* et d'*espace* (dont Kant fait des formes de la sensibilité) et bien plus encore pour les idées de *cause*, de *fin*, d'*unité*, d'*identité*, qui semblent avoir leur origine dans la conscience ou réflexion. C'est que la raison et la réflexion ont pour ainsi dire même racine : dire que l'homme est un animal doué de raison ou de réflexion, c'est tout un et Leibniz le fait bien voir par sa célèbre *exception* : « Rien n'est dans l'intelligence qui n'ait été auparavant dans les sens », disaient les *empiristes* ; Leibniz, partisan de l'*innéité*, ajoute : « excepté l'*intelligence elle-même* », c'est-à-dire l'ensemble des idées premières et des principes premiers que la réflexion découvre dans l'esprit, qui n'est nullement une *table rase* (V. ce mot et *Innéité*).

La raison n'est donc pas toute l'*intelligence*, mais sa fonction la plus haute, celle qui règle toutes les opérations intellectuelles. Elle n'est pas davantage le *raisonnement* puisqu'elle saisit son objet *intuitivement*, alors que le raisonnement, opération *discursive*, établit une vérité par l'intermédiaire d'autres vérités évidentes ou démontrées.

Depuis Kant, on distingue avec soin la *raison pure* (ou *théorique*, ou *spéculative*) de la *raison pratique*. Celle-ci n'est autre chose que la *conscience morale* ou faculté de juger du bien et du mal par le moyen de la loi morale ou impératif catégorique ; celle-là aurait pour objet les idées transcendantes de l'âme, du monde et de Dieu, mais ces idées, selon Kant, sont simplement *régulatives;* en d'autres termes, elles ne peuvent servir qu'à systématiser les connaissances humaines en les ramenant à leur triple unité psychologique, cosmologique, théologique. Toutes les fois que la raison considère ces idées comme ayant un objet réel transcendant, elle tombe dans les *antinomies*. Par la raison pratique nous pourrions au contraire nous assurer que ce monde des noumènes, seulement possible pour la raison pure, est réel et nécessaire : c'est la théorie des postulats (V. ce mot) et il est étrange qu'on ait vu dans l'œuvre de Kant, entre ces deux raisons, une contradiction qui n'y est nullement puisque le réel et le nécessaire complètent le possible et, loin de le contredire, le supposent. On peut repousser cette subordination de la raison pure à la raison pratique, autrement dit, de la *métaphysique* à la *morale*, sans y voir une contradiction, ni surtout une « sublime contradiction ».

L'école éclectique appelait *raison impersonnelle* la raison considérée moins comme une faculté que comme une lumière qui éclaire à la fois tous les esprits : Dieu présent à l'âme. Cette théorie semble inspirée par les théories allemandes de l'*identité* de l'être et de la pensée ou plutôt par la tradition platonicienne et augustinienne : « Raison, raison, disait Fénelon, n'es-tu pas le Dieu que je cherche ? »

RAISON SUFFISANTE. La *raison* n'est pas la *cause* : ce dernier mot implique l'idée d'activité efficace. Si rien n'arrive sans cause, rien ne se produit non plus sans raison, c'est-à-dire au hasard et, de plus, sans une raison adéquate ou suffisante : entendez par là une raison qui rende parfaitement intelligible l'apparition d'un phénomène ou la production d'un être.

Rien n'existe qui n'ait une raison suffisante d'exister : ce principe cher à Leibniz implique que, de raison en raison, il faut toujours remonter à une dernière raison, seule suffisante pour tout expliquer. Le principe d'universelle intelligibilité, *tout ce qui est réel est rationnel*, est une autre forme du principe de raison.

Hégel ajoutait que tout ce qui *est rationnel est réel*, ce qui n'est peut-être vrai que dans son système parce que nous n'avons aucun moyen de nous assurer que le réel épuise complètement le possible.

RAISONNEMENT. Le raisonnement consiste à passer d'une vérité évidente ou démontrée à une autre vérité en employant des intermédiaires : ces intermédiaires sont eux-mêmes des vérités évidentes ou démontrées, et leur emploi prouve que le raisonnement est une *opération discursive*, tandis que la raison est *intuitive*.

On distingue trois sortes de raisonnement : la déduction (syllogisme), l'induction et l'analogie, mais l'analogie n'est qu'une forme particulière de l'induction.

Raisonnement se dit à la fois de l'opération intellectuelle et du résultat de cette opération. Un raisonnement exprimé et mis en forme est un *argument*. C'est l'abus de l'argumentation, c'est-à-dire l'usage d'arguments captieux et sophistiques, qui a fait dire que souvent le raisonnement bannit la raison.

RAPPORT. Un rapport est un point de vue sous lequel on considère une chose ou une comparaison instituée par l'intelligence entre une idée et une autre idée.

Les principes premiers expriment les *rapports nécessaires* des choses et, dans ce sens, la raison est la faculté des rapports. Le mot raison est même synonyme de rapport dans la langue des mathématiciens.

Il y a aussi des *rapports contingents* des choses entre elles : ils sont exprimés dans les lois expérimentales et une *loi de la nature* n'est pas autre chose que le rapport constant qui unit deux phénomènes ou un groupe plus considérable de phénomènes.

Rapport a pour synonyme *relation*. Ampère considère la raison comme la faculté des rapports nécessaires ou des relations abstraites et concrètes des choses : le rapport est plutôt dans l'esprit, c'est une conception abstraite ; la relation, plutôt entre les choses et dans le concret.

RATIONALISME. On désigne ainsi les systèmes fondés sur la raison par opposition aux systèmes fondés sur la révélation.

Il y a aussi un rationalisme théologique, qui s'efforce d'expliquer soit les livres saints, soit les dogmes surnaturels par une interprétation purement rationnelle : Spinoza, dans son *Traité théologico-politique*, et le docteur Strauss en sont des représentants.

Quelquefois le mot *rationalisme* s'oppose à *empirisme* et signifie alors croyance à la raison comme origine des idées premières et des principes premiers ; empirisme signifie recours exclusif à l'expérience sensible comme unique source d'idées et de connaissances.

RÉALISME. Dans la *querelle des universaux* qui remplit la scolastique, les *réalistes* étaient ceux qui croyaient à la *réalité*, nous dirions aujourd'hui à l'*objectivité* des idées générales, soit qu'elles existassent dans les objets, soit plutôt qu'elles fussent les objets mêmes de l'entendement divin. Les *nominalistes* n'y voyaient que des noms, et les *conceptualistes* des conceptions purement subjectives.

On voit que les *réalistes* étaient vraiment des *idéalistes* au sens platonicien du mot, puisqu'ils posaient la réalité des idées comme une vérité certaine.

Aujourd'hui le *réalisme dans l'art* consiste au contraire à nier l'*idée* ou l'*idéal* en les considérant comme de pures chimères : c'est donc un nominalisme ou plutôt, comme on l'a très bien dit, un « trivialisme ».

Réalisme se dit aussi de l'opinion qui admet la *réalité* du monde extérieur et son corrélatif *idéalisme* désigne alors le système qui consiste à nier l'existence du monde extérieur : tel est l'immatérialisme de Berkeley.

Remarquons qu'au lieu de réalistes et nominalistes, on disait quelquefois *réaux* et *nominaux*.

RÉCEPTIVITÉ (*recipere*, recevoir). Réceptivité signifie passivité dans la connaissance : nous sommes purement passifs, dit-on, dans la sensation, et dès lors la sensibilité est une *réceptivité* plutôt qu'une faculté ou une spontanéité.

RÉCIPROQUE. Deux propositions sont *réciproques* quand le sujet de l'une peut devenir l'attribut de l'autre.

Une bonne définition, disent les logiciens, doit être réciproque, c'est-à-dire qu'on peut toujours mettre la définition à la place du défini : si je dis l'homme est un animal raisonnable, il faut que je puisse dire l'animal raisonnable est homme.

Kant appelle *réciprocité* ou *communauté* la troisième des catégories de relation : c'est la réciprocité qui lie le patient à l'agent, l'action à la réaction.

RECONNAISSANCE. Dans le souvenir complet, il n'y a pas simplement retour, reproduction ou réviviscence d'un état antérieur, mais *reconnaissance* de l'idée avec les circonstances de temps et de lieu de sa première apparition dans l'esprit. La réminiscence est un souvenir incomplet, un souvenir auquel manque la reconnaissance.

RÉFLEXE (**Acte ou action**). L'action réflexe consiste dans ce fait qu'une impression reçue par un centre nerveux est suivie d'une réaction motrice immédiate, sans transmission aux centres plus élevés, d'ordre psychique. L'acte réflexe exclut donc la réflexion et la délibération.

La moelle épinière est le siège principal des actions réflexes, qui peuvent être simples ou coordonnées. Le cervelet, auquel on attribue la fonction d'équilibration, produit des actions réflexes très compliquées.

L'action réflexe offre trois phases : afférence transformation et efférence. Comme les impressions afférentes sont dites *sensibles*, lors même qu'elles ne sont pas senties, on peut définir l'acte réflexe une transformation nerveuse de sensibilité en motricité (V. *Actes réflexes*).

RÉFLEXION. La *réflexion*, ou *conscience réfléchie*, ou *perception interne*, est l'acte par lequel l'esprit se prend lui-même pour objet de connaissance.

La réflexion est l'instrument propre du psychologue, l'*introspection*. Elle implique désir ou volonté de s'étudier soi-même en devenant en quelque sorte acteur et spectateur, et par là se distingue de la conscience proprement dite ou conscience spontanée qui n'est que l'aperception naturelle de nos états internes : je souffre et par là même je sais que je souffre, c'est la conscience qui m'a averti ; je souffre et j'étudie ma souffrance en elle-même et dans ses causes psychologiques, c'est la réflexion qui commence son œuvre et met en quelque sorte en opposition le moi qui éprouve la douleur et s'en afflige et le moi qui l'étudie en s'efforçant de rester impassible.

C'est précisément de l'identité du sujet et de l'objet dans cette connaissance d'un genre particulier que l'on a tiré des objections souvent répétées contre la possibilité de la réflexion ou de l'introspection, mais les raisonnements les plus ingénieux ne sauraient prévaloir contre un fait.

RELATION. Synonyme de rapport (V. ce mot). La relation est la troisième division des catégories de Kant et désigne le rapport de l'attribut au sujet : 1° substance et accident; 2° cause et effet ; 3° réciprocité d'action ou communauté, d'où résultent les jugements catégoriques, hypothétiques et disjonctifs (V. ces mots).

RELATIVISME. Opinion des philosophes qui admettent la relativité de la connaissance. On peut considérer l'agnosticisme, le probabilisme, le scepticisme et le phénoménisme comme des formes du relativisme. Tous ces systèmes supposent une théorie de la connaissance qui nous refuse toute idée véritable de l'absolu (V. ces mots).

RELATIVITÉ. *Relatif* s'oppose à *absolu* et indique la relation d'une chose à une autre : l'accident est relatif à la substance, l'effet relatif à la cause.

La *relativité de la connaissance* résulte de ce que nous ne connaissons rien absolument, « nous ne connaissons le tout de rien », dit Pascal, et surtout de ce que nous ne pouvons rien connaître, comme l'a montré Kant, que relativement à nous, c'est-à-dire par le moyen de nos facultés de connaître qui imposent leurs formes, leurs lois subjectives à toutes nos connaissances. Protagoras disait déjà : L'homme est la mesure de toutes choses.

Hamilton, se fondant sur cette opinion que *penser c'est conditionner*, en concluait que la connaissance de l'absolu était démontrée impossible (V. *Absolu*).

RELIGION NATURELLE. Religion sans dogmes et sans révélation, c'est-à-dire fondée uniquement sur la connaissance de Dieu et de la Providence par la raison. C'est, sous un autre nom, le *déisme*.

RELIGIOSITÉ. Sentiment religieux : M. de Quatrefages considère la *religiosité* et la moralité comme les traits caractéristiques du *règne* humain.

Ce mot s'emploie quelquefois pour désigner un vague sentiment religieux sans objet précis ou déterminé scientifiquement : vague religiosité.

RÉMINISCENCE. Il y a *réminiscence*, et non souvenir complet, quand nous ignorons les circonstances de temps et de lieu qui ont accompagné la première apparition de l'idée dans l'esprit. Souvent aussi, réminiscence se dit de la simple réapparition ou réviviscence de l'idée sans que l'esprit la reconnaisse : il croit alors la tirer de lui-même.

La théorie platonicienne de la *réminiscence* consiste à regarder notre connaissance actuelle des idées comme un ressouvenir d'une vie antérieure, où, à la suite des dieux, nous avons contemplé les *essences* ou réalités du monde des idées. Socrate avait admis l'innéité de la science (V. *Maïeutique*). Platon crut rendre compte de cette innéité en imaginant l'hypothèse de la réminiscence.

REPRÉSENTATION. La représentation est l'image qui succède à la sensation : on dit que les sensations sont *affectives* (agréables ou douloureuses) et *représentatives* (expression ou représentation des objets qui les produisent).

Chez certains philosophes contemporains, la représentation est donnée comme un état qui n'est ni objectif ni subjectif : ils l'isolent de l'objet et de l'esprit pour la considérer à part. Dire que tout se réduit aux représentations, les choses et l'esprit, c'est professer une sorte de phénoménisme.

Schopenhauer a écrit son principal ouvrage pour défendre une hypothèse d'après laquelle le monde serait *volonté* dans son essence et *représentation* dans la connaissance que nous en avons.

RESPONSABILITÉ (*respondere*, répondre). La *responsabilité de* *l'agent moral* résulte de ce double fait qu'il y a une loi morale obligatoire, un impératif catégorique, et qu'il possède son libre arbitre ou liberté morale. Voilà pourquoi ses actions lui sont *imputables* et sont suivies de *satisfaction* ou de *remords* parce qu'elles impliquent le *mérite* ou le *démérite*.

Il en résulte que la responsabilité a ses degrés : l'homme qui agit sans conscience ou sans discernement ; celui dont le libre arbitre est annihilé ou affaibli par une violente passion ou une habitude invétérée ; celui qui n'est qu'un instrument passif entre les mains d'autrui et qui subit fatalement les *suggestions* de l'ignorance ou d'une volonté étrangère : tous ces hommes, plus ou moins fatalement déterminés à agir, sont moins responsables que d'autres.

A parler rigoureusement, nous ne sommes responsables moralement que de notre mauvaise volonté ou de nos intentions. Il faut donc distinguer avec soin la responsabilité *morale* de la responsabilité *légale*. La responsabilité ne se confond nullement avec la *crainte du châtiment*.

RESTRICTION. Emploi d'un terme dans un sens restreint. La *réduplication* est une sorte de restriction : l'homme *en tant qu'homme* ; l'idée de Platon *en tant que chose en soi*.

La *restriction mentale* est une restriction qui n'est pas exprimée, une réserve sous-entendue. Certains casuistes l'autorisent quelquefois sous prétexte qu'elle n'est pas un mensonge explicite, mais elle peut avoir en morale les mêmes effets que le mensonge explicite : c'est, comme la direction d'intention, un mensonge avec l'hypocrisie en plus.

S

SAGESSE. Autrefois sagesse signifiait philosophie. Chez les moralistes anciens, ce mot désigne la première des quatre vertus fondamentales et s'appelle aussi *prudence* : c'est la vertu de l'intelligence, autrement dit, la science, et particulièrement la science des choses par leurs causes.

SANCTION (*sancire*, confirmer, ratifier). On appelle *sanctions* de la loi morale les récompenses et les punitions qui la font respecter ou que sa violation entraîne nécessairement pour l'agent moral : sanction morale ou de la conscience (remords et satisfaction morale) ; sanction naturelle (conséquences physiques du vice et de la vertu) ; sanction sociale et légale (estime et mépris de nos semblables, vindicte des lois) ; sanction de la vie future (récompenses et punitions de l'autre vie).

L'idée de sanction se fonde sur celle de *mérite* et de *démérite* et dérive directement de la responsabilité de l'agent et du caractère obligatoire de la loi morale.

SCEPTICISME (σκέπτομαι, j'examine). Le scepticisme examine sans conclure : il consiste à soutenir que rien n'est certain, que tout est douteux et laisse l'esprit en suspens. Les sophistes, qui prétendaient avec Protagoras que l'homme est la mesure de toutes choses, étaient des sceptiques. Pyrrhon systématisa toutes les objections élevées contre les sens et la raison : *pyrrhonisme* est synonyme de scepticisme.

Les dix *époques* ou raisons de suspendre son jugement sont réduites par Agrippa aux cinq suivantes : 1° contradiction des jugements humains ; 2° relativité de nos conceptions ; 3° progrès à l'infini dans la démonstration ; 4° caractère hypothétique de la raison qui ne peut réussir à prouver sa propre légitimité ; 5° cercle vicieux inévitable ou diallèle, parce que le démontré s'appuie toujours sur l'indémontrable.

La forme moderne du scepticisme est la *relativité de la connaissance humaine* : les sciences ont fait trop de progrès pour que les contradictions des jugements humains puissent servir d'arguments contre la certitude, mais la métaphysique n'a jamais été plus attaquée sous prétexte que nous connaissons nécessairement avec nos facultés (subjectives) de connaître, et que les *choses en soi* nous échappent par leur définition même, puisque, dès qu'elles se manifesteraient, elles deviendraient des *phénomènes d'elles-mêmes* (V. *Relativisme, Criticisme*).

SCHÈME, SCHÉMATISME (σχῆμα, figure). Un *schème*, dans la langue de Kant, est une forme qui rend applicables aux phénomènes les concepts purs de l'entendement. Le schème est fourni par l'imagination et sert d'intermédiaire entre les concepts purs et les intuitions empiriques : on dira, par exemple, que la succession est le *schème* de la causalité parce que, lors même que la cause et l'effet sont simultanés, nous attribuons à la cause une sorte d'antériorité par rapport à l'effet. De même la permanence serait le schème de la substance.

Le schème n'est pas proprement une image ou du moins une image individuelle : c'est une sorte d'image générale qui s'applique aux objets individuels. Ainsi nous nous représentons un chien ou un cheval sous le schème du quadrupède.

Kant donne le nom de *schématisme de l'entendement pur* au procédé par lequel nous nous servons du schème pour appliquer les concepts aux objets ou plutôt aux intuitions : la pure pensée ne s'applique aux choses que par l'intermédiaire des images individuelles et des images généralisées ou schèmes.

Les *schèmes transcendantaux* correspondent aux catégories : ce sont, par exemple, pour la catégorie de la *quantité*, l'*unité*, la *pluralité*, la *totalité*.

SCIENCE. Une science est un ensemble de vérités reliées entre elles par une méthode. Savoir, a dit Képler, c'est mesurer ; la quantité seule peut être mesurée exactement ; toute science est donc un *système de connaissances quantitatives.*

On distingue quelquefois les sciences *spéculatives* et les sciences *pratiques,* mais toute science est de sa nature spéculative ou théorique, et quand elle devient pratique, c'est qu'elle se transforme en *art*.

On a essayé bien des fois de donner une classification des sciences. Celle qui a régné le plus longtemps est celle du moyen âge. Toutes les sciences étaient réparties dans le *quadrivium* et le *trivium* (V. *Quadrivium*). Mais cette classification n'a aucune importance philosophique. Les plus célèbres, dans les temps modernes, sont celles de Bacon, d'Ampère et de Comte.

Bacon classe les sciences d'après les facultés qui les engendrent. La *raison* donne les sciences philosophiques et théologiques, l'*imagination* les sciences poétiques, la *mémoire* les sciences historiques (histoire proprement dite et histoire naturelle). On voit assez l'insuffisance et l'arbitraire de cette classification mise en honneur par d'Alembert dans la préface de l'*Encyclopédie* : d'abord toutes nos facultés concourent, bien loin que chacune d'elles agisse isolément, dans tel ou tel ordre de sciences; ensuite ces facultés elles-mêmes sont énumérées arbitrairement; enfin l'esprit est choqué de trouver dans un même groupe l'histoire civile et politique et l'histoire naturelle.

La classification d'Ampère, fondée non plus sur les facultés du sujet, mais sur les différences des objets, est tout autrement complète et rigoureuse. Qu'il suffise d'indiquer les grandes divisions, *sciences cosmologiques* (de la matière) et *noologiques* (de l'esprit), subdivisées, les premières, en cosmologiques proprement dites ou de la matière inorganique, et physiologiques ou de la matière organisée, etc. Il poursuit cette division avec une rigueur systématique et obtient cent vingt-huit sciences. C'est un des plus grands efforts de l'esprit philosophique et encyclopédique dans notre siècle : cependant cette classification compliquée est généralement abandonnée.

Auguste Comte range les sciences : 1° dans l'ordre où elles s'impliquent théoriquement; 2° dans l'ordre où elles se sont développées historiquement, et cet ordre est le même que le précédent. Il obtient ainsi la série suivante : 1° mathématiques; 2° astronomie; 3° physique; 4° chimie; 5° biologie; 6° sociologie. Pour Comte, la psychologie rentre dans la biologie, et la logique, omise également, n'est que la méthodologie de chaque science. M. Herbert Spencer a critiqué et, sur certains points, amélioré et complété la classification positiviste, mais sans beaucoup modifier ses traits essentiels.

SCISSIPARITÉ (*scissus*, séparé; *parere*, engendrer). Mode de reproduction de certains animaux inférieurs par division ou segmentation. On dit aussi *fissiparité*.

SCOLASTIQUE (*schola*, école). Philosophie du moyen âge fondée sur la tradition péripatéticienne et sur l'autorité de l'Église. Thomas d'Aquin, l'*ange de l'école*, l'a résumée et systématisée dans sa *Somme*.

La soumission plus ou moins complète de la philosophie au dogme, de la raison à la foi (la philosophie est la *servante de la théologie*), l'usage excessif de la déduction et du syllogisme, l'extrême subtilité des analyses, trop souvent verbales, la tendance à réaliser les abstractions et à créer des entités explicatives qui n'expliquent rien : tels ont été les abus de la scolastique, dont le règne ne finit qu'avec Bacon et Descartes.

Mais elle a rendu de grands services à l'esprit humain en maintenant le goût de la philosophie et la passion de la dialectique, en créant un langage technique d'une rigoureuse logique, sur lequel nous vivons encore et qui a contribué largement à donner à la langue française la clarté et la précision qui la distinguent entre toutes.

Il faut donc se garder de mépriser « le fatras scolastique », et faire comme Leibniz, qui puisait largement dans cet arsenal de mots et d'idées.

SCOTISME. Ce mot désigne d'une manière générale la philosophie de Duns Scot et d'une manière particulière, qui est la plus fréquente, l'opposition de cette philosophie avec celle de saint Thomas, le *thomisme*, sur le point particulier de la liberté en Dieu. Duns Scot, pénétré de l'idée que l'âme est une, critiquait et condamnait toute théorie qui considère les facultés comme ayant une existence distincte et séparée de l'âme elle-même. En Dieu il plaçait l'attribut volonté avant l'attribut intelligence : Dieu est une liberté infinie qui n'est point déterminée par les lois des intelligences, mais qui pose ces lois pour elle-même et pour tous les esprits.

Sur la primauté de la liberté en Dieu par rapport à l'intelligence, Descartes a repris la tradition du scotisme : Dieu, selon lui, établit librement les vérités nécessaires comme un roi établit des lois en son royaume. Leibniz a au contraire repris la tradition du thomisme : les principes pensés par l'intelligence divine s'imposent à la volonté de Dieu, qui est nécessité moralement à choisir le meilleur.

SÉCULARISME. Ce mot, usité surtout en Angleterre, désigne une tendance plutôt qu'un système qui consiste à regarder la vie présente comme le tout de l'homme. Ce n'est pas l'athéisme, mais « il remplace, dit Flint, l'éternité par la vie présente améliorée et agrandie, la providence par la science, l'omniscience divine par une philanthropie éclairée ». C'est donc une forme du positivisme contemporain.

SÉLECTION (*seligere*, choisir). La nature semble procéder comme les éleveurs qui *choisissent* pour la reproduction les animaux les mieux constitués : elle imite en quelque sorte cette *sélection artificielle* et, par la *lutte pour la vie*, qui sacrifie les moins bien doués, elle produit une *sélection* naturelle qui assure l'amélioration des espèces en ne laissant survivre et se reproduire que les mieux doués d'entre les êtres, végétaux, animaux, races humaines. Cette évolution, selon quelques-uns, peut *transformer* les espèces et même engendrer des espèces toutes nouvelles.

SENS. Les *sens* et leurs organes sont les divers moyens par lesquels nous entrons en relation avec le monde extérieur : le toucher (sens intellectuel), la vue, l'ouïe (sens esthétiques), le goût et l'odorat (sens chimiques).

Quelques psychologues admettent aussi un *sens vital* qui nous renseigne sur les modifications de notre propre corps, et un *sens musculaire* spécialement affecté aux mouvements que nous imprimons aux muscles par l'intermédiaire des nerfs.

Outre les sens externes, les scolastiques admettaient des *sens internes*, sans organes extérieurs : le *sens commun* (qui réunit les impressions et nous fait rapporter, par exemple, à un objet unique, la chaleur, la lumière, les crépitements de la flamme); l'*imagination* (qu'ils distinguaient quelquefois en imagination proprement dite et fantaisie) ; l'*estimative* (analogue à l'instinct); la *mémoire* (en tant qu'elle a pour objet le sensible, non l'intelligible).

Aujourd'hui on appelle encore quelquefois la conscience psychologique *sens intime* ou *sens interne*.

SENS COMMUN. Cette expression, qui traduit deux expressions latines, *sensus communis* et *sensorium commune*, ne désigne plus le *sensorium* (ou lieu cérébral de convergence des impressions sensibles, organe du sens commun), mais les vérités communes ou soi-disant communes à tous les hommes. C'est donc un nom populaire de la raison.

L'école écossaise aimait à invoquer les vérités du sens commun qu'elle appelait encore des *préjugés légitimes*.

Dans le sens de criterium de la vérité, le sens commun se confond avec le *consentement général*.

Quelquefois enfin, cette expression s'entend du bon sens, de la rectitude de jugement, et c'est ce qui a fait dire que le sens commun n'est pas si commun qu'on pense.

SENSATION. La sensation, ou acte de sentir, diffère à la fois de l'*impression* qui la précède et de la *perception* qui la suit (V. ces mots). Les psychologues admettent des sensations agréables, désagréables et *indifférentes*. Ils réservent le nom de *sentiment* aux états affectifs non *localisés*, et qui ont pour antécédent une *idée* plutôt qu'une impression des corps extérieurs.

La sensation a un double caractère : elle est *affective* en tant que pénible ou agréable, et elle est *représentative* en tant qu'elle détermine la perception et nous renseigne sur l'objet qui la produit. On dit quelquefois que le caractère affectif et le caractère représentatif des sensations sont en raison inverse l'un de l'autre.

L'expression *sensations spécifiques* indique la différence d'espèce des sensations visuelles, auditives, tactiles, odorantes, gustatives.

La *localisation des sensations* consiste à leur assigner un siège dans les parties superficielles ou profondes de notre corps (V. *Localisation*).

SENSATION TRANSFORMÉE. On appelle système de la sensation transformée la théorie de Condillac qui explique toutes nos idées par la sensation : comme *représentative*, elle se *transforme* en attention, comparaison, jugement ; comme affective, elle se transforme en désir et volonté. La volonté n'est elle-même que le désir qui l'emporte sur les autres, comme l'attention n'est que la sensation dominante : la sensation explique donc tout l'homme intellectuel et moral selon Condillac et les idéologues (V. *Sensualisme*).

A ce système ingénieux manque l'idée d'activité ou l'idée d'effort que Maine de Biran devait restaurer en philosophie : si tout est sensation ou sensation transformée, qu'est-ce qui transforme la sensation, sinon un principe d'activité, une énergie que l'on retrouve dans l'exercice de tous nos sens, puisque la langue même nous force à distinguer, voir et regarder, entendre et écouter, toucher et palper, goûter et savourer, odorer et flairer ?

SENSIBILITÉ. La sensibilité est la faculté d'éprouver le plaisir et la douleur, les sensations et les sentiments. Elle comprend aussi les inclinations et les passions.

On la divise quelquefois en sensibilité physique (sensation) et sensibilité morale (sentiments).

Y a-t-il des faits sensibles *indifférents*, c'est-à-dire ni agréables ni douloureux, c'est une question débattue en psychologie. Biran admettait l'existence d'*états affectifs* inconscients, non sentis.

SENSIBLE. On dit quelquefois le monde sensible ou le *sensible* par opposition au monde intelligible ou à l'*intelligible* : c'est le monde des sens opposé au monde des idées de la dialectique platonicienne.

Aristote distinguait des sensibles *propres*, des sensibles *communs* et des sensibles *par accident* : les propres sont ceux qui ne peuvent être connus que par un seul sens, comme la couleur ; les communs, ceux qui peuvent être perçus par plusieurs sens, comme le mouvement; les sensibles par accident sont ceux que nous ne percevons pas, mais que nous croyons percevoir, par suite d'une association d'idées : ainsi la blancheur du lait nous donne l'illusion que nous goûtons sa douceur, l'éclat de l'or nous révèle sa dureté.

SENSORIUM COMMUNE. Organe du sens commun (V. ce mot), centre cérébral ou région du cerveau où les impressions convergent et s'unifient.

On emploie quelquefois le mot *sensorium* dans le sens vague d'organe de la sensibilité physique.

SENSUALISME. Mot très défectueux par lequel il est de tradition, dans l'école éclectique, de désigner le système de la sensation transformée de Condillac et de ses disciples. Il a le grand inconvénient d'insinuer une idée défavorable et de présenter une nuance très fausse par sa parenté avec *sensuel, sensualité*. Il vaudrait mieux dire *sensationisme*, puisque, d'après ce système, toutes nos idées viennent de la sensation, rien n'est dans l'esprit qui n'ait été auparavant dans les sens.

Comme affective, la sensation produit, selon Condillac, le désir de la volonté, toutes nos facultés actives; comme représentative, elle engendre l'attention (sensation la plus forte), la comparaison (double attention) et le jugement; bref, toutes nos opérations intellectuelles.

La difficulté du système consiste à passer de la sensation, état passif, à l'attention, état actif, et du désir qui est fatal à la volonté qui est libre (V. *Sensation transformée*).

SENTIMENT. Le sentiment diffère de la sensation en ce qu'il a pour antécédent une *idée* (claire ou confuse) et qu'il ne se localise pas dans telle ou telle région du corps. La joie et la tristesse sont des sentiments, la faim et la soif sont des sensations.

Dans la langue du xviie siècle, sentiment signifie acte de sentir en général et la distinction précédente n'est pas usitée : Malebranche dit que nous connaissons l'âme par *sentiment*.

SENTIMENTALISME. On désigne quelquefois par ce mot la *morale du sentiment*, c'est-à-dire cette doctrine qui fait du sentiment moral le guide de la vie humaine. Rousseau et Jacobi professent cette doctrine et regardent la satisfaction et le remords comme le vrai criterium des actions bonnes ou mauvaises. Adam Smith qui fonde la morale sur la *sympathie*, Aug. Comte qui prend pour point de départ l'*altruisme*, Schopenhauer qui choisit la *pitié*, professent également que le sentiment doit être substitué à la loi morale comme principe de la moralité et règle de nos actions

SÉQUENCE. Terme emprunté aux Anglais, et qui signifie *succession* : la science constate des *séquences* de phénomènes, c'est-à-dire des successions régulières dont elle formule les lois.

SIGNE. Un signe est un phénomène dont la présence éveille ou suggère la pensée d'un autre phénomène. Les *signes physiognomiques* révèlent nos émotions et même nos pensées.

Dans la théorie du langage, on a coutume de distinguer les *signes naturels* et les *signes artificiels* ou de *convention* : un cri est le signe naturel de la douleur ; un mot est le signe artificiel d'une idée.

Il est assez généralement reconnu que nous ne pouvons penser sans signes, non plus que sans images : toutefois il faut remarquer que logiquement, sinon chronologiquement, l'idée précède le signe et peut seule lui donner un sens en tant que signe.

SIMPLICITÉ. La simplicité est la qualité d'un être dans lequel on ne peut distinguer de parties. On dit que l'âme est simple et l'on en conclut qu'elle ne peut périr par décomposition.

Descartes employait l'expression *notions simples* pour désigner les derniers éléments auxquels l'analyse doit nécessairement s'arrêter.

SINGULIER. Jugement singulier : jugement dont le sujet est un être individuel, jugement qui n'est ni particulier, ni général, ni universel.

SITUATION. Une des catégories d'Aristote s'appelle situation : être assis, debout, couché.

Situer s'emploie aujourd'hui dans le sens de *localiser* : nous *situons* dans l'espace nos sensations de son et de couleur.

SOCIALISME. Nom commun des théories qui subordonnent plus ou moins complètement l'individu à l'État et la propriété individuelle à la propriété collective.

Il prend les noms de communisme, collectivisme, socialisme d'État, selon ses tendances. Le *saint-simonisme* est une forme du socialisme ou du communisme.

Platon, qui admettait la communauté des biens, des femmes, des enfants, était communiste.

On voit que les formes du socialisme sont trop multiples pour qu'on puisse donner de cette doctrine une définition rigoureuse.

L'anéantissement complet de l'individu au profit du corps social est énergiquement exprimé dans cette formule hégélienne : l'État est la substance des individus.

SOCIOLOGIE (*socius*, membre d'une société ; λόγος, science). Mot hybride (formé de la juxtaposition d'un mot latin et d'un mot grec) qui désigne la science sociale dans la philosophie positive.

Ce mot, forgé par Auguste Comte, est aujourd'hui d'un usage général. La sociologie est la dernière et la plus complexe de toutes les sciences : telle que Comte la conçoit, elle comprend l'histoire, l'économie politique, la politique. C'est une théorie de la *statique* sociale (ordre) et de la *dynamique* sociale (progrès).

SOCRATIQUE (École). La *révolution socratique*, comme toute révolution philosophique, porte surtout sur la méthode : Socrate ramena la pensée, des spéculations cosmogoniques où elle se perdait, à l'étude de l'homme, « du ciel sur la terre ». La *méthode socratique* comprenait deux procédés essentiels, l'*ironie*, pour réfuter les sophistes, et la *maïeutique*, pour la découverte du vrai (V. ces mots). Socrate recommandait et pratiquait l'induction comme moyen de passer des cas particuliers aux concepts généraux, et la définition comme moyen de fixer avec précision le sens des mots et la compréhension des idées générales. A l'*école socratique*, dont le plus célèbre représentant fut Platon, il faut joindre les *demi-socratiques* : Aristippe, qui professa la morale du plaisir ; Antisthène, le chef de l'école cynique, et Euclide de Mégare, chef de l'école éristique (V. ces mots).

SOLIDARITÉ (*solidum*, solidité et totalité). Ce mot s'emploie pour désigner l'unité de l'espèce humaine et l'action réciproque des hommes les uns sur les autres.

La *solidarité morale* résulte de l'exemple ou de l'imitation, en un mot, des influences de toutes sortes qui s'exercent d'individu à individu et nous rendent *solidaires* les uns des autres dans le bien et dans le mal.

SOLIPSISME. On désigne quelquefois par ce mot un égoïsme théorique et métaphysique d'après lequel je serais seul au monde (*ego ipse solus*) ou plutôt d'après lequel il n'y aurait pas de démonstration valable et rigoureuse de l'existence du monde extérieur et de nos semblables.

SOMNAMBULISME (*somnus*, sommeil ; *ambulare*, se promener). Rêve en action, état de sommeil pendant lequel le somnambule exécute des actes aussi bien et quelquefois mieux que s'il était éveillé.

C'est là le somnambulisme *naturel* ; on nomme somnambulisme *provoqué* celui qu'on obtient par les procédés ordinaires de l'hypnotisme. Cet état est éminemment favorable aux suggestions de toutes sortes et notamment à ce qu'on a nommé l'*objectivation des types*, c'est-à-dire la suggestion qui consiste à persuader au sujet qu'il est successivement tel ou tel personnage.

D'après M. Charcot, les trois états fondamentaux de l'hypnotisme sont : 1° l'état cataleptique ; 2° l'état léthargique ; 3° l'état de somnambulisme provoqué.

SOPHISME. Argument captieux, faux dans sa *forme* logique ou dans sa *matière*, c'est-à-dire dans les propositions qui lui servent de point de départ. Quelques-uns veulent que le sophisme soit faux quant à la matière, et le paralogisme quant à la forme ; mais, dans l'acception générale, le sophisme ne diffère du paralogisme que par l'intention de tromper.

On distingue des sophismes de grammaire (ambiguïté des mots), et des sophismes de logique (cercle vicieux, pétition de principe, etc.) ; parmi ceux-ci on distingue encore des sophismes de déduction et d'induction.

Voici, d'après Port-Royal, l'énumération et les noms usités des principaux sophismes :

1° Prouver autre chose que ce qui est en question (*ignoratio elenchi*, ou ignorance du sujet) ;

2° Supposer vrai ce qui est en question (pétition de principe ou cercle vicieux) ;

3° Prendre pour cause ce qui n'est point cause (succession ou simultanéité transformée en causalité, *non causa pro causa, post hoc, ergo propter hoc*) ;

4° Dénombrement imparfait (sophisme d'induction reposant sur des faits insuffisants) ;

5° Juger d'une chose par ce qui ne lui convient que par accident (illusion de l'accident, *fallacia accidentis*) ;

6° Passer du sens divisé au sens composé, ou du sens composé au sens divisé (*fallacia compositionis, divisionis*, illusion de composition, de division) ;

7° Passer de ce qui est vrai à quelques égards à ce qui est vrai simplement (*a dicto secundum quid ad dictum simpliciter*).

Il faut remarquer que les noms traditionnels latins sont encore assez souvent employés ; c'est pour cela qu'ils sont donnés ici.

J. Bentham a nommé *sophismes parlementaires* :

1° Le sophisme *d'autorité* (abuser de l'autorité qu'on s'est acquise dans un ordre spécial de questions pour s'arroger la même autorité dans une question toute différente et enlever une décision).

2° Le sophisme de *péril* (agiter le drapeau rouge ou le drapeau blanc, évoquer le spectre de la guerre civile ou de la guerre étrangère).

3° Le sophisme de *dilation* (accepter une mesure proposée en la renvoyant aux calendes grecques : d'ici là, le roi, l'âne ou moi nous mourrons).

4° Le sophisme de *confusion* (confondre sciemment les questions. Scipion sommé de rendre des comptes s'écrie : « A pareil jour nous avons vaincu les Carthaginois ; allons au Capitole remercier les dieux. »

SOPHISTES. L'école des sophistes, dont les principaux sont Gorgias et Protagoras, était une école de rhéteurs et de sceptiques qui professaient la relativité de la connaissance et surtout la relativité, c'est-à-dire, au fond, l'inanité de la morale. Ils opposaient le bien selon la nature et le bien selon la loi : la loi n'était à leurs yeux qu'un artifice des faibles pour se défendre contre les forts qui ont, de par leur force même, tous les droits.

Les sophistes ont néanmoins le mérite d'avoir préparé Socrate qui les combattit, parce qu'avant lui ils ramenèrent la philosophie « du ciel sur la terre », c'est-à-dire des spéculations cosmologiques aux problèmes de la morale et de la politique et à l'étude systématique de l'homme.

Leur art, c'est-à-dire l'argumentation captieuse et spécieuse, est la *sophistique*.

SOPHISTIQUE. Art de soutenir le pour et le contre, de donner à l'erreur un faux air de vérité, de rendre une thèse vraisemblable ou absurde selon l'intérêt du moment (V. *Sophisme*).

SORITE (σωρός, tas). Argument formé d'un enchaînement de syllogismes arrangés de telle sorte que l'attribut d'une proposition est toujours le sujet de la suivante et que toutes les majeures manquent, excepté la première, et toutes les conclusions, excepté la dernière. On peut citer le sorite du *Renard*, de Montaigne : « Ce qui fait bruit remue, ce qui remue est liquide... Donc cette rivière ne peut me porter. »

SOUVENIR. Le souvenir est l'acte complet de la mémoire et comprend : 1° la *réapparition* ou *réviviscence* de l'idée antérieurement acquise ; 2° la *reconnaissance* par l'esprit.

Il se distingue ainsi de la simple *réminiscence*, qui est le retour d'une idée sans que l'esprit la reconnaisse par les circonstances de temps et de lieu qui ont accompagné sa première apparition. On croit donc la produire pour la première fois.

Le souvenir implique : 1° l'idée du temps ou la distinction du passé et du présent ; 2° l'identité du sujet pensant et la permanence du moi (V. ces mots).

SPÉCIFIQUE (*species*, espèce). Qui appartient à l'espèce ; le *caractère spécifique* est celui qui, dans le genre, détermine l'espèce et doit entrer dans la définition.

On nomme *spécificité des sensations* les caractères distinctifs qui font qu'une couleur diffère d'un son, une saveur d'une odeur, etc.

SPÉCULATION (*speculari*, observer d'en haut). La spéculation est l'exercice de la raison pure ou la contemplation intellectuelle. La raison pure se nomme encore raison spéculative.

Une science *spéculative* est une science purement théorique, par opposition à une science *pratique* ou appliquée.

Le mot *spéculatif* s'oppose encore au mot *expérimental* : la métaphysique est spéculative, la psychologie est expérimentale.

SPINOZISME. Panthéisme de Spinoza et quelquefois simplement panthéisme. Le panthéisme de Spinoza est un panthéisme d'*immanence* par opposition au panthéisme d'*émanation* qui est celui des Alexandrins. La *substance* est immanente aux choses ; les *attributs* de la substance, ceux du moins qui nous sont connus, sont la pensée et l'étendue ; les *modes* des attributs constituent les esprits et les corps.

Ce panthéisme est *fataliste* parce que la liberté humaine n'est pas autre chose que l'ignorance des motifs qui toujours nous déterminent fatalement ; il est *acosmiste*, et non pas athéistique, parce que le monde ou *nature naturée* n'a de réalité qu'en Dieu et par Dieu, *nature naturante*.

La forme du système est déductive et même purement géométrique : Spinoza, dans son *Éthique*, procède par axiomes, définitions, démonstrations, corollaires, absolument comme les géomètres.

Il aboutit à l'*amour intellectuel* de Dieu comme au souverain bien de l'homme qui, par les *idées adéquates*, est non seulement immortel, mais *éternel*.

SPIRITISME. Croyance aux esprits et à la communication avec les esprits par l'intermédiaire d'un *médium*, des tables tournantes, etc. C'est une exagération ou plutôt une aberration du spiritualisme.

SPIRITUALISME. Toute doctrine qui admet l'*immatérialité* du principe pensant ou la *spiritualité* de l'âme est spiritualiste. Ce mot a son sens précis dans la doctrine cartésienne où l'âme, substance pensante, s'oppose au corps, substance étendue.

Il est quelquefois fort difficile de décider si une doctrine *monistique* est spiritualiste ou matérialiste, puisqu'elle admet l'unité de la substance et que la substance unique peut être l'esprit aussi bien que la matière.

L'accusation de matérialisme est donc souvent une accusation banale et un simple procès de tendances.

Les spiritualistes admettent généralement la liberté de l'homme, mais ils peuvent aussi la définir de telle sorte que l'homme devient un *automate spirituel*. Ils admettent également l'existence de Dieu, mais les uns lui accordent l'existence personnelle, les autres en font un simple idéal de la raison.

On voit par là que le spiritualisme est une tendance plutôt qu'une doctrine : c'est la tendance à expliquer l'inférieur par le supérieur et à faire prédominer l'esprit de synthèse sur l'esprit d'analyse.

SPONTANÉITÉ. Initiative du mouvement. La spontanéité s'oppose à la réflexion. Notre activité est *fatale*, si, comme dit Malebranche, *nous sommes agis;* elle est *spontanée* dans l'instinct, *libre* dans la volonté.

STOÏCISME (στοά, portique : le *Pœcile*, portique d'Athènes, où se tenaient les premiers stoïciens). On connaît surtout des stoïciens la morale rigide, les paradoxes qui se résumaient dans la maxime que la douleur n'est pas un mal. Leur philosophie était un panthéisme naturaliste.

Ils considéraient le monde comme un vaste animal : les corps en étaient les membres, Dieu en était l'âme ou le principe actif, la force interne, ou, comme ils disaient encore, la raison séminale.

Obéir à cette raison qui est hors de nous, c'est-à-dire aux lois de la nature qui la manifestent, c'est obéir à notre raison qui lui est identique, c'est n'obéir qu'à nous-mêmes, puisque la raison est la partie maîtresse ou directrice de l'âme : c'est rester libre en dépit ou plutôt à cause de la fatalité universelle.

Stoïque n'est nullement synonyme de stoïcisme : ce dernier mot désigne un système, le premier une qualité, qui consiste dans la fermeté, l'imperturbabilité d'une âme à l'épreuve de la douleur; on peut être stoïque sans être stoïcien. De même on peut être épicurien sans admettre la doctrine d'Épicure. Il serait à désirer que l'usage se généralisât d'admettre la même différence entre épicurisme et épicuréisme (épicurien et épicuriste) qu'entre stoïque et stoïcien.

SUBALTERNES. Deux propositions subalternes sont celles qui ne diffèrent que par la quantité : l'une est universelle (affirmative ou négative), l'autre est particulière (affirmative ou négative) (V. *Opposition*).

SUBCONSCIENCE. Conscience obscure ou demi-conscience; inconscience relative.

On appelle quelquefois *crépusculaires* les phénomènes subconscients, et les phénomènes inconscients constituent, a-t-on dit, le *côté nocturne* de l'âme.

SUBCONTRAIRES. Deux propositions sont subcontraires, c'est-à-dire partiellement contraires, quand elles sont l'une et l'autre particulières, mais l'une affirmative, l'autre négative (V. *Opposition*).

SUBJECTIF. Qui appartient au sujet ou à l'esprit qui connaît.

Dans le *subjectivisme*, l'esprit est la mesure des choses : c'est par conséquent une théorie d'universelle relativité (V. *Objectif*).

SUBLIME. Kant a montré qu'il diffère de la beauté, surtout par son caractère d'illimitation et par le plaisir mêlé de douleur qu'il nous procure en nous attirant et nous repoussant tour à tour. Il distingue deux sortes de sublime : le sublime mathématique ou de grandeur (le ciel étoilé), et le sublime dynamique ou de puissance (un orage sur mer).

SUBSTANCE (*sub*, sous ; *stare*, se tenir). La substance est ce qui existe en soi et supporte ou soutient les qualités ; c'est, comme on dit encore, leur *suppôt* ou *sujet* d'inhérence.

Substance pensante, *substance étendue*, expressions qui désignent l'âme et la matière dans le système de Descartes. La *substance universelle* est le Dieu immanent de Spinoza.

SUBSTRAT ou SUBSTRATUM. Ce mot désigne le sujet ou la substance, c'est-à-dire ce qui supporte les qualités, ce en quoi se trouve quelque chose qui ne peut subsister sans ce point d'appui ou sujet d'inhérence.

On dit, par exemple, que le cerveau est l'organe ou le *substratum* de la pensée ; on dit la même chose quand on l'appelle la *base physique* de l'esprit.

SUBSUMPTION. *Subsumer*, dans la langue de Kant, c'est faire rentrer un cas particulier dans une loi générale ; *subsumer les intuitions aux catégories par l'intermédiaire des schèmes*, cela veut dire : montrer, en se servant d'une image (qui est l'abrégé des cas individuels), que telle ou telle perception fait partie à titre de cas particulier de telle ou telle catégorie de perceptions.

SUCCESSION. On a voulu faire de ce mot un synonyme de causalité, mais il manque à l'idée de succession celle de *pouvoir efficace et suffisant* pour qu'elle s'identifie avec celle de causalité : une succession même constante, des séquences même régulières et répétées ne donnent encore, pour parler la langue de Kant, que le schème, le signe extérieur, le symbole visible de la vraie causalité.

SUGGESTION. Suggérer, c'est faire naître une idée dans l'esprit d'autrui. Dans l'hypnotisme, l'idée peut être suggérée par des ébauches de mouvements ou même par l'influence de la pensée. On peut ainsi suggérer toutes sortes d'actions et même des actions *à longue échéance*, dont l'ordre oral ou mental est oublié au réveil et pourtant s'exécute ponctuellement. Un vol ou un meurtre peuvent, dit-on, être le résultat d'une suggestion dont le souvenir est totalement oblitéré.

SUJET. Le sujet ou premier terme de la proposition désigne l'idée d'être ou de substance dont l'attribut est affirmé par le jugement.

On appelle aussi *sujet* l'esprit qui connaît, par rapport à l'*objet* qui est connu. Enfin, dans les expériences d'hypnotisme, le *sujet* est le patient.

SYLLOGISME (σύν, avec ; λόγος, raison). Le syllogisme, type du raisonnement déductif, est constitué par trois propositions telles que, les deux premières (les prémisses) étant posées, la troisième (la conclusion) s'ensuit nécessairement. Les deux prémisses s'appellent : la première la *majeure*, la seconde la *mineure*. Il y a trois termes dans le syllogisme, chacun répété deux fois : le *grand terme* qui a le plus d'extension, le *petit terme* qui en a le moins, et le *moyen terme* qui en a plus que le petit et moins que le grand. Le moyen terme est toujours éliminé de la conclusion.

Les *règles* du syllogisme sont au nombre de huit, dont quatre regardent les termes et quatre les propositions. Les *figures* du syllogisme sont au nombre de quatre et se distinguent entre elles par la place du moyen terme dans les prémisses (V. *Figure*). Ces quatre figures donnent, en combinant la quantité et la qualité des trois propositions, soixante-quatre *modes* dont dix seulement sont concluants. Les modes sont représentés par les mots techniques *barbara*, *celarent*, etc. Ils peuvent se transformer quelquefois les uns dans les autres par la *conversion* des propositions.

Les scolastiques employaient, pour se rappeler plus aisément la distinction des *figures*, ce vers technique :

Sub præ, tum præ præ,
tum sub sub, denique præ sub...

dans lequel *sub* est l'abréviation de sujet (subjectum), et *præ* celle de prédicat ou attribut :

Première figure : le moyen terme est sujet dans la majeure, attribut dans la mineure ;

Deuxième figure : le moyen terme est attribut dans la majeure et dans la mineure ;

Troisième figure : le moyen terme est sujet dans la majeure et dans la mineure ;

Quatrième figure : le moyen terme est attribut dans la majeure, sujet dans la mineure.

Voici, en quelques mots, les *règles du syllogisme* que l'on résumait en huit vers latins :

TERMES. — *Nombre* : qu'il n'y ait que trois termes, le grand, le petit et le moyen ;

Moyen : que la conclusion ne contienne jamais le moyen et qu'il soit pris au moins une fois dans toute son étendue ;

Extrêmes : que les extrêmes n'aient pas plus d'extension dans la conclusion que dans les prémisses.

PROPOSITIONS. — *Qualité* : Deux affirmatives ne peuvent donner une conclusion négative ; et de deux négatives on ne peut rien conclure.

Quantité : De deux propositions particulières ne suit aucune conclusion ;

Quantité et qualité : La conclusion est négative si une des prémisses est négative, particulière si une des prémisses est particulière.

Toutes ces règles se réduisent à une seule : il faut que la majeure contienne la conclusion et que la mineure fasse voir que la conclusion est réellement contenue dans la majeure.

On nomme *arguments syllogistiques* des syllogismes irréguliers ou combinaisons de syllogismes : l'enthymème, l'épichérème, le prosyllogisme, le dilemme, le sorite.

Le syllogisme, qui a tant exercé la sagacité et la subtilité des scolastiques, est surtout un bon exercice logique, un instrument de contrôle ou d'exposition, non un moyen d'invention ou un instrument de découverte scientifique.

SYMPATHIE (σύν, avec ; παθεῖν, souffrir). On appelle *morale de la sympathie* la morale d'Adam Smith, qui donne pour criterium de la moralité des actes le degré de sympathie qu'ils font naître chez autrui. Mais la sympathie est un sentiment, et, comme tel, variable d'homme à homme et même dans le même homme dans les divers temps. Adam Smith est donc obligé de recourir à un *spectateur impartial*, témoin idéal de nos actes et dont la sympathie les jugerait. Ce témoin pourrait bien être la conscience morale appelée d'un autre nom, la loi morale, seule vraiment impartiale et impassible.

SYNCRÉTISME (σύν, avec ; κερᾶν, mélanger). Réunion ou combinaison de systèmes différents et même incompatibles. Un éclectisme sans critique est un syncrétisme (V. *Éclectisme*).

SYNDÉRÈSE. Dans la langue des scolastiques, ce mot signifie la conscience ou plutôt la première étincelle de la conscience, ce principe inné d'action qui nous pousse au bien et nous détourne du mal.

Par extension, la syndérèse sera aussi le remords. Ce mot se trouve pour la première fois dans saint

Jérôme, et Uberweg pense qu'il faut lire συνείδησις : il aurait donc pour origine une erreur de copiste.

SYNTHESE (σύν, ensemble ; τίθημι, placer). La *synthèse*, opération inverse de l'analyse, consiste à reconstituer le tout au moyen de ses éléments. Elle est logique et mathématique ou bien expérimentale (V. *Analyse* et *Antithèse*).

SYNTHÉTIQUE. On appelle méthode synthétique celle qui emploie la synthèse de préférence à l'analyse. Insister sur les ensembles plus que sur les détails, c'est procéder synthétiquement.

Mais les méthodes analytiques et synthétiques se mêlent le plus souvent dans toutes les sciences et même se prennent aisément l'une pour l'autre : c'est ainsi que Condillac, expliquant tout par un fait qu'il considère comme très simple, la sensation, croit analyser la nature humaine, tandis que sa méthode — bien visible dans l'hypothèse de la statue — est synthétique parce qu'il recompose l'homme au moyen des sensations élémentaires.

Kant a donné le nom de *jugements synthétiques* aux jugements dans lesquels l'attribut ne fait pas partie essentielle du sujet, mais lui est surajouté par l'affirmation.

Ce jugement : la terre est ronde, est évidemment *synthétique à posteriori;* mais quand on dit *Dieu existe*, est-ce un jugement *synthétique à priori* ou un jugement analytique ? en d'autres termes, l'existence actuelle est-elle impliquée ou enveloppée dans l'idée de Dieu (*Dieu existe* serait alors un jugement analytique et légitime, comme le pensaient saint Anselme et Descartes), ou bien l'existence actuelle est-elle surajoutée à l'idée de Dieu par une affirmation illégitime, puisque l'expérience ne peut la contrôler ?

On voit la portée considérable de cette distinction en métaphysique. Le sort de la métaphysique est intimement lié à la réponse que l'on fait à cette question : Y a-t-il des jugements *synthétiques à priori ?*

SYSTÈME. Système a la même étymologie que synthèse : un système est donc une synthèse d'idées et de vérités se rapportant à un même sujet.

L'*esprit de système* désigne souvent le trop grand attachement à des idées préconçues, et il est certain qu'il y a beaucoup de systèmes arbitraires et artificiels, mais l'esprit de système n'est nullement antiscientifique, puisque la nature est elle-même systématique dans toutes ses productions. Seulement nos systèmes n'épuisent jamais la nature ; elle s'en affranchit et les déborde de toutes parts : c'est ce qui a fait dire à Leibniz que les systèmes sont vrais par ce qu'ils affirment et faux par ce qu'ils nient.

C'est aussi ce qui a donné l'idée de substituer aux systèmes particuliers l'*éclectisme* qui choisit dans tous les systèmes, et la *conciliation* qui les éclaire et les complète l'un par l'autre en montrant leur accord dans un système supérieur : mais l'éclectisme, s'il choisit sans discernement, n'est qu'un syncrétisme aveugle, s'il choisit avec discernement, implique une règle de choix, c'est-à-dire un système particulier; et la *conciliation*, de l'aveu même de ceux qui la préconisent, applique *systématiquement* la formule leibnizienne citée plus haut. Toute philosophie est donc systématique.

T

TABLE RASE. Les philosophes qui font tout dériver de la sensation, et qui disent que rien n'est dans l'intelligence qui n'ait été d'abord dans les sens, représentent l'âme comme une *table rase* (tablette de cire sur laquelle aucun caractère d'écriture n'est encore tracé). La théorie de la table rase s'oppose donc à la théorie des idées innées.

TACTILE (*tactus*, toucher). Qui concerne le sens du toucher. *Impressions tactiles*, impressions faites sur l'organe du tact.

TAUTOLOGIE (ταῦτος, le même; λόγος, discours). Répétition, vice de langage qui consiste à redire la même chose en d'autres formes, sans se douter que cette répétition n'est nullement une explication. On commet cette faute quand on fait entrer dans une définition le mot à définir. Quand on formule le principe de causalité sous cette forme : *tout effet a une cause*, on commet une tautologie, car si l'on avait à définir l'effet, on serait obligé de dire : ce qui est produit par une cause.

TECHNOLOGIE (τέχνη, art; λόγος, science). Description des arts et étude analytique de leurs procédés opératoires, de leurs traditions, de leur évolution. La technologie est aux arts (il s'agit surtout des arts mécaniques et de la partie technique des arts libéraux) ce que la logique est aux sciences : elle décrit leurs procédés, les définit et les classe, détermine leurs conditions et leurs lois et étudie leur développement historique.

TÉLÉOLOGIE (τέλος, fin; λόγος, science). Théorie des causes finales. *Jugement téléologique* signifie, chez Kant, jugement sur les causes finales internes et externes (V. *Causes finales*). La preuve de l'existence de Dieu appelée physico-téléologique est celle qui se fonde sur les causes finales et sur l'ordre qui règne dans le monde : l'ordre suppose un ordonnateur.

TÉLÉPATHIE (τῆλε, loin ; πάθος, affection). Ce mot s'emploie quelquefois pour désigner certains faits étranges de communication à distance des pensées et des affections, faits observés principalement par quelques hypnotiseurs, et qui ne sont pas encore suffisamment contrôlés.

TÉMOIGNAGE. Moyen d'information ou source de connaissances qui résulte de la *croyance* à autrui.

Les logiciens ont déterminé les *règles du témoignage*, c'est-à-dire les conditions requises pour qu'il puisse être considéré comme véridique et produire dans l'esprit, soit la probabilité, soit la certitude. Ces règles portent sur le témoignage lui-même (le fait relaté doit être possible), ou bien sur les témoins (ils doivent être compétents et désintéressés).

TEMPÉRAMENT. Le tempérament, dans l'ancienne médecine, était constitué par la proportion respective des quatre humeurs, sang, pituite, bile, atrabile : de là les tempéraments sanguins, lymphatiques (ou pituiteux), bilieux, et mélancoliques (ou atrabilaires).

En vertu de l'influence du physique sur le moral, ces tempéraments produisent un nombre égal de dispositions ou tempéraments psychiques, que Kant caractérise ainsi : le *sanguin*, enjoué, bienveillant, superficiel ; le *phlegmatique*, froid, modéré, inflexible ; le *colérique*, ardent, passionné, ambitieux, cupide ; le *mélancolique*, profond, triste, personnel.

TEMPS. Le temps est la somme totale des *durées* considérées abstraitement. La durée est mesurée par le mouvement. Les métaphysiciens distinguent le temps non seulement de la *durée*, mais de l'*éternité*, qui est un attribut de Dieu et n'admet aucune division, ni *avant* ni *après*.

Leibniz définissait le temps l'*ordre des choses successives*, et l'espace l'*ordre des choses coexistantes* ou simultanées. Pour Kant, le temps est une *forme pure* de la sensibilité, la forme du sens interne qui perçoit les faits successifs de la vie intérieure ; l'espace, la forme du sens externe qui perçoit les coexistences ou simultanéités extérieures.

TENDANCES (*tendere*, tendre). Synonyme d'inclinations. On dira, par exemple, les tendances inférieures de notre nature, pour désigner les appétits ou encore les sentiments égoïstes et les passions déprimantes.

TÉRATOLOGIE (τέρας, monstre ; λόγος, science). Description et classification des monstres ou monstruosités organiques.

A l'imitation des naturalistes,

les psychologues appellent *tératologie psychologique* l'étude des exceptions, anomalies, monstruosités que présentent certains esprits.

TERME. Synonyme de nom ou mot. Dans la proposition, les logiciens appellent *termes* le sujet et l'attribut, et, dans le syllogisme, ils distinguent le grand terme, le petit terme et le moyen terme suivant l'extension de ces termes, c'est-à-dire le plus ou moins grand nombre d'objets auxquels ils s'appliquent (V. *Syllogisme*).

En général, les termes comportent les mêmes divisions que les idées qu'ils expriment : il y a, par exemple, des termes *concrets* et *abstraits*, suivant que l'idée exprimée est elle-même concrète ou abstraite ; il y a encore des termes singuliers ou individuels, généraux, collectifs, etc.

TERMINOLOGIE. On désigne par ce mot la langue spéciale et technique d'une science ou d'un art. On dira, par exemple, *terminologie scolastique*, pour désigner la langue très spéciale employée par les philosophes scolastiques.

THÉISME (Θεός, Dieu). Ce terme dit un peu plus que déisme : le *déiste* admet un Dieu, le *théiste* reconnaît une providence et peut professer un culte privé ou public. Cette nuance n'est pas toujours observée et les deux mots sont souvent considérés comme synonymes : au fond, la seule différence, c'est que l'un vient du grec et l'autre du latin.

THÉODICÉE (Θεοῦ δίκη, justice de Dieu). Leibniz a donné ce nom à un ouvrage où il plaide la *cause de Dieu* et qui est une *justification* de la providence par l'optimisme.

Depuis Leibniz, il se prend dans le sens de théologie naturelle ou rationnelle : la théodicée n'est pas la métaphysique, mais une partie très importante de la métaphysique.

THÉOGONIE (θεός, dieu ; γονή, génération). Généalogie des dieux du paganisme. Système des premiers philosophes sur la genèse des choses et les rapports des dieux entre eux et des dieux avec le monde, c'est-à-dire la nature et l'homme.

THÉOLOGIE (Θεοῦ λόγος, science de Dieu). On réserve ce nom à la science de Dieu et des rapports de Dieu au monde qui se fonde sur la révélation. La théologie *naturelle* ou *rationnelle* ne fait appel qu'à la raison.

THÉOPHILANTHROPES. Secte de philosophes de l'époque révolutionnaire qui associaient dans un culte spécial l'adoration de l'Être suprême et l'amour de l'humanité.

THÉORÉTIQUE. Ce mot, employé surtout par les Allemands, désigne ce qui concerne la théorie, la vérité, la connaissance de l'être. Pratique est le terme corrélatif et désigne alors ce qui concerne l'action, le bien, le vouloir, ce qui doit être.

En français, nous n'employons guère le mot *théorétique*; nous nous contentons du mot *théorique*, qui pourtant ne signifie pas exactement la même chose : une science est théorique, une doctrine de la connaissance scientifique est théorétique.

THÉORIE. Connaissance spéculative, par opposition à la pratique ou aux applications.

En philosophie, ce mot s'emploie souvent dans le sens d'explication : théorie de l'intelligence, c'est-à-dire explication systématique des facultés intellectuelles. *Théorique* est encore plus nettement opposé à *pratique* : morale théorique (c'est-à-dire principes de la morale et discussion de ses principes); morale pratique (c'est-à-dire application des préceptes de la morale à la vie humaine).

THÉOSOPHIE (Θεός, Dieu; σοφία, connaissance). Théosophie est un mot que l'on emploie quelquefois pour désigner le mysticisme, l'illuminisme, toutes les spéculations qui mêlent à l'observation et au raisonnement une forte dose d'enthousiasme et de rêveries.

THÉRAPEUTES (θεραπεύειν, soigner). C'est le nom d'une association juive d'Égypte dont les membres, selon l'explication de Philon, s'appelaient *médecins des âmes* et vivaient dans la solitude et la contemplation.

Le mot *esséens* ou *esséniens* a le même sens et dérive d'un mot syriaque qui, comme le mot thérapeutes, signifie *médecins*.

THÈSE. Proposition à démontrer (V. *Antithèse* et *Antinomies*).

THOMISME. Philosophie de saint Thomas d'Aquin. Elle est exposée dans sa fameuse *Somme théologique*, qui est une véritable encyclopédie des sciences philosophiques et théologiques au moyen âge. L'auteur y procède ordinairement de la manière suivante : il pose la question en forme de problème et la divise en plusieurs articles; puis, sur chacun de ces articles, il propose des difficultés ou objections tirées soit de l'autorité des Écritures ou des Pères, ou des philosophes, surtout Aristote; enfin il donne des réponses puisées aux mêmes sources et des conclusions où abondent les distinctions subtiles. « C'est, dit V. Cousin, un des grands monuments de l'esprit humain au moyen âge, et il comprend, avec une haute métaphysique, un système entier de morale et même de politique. » (V. *Scotisme*).

TOPIQUES (τοπικά, lieux communs). Les topiques sont les lieux communs ou sources d'arguments.

En voici quelques-uns : ce qui s'affirme ou se nie du genre, s'affirme ou se nie de l'espèce ; on affirme ou on nie le défini de ce dont on affirme ou on nie la définition, etc.

La théorie des topiques distinguait les lieux communs de *grammaire* (étymologie, dérivation des mots), de *logique* (fondés sur la distinction des universaux) et de *métaphysique* (dérivés de la distinction des quatre causes, des catégories, etc.).

Les topiques constituaient donc pour l'argumentation un arsenal d'arguments tout préparés.

TOURBILLONS. On appelle *hypothèse des tourbillons* une théorie cartésienne de la production de l'univers ou plutôt de la manière dont l'ordre actuel du monde est sorti de la confusion des éléments qui le constituent. Descartes suppose la matière dans un repos absolu ; Dieu lui donne le mouvement ; tout étant plein, le mouvement se communique à toutes les parties ; mais il ne saurait se propager en ligne droite et l'action réciproque des parties doit produire des mouvements circulaires ou *tourbillons* innombrables. Descartes explique ainsi tout l'univers matériel, depuis la matière subtile, dispensatrice du mouvement, de la lumière et de la pesanteur, jusqu'à la matière grossière qui tombe directement sur nos sens et forme les planètes et tous les corps. Cette grande hypothèse n'a pas eu seulement le mérite d'avoir préparé la théorie de l'attraction universelle de Newton ; elle est par elle-même un des plus grands et des plus heureux efforts de l'esprit humain pour expliquer l'ordre et la genèse des choses.

TOURBILLON VITAL. Mouvement des molécules qui entrent dans l'organisme et en sont éliminées par un renouvellement perpétuel qui entretient la vie. On l'oppose à l'*identité* de l'âme.

TOUT. Le composé réel ou logique.

Par l'expression *grand tout*, on entend l'union de Dieu et du monde ; le retour au *grand tout* est le retour des âmes à l'âme du monde ou à la substance universelle.

TRADITIONALISME. Système qui puise la philosophie dans la tradition religieuse et nie la possibilité d'arriver à la vérité par la seule raison individuelle.

TRADUCIANISME (*traducere*,

transmettre). Explication de la génération par une transmission directe du corps et de l'âme des parents au corps et à l'âme des enfants.

TRANSCENDANTAL, TRANSCENDANT (*transcendere*, franchir les limites). Les notions et réalités transcendantes des scolastiques sont celles qui dépassent tout genre, toute catégorie et s'étendent à tout, par exemple l'être, l'unité, la vérité.

Dans la philosophie de Kant, est *transcendant* ce qu'aucune expérience ne peut atteindre, ce qui est par delà le phénomène ou l'apparence et dont la connaissance est purement illusoire et chimérique; est *transcendantal* tout élément de la pensée qui est *à priori* et, sans pouvoir dépasser le cercle de l'expérience, en est cependant la condition supérieure.

Ce qui est transcendantal n'est pas pour cela transcendant, car le transcendant est *hors* de l'expérience, *au delà* de l'expérience, tandis que le transcendantal est perçu *dans* l'expérience totale et ne *dépasse* que l'expérience des sens.

Kant appelle *paralogisme transcendantal* le passage des faits psychologiques à l'âme une et identique qui en serait le principe : c'est un paralogisme, car l'unité et l'identité n'existent pas dans les objets, mais dans la pensée; et il est transcendantal, car il consiste à franchir les limites de l'expérience.

On connaît la comparaison de la colombe qui s'imagine qu'en sortant de l'atmosphère elle volerait plus librement dans le vide : elle ne ferait qu'une lourde chute. Ainsi faisons-nous, selon Kant, toutes les fois que nous voulons spéculer sur le transcendant.

On voit aussi que, dans la terminologie kantienne, transcendant s'oppose à la fois à *immanent* et à *empirique* ou *expérimental*. Il a également ce sens dans la langue ordinaire des philosophes : Dieu est dit transcendant, et non simplement immanent, quand on affirme son existence hors du monde, immanent quand on l'identifie avec le monde.

TRANSFORMATION. Littéralement : *changement de forme* ou *métamorphose*. Ceux qui admettent la *transformation des espèces*, c'est-à-dire une évolution en vertu de laquelle toutes les espèces vivantes proviendraient des mêmes ancêtres, sont appelés *transformistes*.

TRANSFORMISME. Hypothèse biologique proposée par Lamarck, développée par Darwin, d'après laquelle on admet que les espèces vivantes dérivent les unes des autres par une série de transformations que déterminent les changements de milieux et de conditions vitales.

TRANSITIF (*transire*, passer d'un lieu ou d'un sujet à un autre). Ce mot désigne l'action d'une cause qui produit un effet hors d'elle-même : l'action de l'âme sur le corps est transitive. Il s'oppose à immanent : l'action de l'âme sur elle-même dans la détermination volontaire est immanente. Dieu, selon Spinoza, est la cause immanente et non transitive du monde, car, selon le panthéisme, le monde n'a de réalité qu'en Dieu et par Dieu.

On trouve quelquefois le mot *transitoire* employé dans le sens de transitif, mais c'est un abus : transitoire signifie proprement passager, qui n'est que pour un temps.

TRANSMIGRATION. L'expression *transmigration des âmes* est synonyme de *métempsycose* (V. ce mot).

TRILOGIE. Ce mot désigne, dans la dialectique de Hégel, la réunion des trois moments de la pensée, affirmation, négation, absorption (conciliation dans une idée supérieure), ou thèse, antithèse et synthèse.

TRIVIUM. Dans les sept *arts libéraux*, classification scolastique des connaissances humaines, le *trivium* comprenait la *grammaire*, la *dialectique* et la *rhétorique* (V. Quadrivium).

TYPES (τύπος, empreinte, modèle). Les types sont les idées des choses en prenant le mot idée dans son sens platonicien. *Prototypes* ou *archétypes* s'emploient dans le même sens.

Toute chose, selon Platon, a son *idée* dont elle est la *copie* plus ou moins fidèle et dont elle *participe*: cette participation des choses à leurs *types* éternels constitue toute leur réalité.

Les types sont des principes de connaissance (car nous ne connaissons les choses que par leur intermédiaire), et des principes d'existence, puisque les choses n'existent que par la *participation* aux idées.

Selon Platon, il y a une connaissance intuitive des choses dans leurs exemplaires éternels et c'est elle qui rend toutes les autres connaissances possibles, loin d'en être elle-même le résultat. D'après la théorie de la réminiscence, cette connaissance primitive a son origine dans quelque condition antérieure à la vie terrestre et qui consiste dans une union intime de l'âme avec la vérité et l'être ou une intuition rationnelle.

U

UBIÉTÉ (*ubi*, où). Ce mot désignait, chez les scolastiques, les différentes manières d'exister quelque part ou dans un lieu : la première s'appelait *circonscriptive* (quand le lieu occupé par le corps est déterminé par les points de l'espace qui le circonscrivent) ; la deuxième *définitive* (quand on peut définir ou déterminer que la chose est située dans tel espace, sans pouvoir lui assigner un lieu précis et exclusif ; (exemple : l'âme dans le corps) ; la troisième *réplétive* (c'est l'ubiété ou ubiquité de Dieu qui emplit tout l'univers par son opération sans être lui-même étendu). Leibniz nous avertit qu'on aurait grand tort de tourner ces distinctions en ridicule.

UBIQUITÉ. Présence en tous lieux à la fois. L'*ubiquité* de Dieu est la même chose que son *immensité* ou son *omniprésence* chez les théologiens.

ULTIME (*ultimus*, dernier). Ce mot s'emploie quelquefois, surtout dans les expressions *fait ultime*, *principe ultime*, pour désigner le fait qui est irréductible, et qui marque le dernier terme de l'analyse ou le principe au delà duquel il est impossible de s'élever et d'où dérive tout principe secondaire et toute démonstration.

UN, UNITÉ. L'*un*, c'est l'être en tant qu'il ne comporte aucune division et se distingue de tout autre être.

L'unité en métaphysique n'est donc ni l'harmonie, le concert ou le concours, comme dans la langue ordinaire (ce tableau manque d'unité), ni l'unité abstraite des mathématiciens, ni ce qu'on a appelé quelquefois l'*unicité* (quand on dit : cette montagne n'a qu'un sommet, cela signifie que ce sommet est *unique*). Dieu est unique et il est un.

Les platoniciens appelaient Dieu l'*Un* ou le Bien. Cette dénomination est surtout usitée chez les Alexandrins.

On dit que l'âme est *une* malgré la *multiplicité* des facultés et que l'idée d'*unité* nous vient de la conscience. Le corps, au contraire, est *multiple* par ses éléments et par ses fonctions. Unité signifie donc indivisibilité et s'oppose à pluralité ou multiplicité.

Dans la langue de Kant, l'unité est une des catégories de la quantité : les deux autres sont la pluralité et la totalité.

UNIFICATION. L'unification est l'acte qui unit ou combine ce qui est distinct, soit dans la pensée, soit dans la réalité. On entend surtout par ce mot l'union intime de l'âme avec Dieu ou plutôt l'absorption de l'âme individuelle dans l'âme universelle.

Le but suprême de la philosophie, le souverain bien, selon les philosophes de l'école d'Alexandrie, était l'unification de l'âme avec Dieu par la contemplation ou plutôt par l'extase.

UNIVERS. L'univers comprend la totalité de ce qui existe : Dieu, le monde, l'homme. Dans beaucoup de cas, le mot univers désigne simplement le monde et a pour synonyme l'expression souvent usitée de création.

UNIVERSALITÉ. Ce mot s'emploie quelquefois pour désigner la totalité, la somme complète des faits ou des êtres, mais plus souvent pour exprimer le caractère de ce qui est universel, c'est-à-dire de ce qui convient à tous les êtres. On dira, par exemple, qu'un des caractères de la loi morale est l'universalité parce qu'elle s'applique à tous les hommes ; que les principes premiers sont universels parce qu'ils se retrouvent dans tous les esprits et dirigent toutes nos recherches scientifiques. Universalité dit donc plus que généralité.

UNIVERSAUX (*universale*, universel). Les universaux sont les idées générales ; les scolastiques les réduisaient à cinq : le genre, l'espèce, la différence, le propre et l'accident (V. ces mots).

La *querelle des universaux*, qui remplit toute la scolastique, consistait à déterminer la portée ou la valeur des idées générales : Correspondent-elles à des réalités hors de nous (réalisme)? Ne sont-elles que des noms (nominalisme)? Sans avoir de réalité extérieure, transcendante qui leur corresponde, sont-elles les signes de conceptions très réelles de notre esprit (conceptualisme)? Telles étaient les trois solutions proposées.

Roscelin fut le chef des nominalistes ou *nominaux*; Guillaume de Champeaux combattit le nominalisme outré de Roscelin et attacha son nom au réalisme, dont les partisans s'appellent aussi *réaux*; enfin Abailard, d'abord disciple de Guillaume de Champeaux, inventa le conceptualisme et il y eut dès lors des nominaux purs et des nominaux conceptualistes.

Sous cette forme scolastique, la querelle des universaux est bien oubliée, mais les questions agitées n'étaient ni factices ni imaginaires : quand les naturalistes discutent la question de l'origine et de la valeur des *espèces*, ils transportent le même problème sur un autre terrain. Si, par exemple, la nature par l'évolution des êtres brise sans cesse les cadres arrêtés dans nos classifications, c'est qu'il n'y a de réel que les individus et, dès lors, le conceptualisme, qui n'est guère qu'une forme du nominalisme, a gain de cause.

Platon, qui posait au-dessus des idées générales les *idées en soi*, était le réaliste par excellence et l'on voit par là que ce mot a une étroite parenté avec le mot *idéaliste*.

UNIVERSEL (Consentement). Pour démontrer certaines thèses de philosophie, par exemple l'existence de Dieu et la liberté de l'homme, on invoque quelquefois l'argument du *consentement universel*, c'est-à-dire de l'opinion unanime du genre humain. C'est un appel au sens commun, une sorte de confirmation du témoignage de la conscience individuelle. Mais, outre que l'unanimité n'est jamais facile à obtenir ou à démontrer, le sens commun ne doit pas être invoqué légèrement par le philosophe, accoutumé, comme parle Descartes, à « se repaître de vérités » et non d'apparences, comme le vulgaire. Kant dit très bien : « Un ciseau et un maillet peuvent servir à travailler le bois, mais pour graver, il faut un burin. » Il faut toujours recourir, en fait de preuves, à la raison guidée par la méthode.

UNIVOQUE. Un nom est *univoque* quand il s'applique dans le même sens à plusieurs individus : tel est le mot homme et le mot animal (V. *Équivoque*).

UTILITARISME. L'*utilitarisme* ou *morale utilitaire* est le système qui place dans l'intérêt particulier ou général le seul motif et la seule règle de nos actions.

Il se distingue de la morale du plaisir en ce qu'il nous propose pour but de la vie un plaisir calculé, le maximum des plaisirs avec le minimum des peines ; c'est une arithmétique des plaisirs où l'on tient compte de leur nombre, de leur intensité, de leur certitude, de leur pureté.

Si la morale utilitaire passe assez aisément de l'intérêt individuel à l'intérêt général (ce qui pourtant n'est pas sans difficulté dans certains cas), elle ne rend pas compte suffisamment de l'obligation morale, et quand elle distingue dans les plaisirs, outre leur quantité, leur *qualité* mesurée par la dignité des facultés qui les font naître, il semble bien qu'elle ne se rapproche de la morale du bien ou de l'obligation qu'en devenant infidèle à ses propres principes.

UTOPIE (οὐ, non; τόπος, lieu). Ce mot, forgé par Thomas Morus, désignait dans son livre un pays imaginaire où tout est réglé pour le mieux. Littéralement, il signifie ce qui n'existe nulle part, ce qui est purement fictif et imaginaire. L'utopie n'est pas l'idéal : ce mot désignerait plutôt aujourd'hui un faux idéal, un idéal non conforme à la raison et surtout irréalisable.

M. Renouvier a forgé sur le même type le mot *uchronie* qui signifie : ce qui n'a eu d'existence en aucun temps, ce qui aurait pu avoir lieu, mais ne s'est point passé réellement; en d'autres termes, l histoire imaginaire de ce qui serait advenu si par hypothèse tel ou tel grand événement historique qui a laissé des traces profondes était supprimé ou modifié.

V

VARIATIONS. Stuart Mill appelle méthode des *variations concomitantes* le procédé inductif dont la règle ou le *canon* peut se résumer ainsi : quand un fait varie, si tous les antécédents, sauf un seul, demeurent invariables, l'antécédent qui varie est la cause cherchée.

La méthode des variations concomitantes supplée ou complète la méthode de différence (V. ce mot), dont la *méthode des résidus* n'est qu'un cas particulier. Celle-ci peut se formuler ainsi : si l'on retranche d'un fait complexe la partie qu'on sait, par des inductions antérieures, être l'effet de certains antécédents, le résidu (c'est-à-dire l'ensemble des faits qui restent à expliquer) est l'effet des antécédents restants.

VELLÉITÉ. Diminutif de volonté ou plutôt de volition. Une velléité n'est qu'une volonté chancelante, inconsistante et passagère, une volition sans effet et sans efficacité. La velléité est à la volonté ce que la rêverie est à la pensée réfléchie.

VÉRACITÉ DIVINE. La *véracité* est la qualité d'un être qui n'a jamais l'intention de tromper. La *véracité divine* est invoquée par Descartes pour prouver la réalité du monde extérieur : Dieu étant éminemment véridique ne peut ni se tromper ni nous tromper et dès lors le monde extérieur, que nous croyons réellement existant sur la foi des sens que Dieu nous a donnés, ne peut être révoqué en doute, après que l'esprit s'est élevé par l'unique secours des idées qu'il trouve en lui à l'affirmation de la divinité.

Cet argument n'est guère décisif, puisque Dieu ne nous force nullement à ajouter foi à l'existence du monde et que Berkeley, par exemple, se sert justement de la connaissance de Dieu pour nier cette existence (V. *Idéalisme*).

VÉRITÉ. Accord ou adéquation de l'intelligence avec son objet. Le *criterium de la vérité* ou de la certitude est l'évidence. On nomme *vérités premières* les principes rationnels. Le contraire de la vérité est l'*erreur* (V. ce mot).

On distingue quelquefois ce qui est vérité pour nous, vérité *subjective* ou conviction, de ce qui est vérité en soi, vérité *objective* ou certitude. Dans ce dernier sens, on peut définir la vérité *ce qui est*.

VERTIGE MENTAL. M. Renouvier a décrit sous ce nom un entraînement irrésistible qui fait que nos idées se réalisent en quelque sorte d'elles-mêmes et produisent invinciblement les actes qui leur correspondent : nous n'agissons plus, nous sommes agis et cet état ressemble au vertige qui nous saisit au bord d'un précipice. Toute idée est une action commencée et qui tend à se compléter et à s'achever : de là le vertige mental et l'hallucination, si nous ne suscitons pas des idées antagonistes assez puissantes pour faire contrepoids et enrayer l'hallucination commençante.

VERTU. La vertu est la conformité habituelle et intentionnelle de nos actes à la loi morale.

Platon en fait une *science*, la science du bien, identique selon lui à la pratique du bien ; Aristote insiste surtout sur ce fait qu'elle est une habitude ou disposition naturelle ou acquise à produire des actes conformes au bien ; Kant l'identifie avec l'intention morale et veut qu'un acte ne soit vertueux que lorsqu'on obéit à la loi *par respect* pour la loi. La vertu doit être complètement désintéressée : elle ne doit ambitionner d'autre récompense qu'elle-même.

Les anciens distinguaient quatre vertus fondamentales : la sagesse ou prudence, la justice, le courage ou grandeur d'âme, force, magnanimité, et la tempérance (V. ces mots.

Vertus spécifiques se disaient, dans la langue scolastique, des propriétés cachées des minéraux et des plantes : les vertus spécifiques étaient des qualités occultes.

VICE. Mauvaise habitude morale : non-conformité habituelle et intentionnelle de nos actes à la loi morale (V. *Vertu*).

VIDE. Les atomistes et particulièrement les épicuriens appelaient vide, par opposition au *plein* ou à l'atome, l'espace infini où se meuvent les atomes et où ils tombent, selon Lucrèce, d'une chute éternelle.

Une *abstraction vide* est une pensée sans contenu réel ou plutôt un mot sans pensée correspondante.

VIE. Les définitions de la vie n'en rendent pas l'idée plus claire. C'est, selon Aristote, l'ensemble des opérations de nutrition, de croissance et de destruction. Bichat la définit : l'ensemble des fonctions qui résistent à la mort ; Littré : l'état d'activité de la substance organisée ; M. Herbert Spencer : l'adaptation continuelle des relations internes aux relations externes.

Les systèmes proposés pour expliquer la vie sont :

1° L'*animisme,* qui l'attribue à l'âme comme cause, mais à l'âme agissant inconsciemment ;

2° Le *vitalisme,* qui l'explique par une force spéciale appelée *force vitale ;*

3° L'*organicisme,* qui en fait une résultante de l'organisation de la matière (V. ces mots).

On appelle *sens vital* la connaissance que nous avons de notre propre corps, indépendamment des sens extérieurs et principalement dans les maladies qui provoquent des douleurs localisées avec plus ou moins de précision.

VIRTUALITÉ. La virtualité est l'existence non pas simplement possible, mais en puissance : l'existence du chêne dans le gland, de la science dans l'intelligence de l'ignorant n'est pas actuelle, mais *virtuelle,* c'est-à-dire non seulement possible logiquement, mais déjà commencée et vaguement ébauchée comme un tableau dans l'esquisse.

VIRTUELLEMENT. Ce mot signifie en puissance et s'oppose, selon les cas, à formellement, actuellement, éminemment. On dira, par exemple, que les idées innées existent *virtuellement* dans l'âme à la naissance. Une virtualité pure et simple, une *faculté nue* n'est qu'un être de raison, un pur néant.

VISION. La vision est la perception des objets extérieurs par le sens de la vue.

Malebranche appelle *vision en Dieu* son système métaphysique d'après lequel nous percevons en Dieu non seulement les principes rationnels, les idées conçues à la manière de Platon, mais encore les objets particuliers, les êtres individuels, tout, en un mot, sauf Dieu lui-même, qui ne peut être représenté par aucune idée, et l'âme, que nous ne connaissons que par sentiment. Malebranche met en Dieu l'*étendue intelligible* pour expliquer notre connaissance de l'étendue et des corps.

Ainsi, percevoir le soleil, c'est percevoir : 1° une portion délimitée de l'étendue intelligible qui est en Dieu et qu'Arnaud déclarait « bien inintelligible » ; 2° des qualités de chaleur et de lumière dont nous revêtons cette étendue et que nous empruntons uniquement à notre âme.

VISUEL. Ce qui concerne le sens de la vue : impressions visuelles, impressions des objets éclairés et colorés sur notre œil.

M. Taine emploie les expressions atlas visuel et atlas tactile pour désigner la connaissance en quelque sorte topographique que nous acquérons du monde extérieur par les localisations du sens de la vue et du sens du toucher.

VITALISME. Doctrine qui, pour expliquer la vie, admet l'existence d'une force vitale distincte à la fois de l'âme pensante et de l'organisme. Le vitalisme de Barthez n'est pas un *duodynanisme* réel, parce que sa *force vitale* n'est, dit-il, qu'une inconnue, un x algébrique.

VOLITION. Acte particulier de volonté. La volonté est une faculté ou, si l'on veut, l'ensemble de nos volitions; la volition est le produit, le résultat de la volonté. La volition est à la volonté ce que l'idée est à l'intelligence.

VOLONTAIRE. L'analyse du fait volontaire distingue : 1° l'idée d'un but ou d'une fin; 2° la délibération ou examen des motifs et mobiles qui nous poussent à l'action ou nous en détournent; 3° la détermination qui est, à proprement parler, le *fait volontaire;* 4° l'action elle-même et, enfin, ses résultats.

Volontaire se prend souvent dans le sens de libre, bien qu'on discute sur la liberté de la volonté et que, par conséquent, on les distingue. Ce mot s'oppose donc tantôt à fatal, tantôt à spontané.

VOLONTÉ. La volonté est une des trois facultés fondamentales de l'âme; c'est la faculté ou le pouvoir de se déterminer et ceux qui admettent la liberté ajoutent : de se déterminer sans y être contraint par une force extérieure ou intérieure. C'est donc une forme de l'activité, un pouvoir d'initiative : volonté dit plus que simple spontanéité, parce que le *vouloir* implique la conscience de soi et la connaissance d'un but à atteindre.

Une volition est un acte particulier de volonté, et une *velléité*, une volition incertaine ou sans énergie et efficacité.

VRAISEMBLANCE. La vraisemblance est un autre nom de la probabilité : la probabilité s'appelle vraisemblance quand les chances pour ou contre ne peuvent s'évaluer numériquement.

Le probabilisme admettait que nous ne pouvons jamais atteindre la vérité, mais que nous pouvons affirmer des vraisemblances (V. *Probabilisme*).

W—Z

WEBER (Loi de). En psycho-physique, on appelle *loi de Weber* la loi qui se formule ainsi : Les sensations croissent de quantités égales quand les excitations croissent de quantités relativement égales. Soient des sensations de poids : pour que l'augmentation soit perceptible, il faut que le poids ajouté soit non pas toujours le même, comme on pourrait le croire, mais de plus en plus considérable, en proportion du poids supporté. M. Delbœuf a donné la formule suivante de la loi de Weber : « La plus petite différence perceptible entre deux excitations de même nature est toujours due à une différence réelle qui croît proportionnellement avec ces excitations mêmes. »

WOLFIANISME (de Wolf ou Wolff, disciple de Leibniz). La philosophie *wolfienne* est un leibnizianisme systématisé. Wolf est, comme Leibniz, un éclectique, mais il n'a pas l'originalité du maître. Ses œuvres constituent une sorte de somme ou d'encyclopédie philosophique du xviiie siècle et résument toute l'ancienne métaphysique au moment précis où Kant devait lui opposer son criticisme : de là leur importance parce que c'est chez Wolf que Kant étudia le fort et le faible de la métaphysique traditionnelle dont il crut terminer définitivement le règne séculaire et ruiner l'autorité.

Z

ZÉTÉTIQUE (ζητεῖν, chercher). On appelle quelquefois le scepticisme une doctrine *zététique* parce que les pyrrhoniens faisaient profession de chercher toujours la vérité sans trouver d'autre parti raisonnable que celui de suspendre leur jugement et de ne rien affirmer comme certain.

ZOOLOGIE (ζῶον, animal ; λόγος, science). La zoologie est la partie de l'histoire naturelle qui a pour objet l'étude des animaux.

Elle comprend quatre parties : la *zoographie*, ou description des animaux ; la *zoonomie*, ou étude des lois générales qui régissent le règne animal; la *zootomie*, ou anatomie des animaux, c'est-à-dire anatomie comparée, et la *zootechnie*, qui s'occupe de la domestication et de l'exploitation des animaux utiles à l'homme.

Aristote est le véritable fondateur de la zoologie.

ZOOPHYTES (ζῶον, animal ; φυτόν, plante). Les anciens appelaient zoophytes, c'est-à-dire animaux-plantes, certains animaux inférieurs dont le mode d'existence et de croissance leur paraissait intermédiaire entre celui des animaux et celui des plantes.

Le problème de la délimitation exacte du règne animal ne saurait plus être résolu par le vieil adage : les minéraux sont, les végétaux croissent et vivent, les animaux croissent, vivent et sentent. On sait que certaines plantes réagissent quand on les touche et paraissent si bien douées d'un rudiment de sensibilité qu'elles subissent l'action des anesthésiques : telle la sensitive qui ferme ses feuilles au contact des mains qui veulent les saisir. Leur refuser toute sensibilité, c'est, selon Claude Bernard, s'en tenir aux apparences et comme à l'écorce des choses : « La sensibilité, dit-il, nous apparaît maintenant comme la propriété la plus caractéristique et la plus générale de la vie. Tout ce qui vit sent. »

Il est vrai que Cl. Bernard donne une grande extension au mot sensibilité : il distingue une sensibilité *consciente*, une sensibilité *inconsciente* et une sensibilité *insensible*, et il ajoute que « prise dans ce sens général, la sensibilité se confond avec l'irritabilité ».

FIN

ERRATA

Page 2, 1re col. ligne 2, lire : *et qui* au lieu de *et*.
» 12, 1re col. ligne 10, lire : du plus *au* moins, au lieu de *ou* moins
» 12, 2e col. ligne 3, en remontant, lire : *du souvenir* au lieu de *ou*.
» 15, 2e col. ligne 26, lire : *catalepsie* au lieu de *ctaalepsie*.
» 16, 2e col. ligne 7, en remontant : supprimer *de*.
» 34, 2e col. ligne 8, lire : *ou ce qui* au lieu de *ou qui*.
» 39, 2e col. ligne 11, lire : *capacité* au lieu de *capacite*.
» 54, 1re col. ligne 12, lire : quelques hommes *ne sont pas justes* au lieu de *quelques hommes sont justes*.
» 57, 1re col. ligne 2, lire : *unir* au lieu de *tenir*.
» 92, 2e col. ligne 6, lire : *prédéterminées* au lieu de *indéterminées*.
» 117, 1re col. ligne 16, lire : *éclectique* au lieu de *électique*.
» 195, 1re col. ligne 4, lire : *dieux* au lieu de *dix*.

CORBEIL. — IMPRIMERIE CRÉTÉ.

www.ingramcontent.com/pod-product-compliance
Lightning Source LLC
Chambersburg PA
CBHW071941160426
43198CB00011B/1498